ファーストステップ
演習 行政法

原田大樹
Hiroki HARADA

東京大学出版会

Introduction to Administrative Law and Practice
Hiroki HARADA
University of Tokyo Press, 2023
ISBN 978-4-13-032386-4

はしがき

　本書は，法学部・法科大学院・公共政策大学院等で開講されている行政法（行政過程論・行政救済論）の授業と並行して，行政法の理解を深め，アウトプットの練習を行うための演習書として企画された。その執筆の経緯と意図は次の通りである。

　今から約 10 年前に，私は，行政法の参照領域（行政法各論）に関する研究・教育の成果として，『例解　行政法』（東京大学出版会・2013 年），『行政法学と主要参照領域』（東京大学出版会・2015 年）とともに『演習　行政法』（東京大学出版会・2014 年）を刊行した。その際に演習書を含めた理由は，具体的な条文を読み解く練習のために，演習書というスタイルが適切であると考えたからである。そのため，問題のレベルは全体として高めに設定し，読み解く条文の数も多いものとなっていた。その後，別の出版社から『判例で学ぶ法学　行政法』（新世社・2020 年）を刊行する機会を得た。演習書ではなく判例に重点を置いた構成とした理由は，初学者にとってはアウトプットの練習よりも知識を体系的にインプットする方がはるかに重要であり，その際に具体的な紛争事例を念頭に置いて学ぶことが，将来のアウトプットの力の涵養にもつながると考えたからであった。

　これに対して本書は，この 2 冊の間にある学習ニーズに応え，両者を架橋するものとして企画された。大学における行政法の授業は行政法一般に通じる内容を扱うため，抽象的な話になりやすく，理解できた実感を伴って学習を進めていくことが難しい。それにもかかわらず，これらの授業の終わりには期末試験があり，学習成果を答案という形でそれなりに示さなければならない。そこで，本書では，行政過程論・行政救済論で学ぶ重要な論点を 13 個ずつ取り上げ，具体的な論述問題・事例問題の形で示すことにより，行政法の授業が取り上げている内容の具体的な形をイメージしやすくするとともに，問題の解説を読むことでアウトプットのやり方にも慣れてもらえるように工夫した。また，総合的な演習問題を 4 個設定し，各種試験にも対応できる力を身につけてもらうことをも目指している。本書での学習によって，行

政法の内容が「腑に落ちる」体験をしてもらうことができれば，これに過ぎる喜びはない。

　行政法の参照領域三部作に続き，行政法全般にわたる基本書・体系書の刊行という新たなプロジェクトの最初の成果物として本書が刊行されたことは，東京大学出版会の山田秀樹氏のお力なしには実現できないことであった。出版に至る緻密な作業を完璧にこなして下さった山田氏と，東京大学出版会の関係者各位にも心から御礼申し上げる。

　2023 年 2 月

原 田 大 樹

目　次

Ⅰ　論点別演習

［行政過程論］

Ⅱ　総合演習

■ 判例集略語一覧

判百Ⅰ/Ⅱ　　斎藤誠＝山本隆司編『行政判例百選Ⅰ・Ⅱ［第8版］』（有斐閣・
　　　　　　　2022年）

判Ⅰ/Ⅱ　　　大橋洋一＝斎藤誠＝山本隆司編『行政法判例集Ⅰ・Ⅱ［第2版］』
　　　　　　　（有斐閣・2019/18年）

判　　　　　　原田大樹『判例で学ぶ法学 行政法』（新世社・2020年）

CB　　　　　　野呂充他編『ケースブック行政法［第7版］』（弘文堂・2022年）

リーガル・ライティング入門

1 事例問題の目的

(1) 事例問題とは

　事例問題とは，ある具体的な事案が設定され，これに関する法的な主張を当事者の立場でさせたり，裁判官の立場で法的な判断を示したりすることを求める問題である。例えば，次のような問題がある（⇨Ⅱ 総合演習 **❶**）。

> 　Y県知事は，新型コロナウイルスの流行を抑制するため，遊興施設の事業者に対して施設の使用制限を求め，これに応じない事業者Pに対して，知事単独の判断で，新型インフルエンザ等対策特別措置法45条2項の要請を行おうとしている。Pは，自己の施設内での感染対策を十分に行っており，また過去に感染者を出したこともないことから，要請が出されることに不満を持っている。Pの立場に立って，要請の違法性を主張しなさい。

　事例問題は，法学部・法科大学院の期末試験や，大学院の入試問題，公務員試験・司法試験でよく見られる出題形式であり，事例問題が解けないと，よい点数は得られない。しかし，事例問題を苦手とする学生も多い。その理由は，

- 何を書いたらよいのか見当がつかない
- どのように書けばよいのか分からない

の2点に集約される。

(2) 事例問題の目的

　法学の試験の出題形式としては，事例問題と並んで，論述問題（説明問題）もよく見られる。例えば，次のような問題が，論述問題である。

> 　感染症の予防及び感染症の患者に対する医療に関する法律 19 条・20 条が定める入院の法的性質について論じなさい。

　論述問題は，「○○について論じなさい」という形式で，ほとんどが 1 行程度の問題文となるため，一行問題とも呼ばれる。論述問題では，（具体的な内容までは分からないものの）何を論じるべきかが問題文で示されるため，何を書いたらよいか分からないことはない。これに対して事例問題の場合には，紛争事案が示されるだけで，答案の中に何を書いたらよいかは問題文に示されていない。

　この事例問題の特性は，事例問題の目的と深く関係している。法学部・法科大学院出身者に社会が期待しているのは，紛争をはじめとする社会問題の解決や予防の能力である。法学の内容は，紛争類型ごとに整理されているわけではないから，紛争解決のための道具として法学の知識を使うためには，目の前の問題状況と関係がある法学の分野や論点が何であるかをまず特定する必要がある。しかし，基本書で法学を体系的に学ぶだけでは，具体的な事案で何を問題にすべきなのかが分からない。事例問題が出題される目的は，法学に関する知識が正確に身についているだけではなく，その運用ができるかを確かめるためである。「事例問題とは，設問が明示されていない設問形式の試験問題である」（井田良他『法を学ぶ人のための文章作法［第 2 版］』（有斐閣・2019 年）49 頁（圏点原文））という表現は，こうした事例問題の目的を端的に示している。

(3) 事例問題の作法

　論述問題の場合には，問われていることを把握してそれに的確に答える日本語として読みやすい文章を書けばよい。これに対して，事例問題の場合には，法的三段論法と呼ばれる構造を持った文章でないと，説得的な内容を提示できない。なぜそのような形式が必要なのかは後に説明するとして，ここではその構造を紹介する。

　法的三段論法は，判断基準（規範）の定立，具体的事実のあてはめ，結論の提示という 3 つの段階を区分して議論を進める方法である。法学の議論の出発点は，一般的な規範であり，多くの場合には法律の条文である。ここでは新型インフルエンザ等対策特別措置法 45 条に，要請を行うための要件・

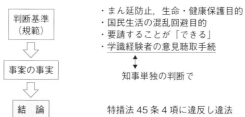

効果・手続が規定されており，これが一般的なルールを示している。この事案では，手続の規定（同条4項）に含まれる学識経験者の意見聴取手続に着目する。次に，この事案の具体的な事実を確認すると，「知事独自の判断で」と書かれていることから，意見聴取手続が行われていないことが分かる。そこで，この事実を判断基準にあてはめると，法律が要求している手続が行われていないことから，違法との結論が導かれることになる。

2　リーガル・ライティングの基礎

(1) 法的文章の特色

　法的な文章の作成方法（リーガル・ライティング）を知る前提として，法的文章の特色を把握しておく必要がある。多くの読者にとってなじみのある文章のジャンルは，小説・随筆であろう。これらにおいては，比喩表現（直喩・隠喩）や対比表現がしばしば用いられるほか，伏線設定・回収構造（「振り落ち」）もよく用いられる。小説や随筆は，通常であれば映像や音声などの多量なデータによって行われるコミュニケーションを，文字という最もデータ利用の少ない方式で行うため，読み手にいろいろな想像・イメージをさせる工夫がなされているのである。

　これに対して，法的文章も，非常に少ないデータ量でコミュニケーションを行う点では，小説や随筆と同じである。さらに，法的文章は紛争解決・紛争予防を目的としているため，内容をできるだけ正確かつ簡潔に伝える必要がある。それゆえ，法的文章では比喩表現や伏線設定・回収の方法はほとんど使われない。また，法的文章の場合には，紛争の解決方法が合理的であり公平・公正であることが，形式的にも示されている必要がある。先に紹介し

た法的三段論法（判断基準の定立・具体的事実のあてはめ・結論の提示）は，そのために用いられている。一般的なルールから話をスタートさせることによって，そこでの紛争解決が恣意的なものではないこと，誰が当事者であっても同じ結論が出てくることを「形式」として示すことに，その狙いがある。また，法学の議論では，あるべき内容（＝規範）と実際の現実（＝事実）を厳密に区別する。これもまた，紛争解決の際に，一般的なルールと個別的な事情を明確に区別することで，公平・公正な解決であることを相手方に示す手法である。

(2) 法的文章の構造

　法的文章の典型は，判決文である。ここでは，タトゥー施術行為が医師免許を必要とする医行為にあたるかが争点となった刑事事件の最高裁判決（最二小決令和2（2020）年9月16日刑集74巻6号581頁）を紹介する。

> (1)　医師法は，医療及び保健指導を医師の職分として定め，医師がこの職分を果たすことにより，公衆衛生の向上及び増進に寄与し，もって国民の健康な生活を確保することを目的とし（1条），この目的を達成するため，医師国家試験や免許制度等を設けて，高度の医学的知識及び技能を具有した医師により医療及び保健指導が実施されることを担保する（2条，6条，9条等）とともに，無資格者による医業を禁止している（17条）。
>
> 　このような医師法の各規定に鑑みると，同法17条は，医師の職分である医療及び保健指導を，医師ではない無資格者が行うことによって生ずる保健衛生上の危険を防止しようとする規定であると解される。
>
> 　したがって，医行為とは，医療及び保健指導に属する行為のうち，医師が行うのでなければ保健衛生上危害を生ずるおそれのある行為をいうと解するのが相当である。
>
> (2)　ある行為が医行為に当たるか否かを判断する際には，当該行為の方法や作用を検討する必要があるが，方法や作用が同じ行為でも，その目的，行為者と相手方との関係，当該行為が行われる際の具体的な状況等によって，医療及び保健指導に属する行為か否かや，保健衛生上危害を生ずるおそれがあるか否かが異なり得る。また，医師法17条は，医

師に医行為を独占させるという方法によって保健衛生上の危険を防止しようとする規定であるから，医師が独占して行うことの可否や当否等を判断するため，当該行為の実情や社会における受け止め方等をも考慮する必要がある。

　そうすると，ある行為が医行為に当たるか否かについては，当該行為の方法や作用のみならず，その目的，行為者と相手方との関係，当該行為が行われる際の具体的な状況，実情や社会における受け止め方等をも考慮した上で，社会通念に照らして判断するのが相当である。

(3)　以上に基づき本件について検討すると，被告人の行為は，彫り師である被告人が相手方の依頼に基づいて行ったタトゥー施術行為であるところ，タトゥー施術行為は，装飾的ないし象徴的な要素や美術的な意義がある社会的な風俗として受け止められてきたものであって，医療及び保健指導に属する行為とは考えられてこなかったものである。また，タトゥー施術行為は，医学とは異質の美術等に関する知識及び技能を要する行為であって，医師免許取得過程等でこれらの知識及び技能を習得することは予定されておらず，歴史的にも，長年にわたり医師免許を有しない彫り師が行ってきた実情があり，医師が独占して行う事態は想定し難い。このような事情の下では，被告人の行為は，社会通念に照らして，医療及び保健指導に属する行為であるとは認め難く，医行為には当たらないというべきである。タトゥー施術行為に伴う保健衛生上の危険については，医師に独占的に行わせること以外の方法により防止するほかない。

　したがって，被告人の行為は医行為に当たらないとした原判断は正当である。

　この事件では，彫り師であった被告人が4回にわたって行ったタトゥー施術行為が医師法17条にいう医業にあたるかが争点となった。第1審（大阪地判2017(平成29)・9・27判時2384号129頁）は，医業の内容である医行為とは「医師が行うのでなければ保健衛生上危害を生ずるおそれのある行為をいう」とし，入れ墨を彫る行為が感染症の予防等の保健衛生上の考慮が必要であることから，医行為にあたると判断して有罪（罰金15万円）とした。これに対して控訴審（大阪高判2018(平成30)・11・14判時2399号88頁）は，医師が行

うのでなければ保健衛生上危害を生ずるおそれのある行為という前提を維持したまま，医師法が医師国家試験制度を設け，医師でなければ行ってはならない医業を設定している趣旨は，国民の生命・健康の保護にあるとし，タトゥー施術行為については1840年頃に彫り師という職業が確立し，装飾的・美術的な意味を持つ行為として行われていることから，医行為に該当しないとして，被告人を無罪とした。

　最高裁は，検察側からの上告理由に応える形式で判断を示しており，ここで法的三段論法が使われている。

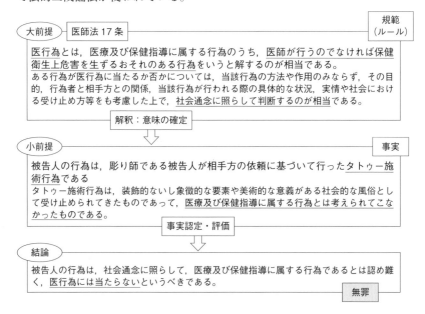

　この事件の争点である医行為について，医師法17条は

　医師でなければ，医業をなしてはならない。

との規定を置き，違反者には3年以下の懲役または100万円以下の罰金（同法31条1項1号）を予定している。しかし，そもそも何が医業（医行為を業として行うこと）にあたるか，医師法には明確な規定がない。そこで最高裁は，医師法の全体構造や趣旨・目的に照らして，医行為の範囲を明確化している（「医師が行うのでなければ保健衛生上危害を生ずるおそれのある行為」）。ただし，この基準だけでは，保健衛生に影響があれば何でも医師がやらなければなら

ないことになり（第1審判決はこの立場をとっていた），介護の現場などで典型的に生じるように社会的に問題が生じることが予想できるし，そもそも刑事罰によって禁圧しなければならないような行為は限定すべきと思われる。そこで最高裁は，保健衛生上影響があるという「作用」だけでなく，目的・行為者と相手方との関係・具体的状況・社会における受け止め方も考慮し，社会通念に照らして判断するという基準を追加した。つまり，客観的に見た保健衛生上の影響だけでなく，それ以外の要素も総合的に考慮するという基準を示している。

　次に，この事案で問題となっている事実関係について言及がなされている。この部分は事実認定と呼ばれ，最高裁は原則として自ら事実認定を行う権限を持たないことから，原審である高裁判決が確定した事実を前提とした判断となっている。ここで問題となっているのは「タトゥー施術行為」であり，これに対する法的評価として，「医療及び保健指導に属する行為とは考えられてこなかった」との判断が示されている。

　最後に，この事実を規範にあてはめて結論が導出されている。本件のタトゥー施術行為は，医師法17条により医師が独占する医業・医行為にはあたらないから，医師法31条が定めている罰則の適用はできず，無罪であるという判断が示されている。

　このように，法的文章では，一般論と個々の事情，あるいは規範と事実を明確に区別していることに大きな特徴がある。そして，紛争解決のために書かれる文章である判決文についていえば，法的三段論法という構造がとられている。いきなり「被告人無罪」という結論を示さずに，わざわざ一般論・具体的事実という段階を挟んでいる理由は，一般論に照らして自分の事案がこう解決されるという形が示されれば，この事案について公平・公正に扱われたことが，形式面から明らかになるところにある。そもそも法的紛争が裁判所に持ち込まれている時点で，その紛争は深刻化しており，それが両当事者にとって100％の満足を伴って解決される見込みはほとんどない。判決は時に，当事者に対して不利な内容を示さなければならない。その場合に当事者に（消極的にも）受け入れられるためには，紛争解決までに手続と時間をかけることによる沈静化と，判決による理由の提示によってその解決が一般的な，つまり自分以外の事例でも適用されるものであることが重要である。

3　本書のねらいと学習方法

　本書は，行政法（行政過程論・行政救済論）の授業または基本書と並行して，行政法学上の論点に関する理解を深め，かつその知識を具体的な事案にあてはめて法的な主張を組み立てる能力を高めることを目標としている。こうした目的から，本書の第Ⅰ部の論点別演習は，行政法総論の基本書と構成を基本的に一致させている。行政過程論・行政救済論から13個ずつ典型論点を選んでおり，これらを理解していれば定期試験や資格試験の多くに対応できると思われる。第Ⅱ部の総合演習では，警察法・公物法・租税法・環境法の4つの分野から具体的な事案を設定し，論点発見能力や答案構成能力を養成する。

　こうした本書のコンセプトは，既刊の『演習　行政法』と共通している。ただし，本書は参照領域の本格的な学習を前提としていないので，第Ⅰ部の演習問題の作成にあたっては，複雑な法的しくみをなるべく含まず，参照条文も長くないものを選択している。他方で，第Ⅱ部の演習問題では，『演習　行政法』で取り上げられていない警察法・公物法から各1問と，総合演習の問題数が少なかった租税法・環境法から各1問を設定し，参照条文をやや長めにしている。本書を終えた後に，複雑な法的しくみや条文の読み方の練習をする際には，『演習　行政法』で学習することを勧めたい。

I

論点別演習

行政過程論

1 — 行政活動と法律の根拠

事 例

　未知の感染症への対処のため，政府は補正予算を編成し，1人10万円の特別定額給付金制度を創設した。しかし，「特別定額給付金等に係る差押禁止等に関する法律」以外には，何も法律を制定しておらず，予算の国会議決及び総務大臣通知がなされたに過ぎない。

　法律を制定せずに，こうした給付金を給付することは許されますか。

【資料≫参照条文等】

○特別定額給付金等に係る差押禁止等に関する法律（抄）

1　特別定額給付金等の支給を受けることとなった者の当該支給を受ける権利は，譲り渡し，担保に供し，又は差し押さえることができない。
2　特別定額給付金等として支給を受けた金銭は，差し押さえることができない。
3　この法律において「特別定額給付金等」とは，市町村又は特別区から支給される給付金で次に掲げるものをいう。
　一　新感染症及びそのまん延防止のための措置の影響に鑑み，家計への支援の観点から支給される一般会計補正予算（第1号）における特別定額給付金給付事業費補助金を財源とする給付金

○特別定額給付金事業の実施について（各都道府県知事・各指定都市市長宛総務大臣通知）（抄）

1　施策の目的
　感染症の流行を抑制するため，生活の維持に必要な場合を除き，外出を自粛し，人と人との接触を最大限削減する必要がある。医療現場をはじめとして全国各地のあらゆる現場で取り組んでおられる方々への敬意と感謝の気持ちを持ち，人々が連帯して，一致団結し，見えざる敵との闘いという国難を克服しなければならない。このため，感染拡大防止に留意しつつ，簡素な仕組みで迅速かつ

　　的確に家計への支援を行う。

2　事業の実施主体と経費負担

・実施主体は市区町村

・実施に要する経費（給付事業費及び事務費）について，国が補助（10/10）

3　給付対象者

　　基準日において住民基本台帳に記録されている者

4　給付額

　　給付対象者1人につき10万円

5　受給権者

　　住民基本台帳に記録されている者の属する世帯の世帯主

基礎知識の確認

　行政活動に対する法的なコントロールを考察の中心に置く行政法学にとって，その出発点となるのが法律による行政の原理（法治主義）である。行政法学の基本書では，これを構成する「法律の法規創造力」「法律の優位」「法律の留保」の3つが紹介されることが一般的である。しかし，それが具体的な場面でどのように問題になるかまで説明しているものは，あまり多くない。

　法律の法規創造力は，現在では，法規（＝国民の権利・義務に影響を与える（一般的・抽象的）規範）を制定できるのは法律だけであるという考え方と理解されている。そうすると，国民の権利・義務に影響を与える内容の規範を法律の委任なしに行政機関が策定している場合には，その規範は無効となり，その規範に基づいてなされた行政活動（例えば許認可等）も違法になる。この問題は，行為形式論の行政基準（行政立法）の中で扱われる。

　法律の優位は，あらゆる行政活動が法律に違反してはならないことを意味する考え方である。行政法関係において問題になる紛争の多くは，法律の優位に関係している。行政活動は法律に従ってなされなければならず，もしそうでない場合には，裁判所によってその是正が命じられたり，違法な行政活動によって生じた損害を賠償するように命じられたりすることになる。法律の優位が問題になる場面では，具体的な法律と具体的な行政活動の中身が問題になるため，違法性判断にあたっては，法律の解釈・事実認定・法律の適用などの作業が必要になる。

　法律の留保は，一定の行政活動の前に法律の根拠を要求する考え方である。一定の行政活動の範囲をめぐっては，侵害留保理論を出発点に，その範囲を拡張しようとする学説上の努力が続いている。法律の留保が問題になる場面は，法律の根拠がないままに一定の行政活動がなされた場合である。そして，この場合には行政活動の内容の既存の法律との適合性を吟味することなく，法律が欠如しているという形式的な理由のみに基づいて，その行政活動が違法と評価されることになる。

Milestone

■1　この事例で問われている論点は何ですか。

■**2**　法律の留保に関する代表的な学説にはどのようなものがあり，それらはどのような判断基準を示していますか。

■**3**　法律の留保に関する代表的な学説をこの事案にあてはめた場合に，給付金の支給は適法ですか，違法ですか。

■**4**　法律の留保に関する代表的な学説はどのように評価できますか。私見を示して下さい。

考え方

■1　問題の所在──法律の留保

　この事例では，ある行政活動（ここでは給付金の支給）が，法律の根拠なくなされていることが適法と言えるかが問題とされている。行政法の多くの事例問題では，法律と行政活動の適合性が問われているのに対して，この事例では「法律がない」ことが問題視されている。そこで，この事例は法律の留保が問われていることに気がつく必要がある。

　この説明に対しては，参照条文・参考で挙げられている「特別定額給付金等に係る差押禁止等に関する法律」（モデルとしたのは，「令和2年度特別定額給付金等に係る差押禁止等に関する法律」（令和2年法律第27号））があるのではないかと疑問に思った読者もいるかも知れない。しかしこの法律は，給付金の支給ができることを前提に，それによって支給された金銭を差し押さえることを禁止するものであって，この法律によって給付金の支給ができるようになった（＝この法律を根拠に給付金が支給された）わけではないことに注意する必要がある。法律の留保で言われている根拠となる法律は，名前・形式が「法律」であれば何でもよいわけではなく，その法律によって行政活動が許容されたこと，さらにその法律に許容されるべき行政活動の条件・内容が書かれていること（このような種類の規範を根拠規範という）が求められている。

　参照条文・参考でもうひとつ掲げられている「特別定額給付金事業の実施について（各都道府県知事・各指定都市市長宛総務大臣通知）」（モデルとしたのは，「特別定額給付金（仮称）事業の実施について」（総行政第67号））では，給付額や受給権者が明示されており，これが根拠規範のように見える。しかし，この文書は法律ではなく，総務大臣が知事・指定都市市長宛に出した通知である。

通知は行政規則と呼ばれる規範で，行政機関が行政内部に向けて発する指示を意味する。給付金の支給には法律の根拠がなく，国会の関与は予算の議決にとどまり，詳細は閣議決定や総務大臣通知で示されているに過ぎない。

■2　法律の留保に関する学説──判断基準

　それでは，どのような行政活動に対して，法律の根拠が事前に必要とされるのか。法律の留保に関する学説の対立は，この点をめぐるものである。

　通説とされる侵害留保理論は，国民の権利・自由を制限したり義務を課したりする行政活動には法律の根拠が必要であるとする。この考え方は，以下のような実定法の規定にも反映されており，また学説上もこの内容に反対する見解はほとんどみられない。

内閣法 11 条
　政令には，法律の委任がなければ，義務を課し，又は権利を制限する規定を設けることができない。
国家行政組織法 12 条 1 項
　各省大臣は，主任の行政事務について，法律若しくは政令を施行するため，又は法律若しくは政令の特別の委任に基づいて，それぞれその機関の命令として省令を発することができる。
地方自治法 14 条 2 項
　普通地方公共団体は，義務を課し，又は権利を制限するには，法令に特別の定めがある場合を除くほか，条例によらなければならない。

　学説の対立点は，留保の範囲をどこまで広げるかという点にある。侵害留保理論の対極に位置づけられるのが全部留保説である。この考え方は，あらゆる（公）行政活動に法律の根拠を求めるもので，その背景には民主主義の発想がある。これに対して，給付行政の広がりを前提に，留保の範囲を給付行政へも広げていこうとする考え方が社会留保説であった。現在の学説上有力な次の2つの考え方は，この2つの考え方をさらに彫琢したものと言える。

　1つは，重要な行政活動には法律の根拠を求める本質性理論（重要事項留保説）である。これは，全部留保説と同様に民主主義の発想を重視しつつ，本質的な事項について議会が規律する責務を強調する考え方である。もう1つは，権力的な行政活動には法律の根拠を求める権力留保説である。これは，行政行為（処

分）に代表される，行政が私人よりも優越的な地位に立つと法的に表現できるような形式で行政活動を行う場合には，法律の根拠を求める考え方である。

■3　事案へのあてはめ

　今回の事例では，給付金の給付という給付作用が問題とされている。そこで，侵害留保理論を前提とすると，国民の権利を制限したり義務を課したりする活動にはあたらないので，法律の根拠がなくても違法ではないことになる。これに対して，全ての行政活動に法律の根拠を要求する全部留保説では，給付作用であっても法律の根拠が必要なので，この例のように法律の根拠なく給付することは違法と評価される。

　規制か給付かという行政作用の性質のみならず，給付の内容についても検討しなければ解答が出せないのが，社会留保説と本質性理論である。

　社会留保説は，社会権の実現と関わる給付作用について法律の根拠を要求するものであり，例えば生活保護や医療保険のような社会保障制度に関する受給権は法律で規定されなければならないことになる。しかし，今回の事案の給付金は，こうした基本的な生活保障という意味よりも，むしろ行動制限に対するある種の「補償」の色彩が強い。そこで，こうした給付については社会権の実現とは関わりが薄いものとして，法律の根拠がなくても給付は違法ではないと考えることになるだろう。

　これに対して本質性理論は，本質的な内容を持つ行政活動について法律の規定を要求するもので，「本質性」にあたる内容としては，基本権の行使にとって重要という基準と，政治的重要事項という基準がある。基本権の行使という観点からみれば，社会権との関係では社会留保説と同様に，法律の根拠は不要という結論になりやすい。しかし，自由の制約の代償であると考えると，基本権の行使との関係で重要な意味を持つと評価できるかも知れない。また，政治的重要事項という観点から考えると，感染症対策としてどのような方策をとるべきかは，社会において極めて重要な問題であって，法律の形式によって議会が決すべき問題と考えられる。

　最後に，権力留保説は，行政活動の内容ではなく形式に着目して，法律の留保の要否を判断する立場である。給付作用の中には，行政行為（処分）によるものとよらないものがあり，行政行為によるものであれば，法令が定める要件を充足することにより受給権が私人側に発生し，さらにこれをめぐる

紛争を行政上の不服申立てや，行政訴訟という民事訴訟とは異なる形式で争うことになる。行政行為とされるためには，法律で給付の条件や内容が書いてあるか，少なくとも給付決定を行政上の不服申立てで争いうるとの規定が必要である。この事案ではそうした法律の規定が見当たらないことから，この給付は，行政行為ではなく，契約（贈与契約）でなされるものと考えられる。そうすると，法律の根拠なしに給付することは違法とは言えない。

■4　法律の留保論への評価

　多くの答案では，これらの説明がなされたあとに，社会情勢の変化に対応して機動的な行政活動を展開する上では，侵害留保理論によるのが適当である，とか，国民全体の重要事項については予め国会での審議を踏まえて法律を制定することが民主主義の観点からは重要なので，全部留保説・本質性理論によるのが適当である，という私見が示されるものが多い。確かにこれらは間違いではないものの，次の2点に留意する必要がある。

　第1は，給付活動における法律の留保論の意味である。法律の留保は，行政活動が侵害作用を中心に認識されていた時代に発展した。そのため，法律の根拠がない場合に行政活動を行わせないことは，国民の権利や自由の保障に直結していた。これに対して給付作用の場合には，少なくとも給付を受けた国民との関係では，それによりメリットを享受することはあっても，不利益が生じることはない。それにもかかわらず，法律の根拠を欠くという理由で給付が違法なものとされれば，すでになされた給付が違法なものとして，国家に対して返還しなければならなくなり，受給者との関係では不利益に働くことになる。そこで，給付活動における法律の留保の意味は，国民生活にとって必要な給付を議会が予め定めておくことで，受給者の受給権を確保することに求められる。また，給付活動の前提となる原資は国民の負担によって集められる税金等であるから，給付の増大は負担の増大を意味することになる。そこで，受給者以外の視点から，給付の基本的制度を法定し，負担の増大に歯止めをかけることも，法律の根拠を求める意味と言えるかも知れない。もっとも，こうした要素は，この事案のように，すでに給付がなされている場面では，（すでに給付した額を不当利得返還請求によって取り返すつもりがなければ）あまり意味がない。このように，法律の留保論が給付行政において果たす役割は，規制行政と大きく異なっており，単純に留保の範囲を拡張

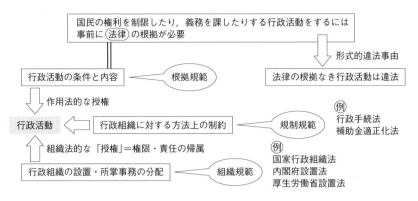

すれば問題が解決するわけではない。

　第2は，法律の留保論における「法律」の意味である。■1でも述べたように，法律の留保にいう法律は，その形式が法律であれば何でもよいわけではなく，行政活動の条件と内容，すなわち要件と効果を規定した根拠規範でなければならないものと解されてきた。そこで，行政組織を設置して，そこに所掌事務を割り当てる組織規範や，ある行政活動ができることを前提に，そのやり方について規定する規制規範では，法律の留保にいう「法律」にはあたらないとされてきた。

　もっとも，給付行政においては，国民の権利を保護する観点からは，行政活動の根拠を定めることよりも，受給権の内容を定めることの方が重要である。また，給付行政においては，給付の形式によって紛争時の争訟方法が変わることから，それが行政行為（処分）によるのか，契約によるのかという点も重要である。権力留保説が行政活動の内容ではなく，形式に着目して，法律の根拠の要否を判断する背景には，そのような考慮があると思われる。

ステップアップ

　法律の留保との関係が具体的に問題になる局面としては，この事例が扱った給付作用のほか，規制作用であっても相手方の同意がある場面が挙げられる。例えば，法律の根拠なしに相手方の同意を得て行政調査を行えるか，相手方の同意が事実上強制されているような行政指導は適法と言えるかという問題がここに含まれる。

2 ── 法律と条例の関係

事 例

　A県Y市は，夏の降水量が少ない地域にあり，江戸時代に灌漑用につくられたため池が無数に存在していた。その後，急速に都市化が進み，住宅地の間近に管理が不十分なため池が多くなってきたことが問題視されてきた。全国的にも，梅雨前線・秋雨前線や台風による豪雨災害が急増したことから，2019年に国は，農業用ため池の管理及び保全に関する法律（以下「ため池法」という）を制定した。

　A県の中でため池の数が多いのはY市だけで，A県はため池対策に不熱心であることから，Y市では新たに「ため池の保全に関する条例」（以下「ため池条例案」という）を制定し，規制を強化することを検討している。

　ため池条例案では，ため池法と比べて，どのような点において規制が強化されていますか。また，ため池条例案で条例の違法が主張されうる点を挙げて下さい。

【資料≫参照条文】
○農業用ため池の管理及び保全に関する法律（ため池法）（抄）

（目的）

第1条　この法律は，農業用ため池について，その適正な管理及び保全に必要な措置を講ずることにより，農業用水の確保を図るとともに，農業用ため池の決壊による水害その他の災害から国民の生命及び財産を保護し，もって農業の持続的な発展と国土の保全に資することを目的とする。

（定義）

第2条　この法律において「農業用ため池」とは，農業用水の供給の用に供される貯水施設（河川法（昭和39年法律第167号）第3条第2項に規定する河川管理施設であるものを除く。）であって，農林水産省令で定める要件に適合するものをいう。

2～3　（略）

（特定農業用ため池の指定等）

第7条　都道府県知事は，農業用ため池であってその決壊による水害その他の災害によりその周辺の区域に被害を及ぼすおそれがあるものとして政令で定める要件に該当するものを，特定農業用ため池として指定することができる。

2～5　（略）

（行為の制限）

第8条　特定農業用ため池について，土地の掘削，盛土又は切土，竹木の植栽その他当該特定農業用ため池の保全に影響を及ぼすおそれのある行為で政令で定めるものをしようとする者は，あらかじめ，都道府県知事の許可を受けなければならない。ただし，次の各号のいずれかに該当する場合は，この限りでない。

　一～四　（略）

2　都道府県知事は，前項の許可の申請があった場合において，当該申請に係る行為が当該特定農業用ため池の保全上支障があると認めるときは，同項の許可をしてはならない。

3～4　（略）

○農業用ため池の管理及び保全に関する法律施行令（抄）

（特定農業用ため池の指定の要件）

第1条　農業用ため池の管理及び保全に関する法律（以下「法」という。）第7条第1項の政令で定める要件は，次の各号のいずれかに該当することとする。

　一　当該農業用ため池の決壊により浸水が想定される区域（次号及び第3号において「浸水区域」という。）のうち当該農業用ため池からの水平距離が100メートル未満の区域に住宅等（住宅又は学校，病院その他の公共の用に供する施設をいい，当該浸水によりその居住者又は利用者の避難が困難となるおそれがないものを除く。次号及び第3号において同じ。）が存すること。

　二　貯水する容量が1000立方メートル以上であり，かつ，浸水区域のうち当該農業用ため池からの水平距離が500メートル未満の区域に住宅等が存すること。

　三　貯水する容量が5000立方メートル以上であり，かつ，浸水区域に住宅等が存すること。

　四　前3号に掲げるもののほか，当該農業用ため池の周辺の区域の自然的条件，社会的条件その他の状況からみて，その決壊による水害その他の災害を防止する必要性が特に高いと認められるものとして農林水産省令で定める要件に該当するものであること。

○Y市ため池の保全に関する条例（案）（ため池条例案）（抄）

（目的）

第1条　この条例は，ため池の破損，決壊等による災害を未然に防止するため，ため池の管理に関し必要な事項を定めることを目的とする。

（用語の意義）

第2条　この条例において，次の各号に掲げる用語の意義は，当該各号に定めるところによる。

　　一　ため池　かんがいの用に供する貯水池であって，えん堤の高さが3メートル以上のもの又は受益農地面積が1ヘクタール以上のものをいう。

　　二　管理者　ため池の管理について権原を有する者をいう。ただし，ため池の管理について権原を有する者が2人以上あるときは，その代表者をいう。

（ため池の設置の許可）

第11条　ため池を設置しようとする者は，当該ため池が決壊による水害その他の災害によりその周辺の区域に被害を及ぼすおそれがあるものとして規則で定める要件に該当するときは，市長の許可を受けなければならない。ただし，土地改良法第2条第2項に規定する土地改良事業（以下「土地改良事業」という。）の施行としてため池を設置する場合は，この限りでない。

2　前項の許可を受けようとする者は，規則で定めるところにより，次に掲げる事項を記載した申請書を提出しなければならない。

　　一～六　（略）

3　前項の申請書には，ため池の工事に係る設計書（以下「ため池工事設計書」という。）その他規則で定める書類を添付しなければならない。

4　市長は，第1項の許可の申請があったときは，当該申請に係るため池がため池の決壊による水害その他の災害を防止するための技術的基準として市長が別に定めるものに適合すると認めるときは，同項の許可をすることができる。この場合において，市長は，当該許可にため池の決壊による水害その他の災害を防止するために必要な条件を付することができる。

5　第1項の許可を受けた者は，当該許可に係る工事に着手したとき及び当該工事が完了したときは，規則で定めるところにより，遅滞なく，その旨を市長に届け出なければならない。

（ため池保全地区の指定及び解除）

第12条　市長は，ため池及びため池の満水面界から水平距離10メートルの範囲で特に良好な自然環境を形成していると認められるものを，ため池保全地区に指定することができる。

2　市長は，前項の指定をしようとする場合は，あらかじめ当該所有権者等の協

力を得るようにしなければならない。

3 市長は，ため池保全地区の指定の必要がなくなった場合及び特別な理由がある場合は，指定を解除することができる。

4 所有権者等は，市長に対し，前項の規定による指定の解除をなすべき旨を申し出ることができる。

5 （略）

（ため池保全地区の行為制限）

第13条 ため池保全地区において，次の各号に掲げる行為をしようとする者は，市長の許可を受けなければならない。

　一 土地を開発し，宅地を造成し，その他の土地の形質を変更するとき。

　二 ため池を埋立て又は干拓するとき。

　三 土石を採取するとき。

　四 貯留水及び流入水の水量，水質に著しく影響を及ぼすとき。

　五 前各号に類似する行為をするとき。

2 市長は，前項の許可をするに当たっては，ため池の保全のために必要な限度において，条件を付することができる。

（禁止行為等）

第15条 何人も，次の各号に掲げる行為をしてはならない。ただし，第2号に掲げる行為のうち，市長がため池の保全上支障を及ぼすおそれがなく，かつ，環境の保全その他公共の福祉の増進に資すると認めて許可したものは，この限りでない。

　一 堤とう周辺において，土地の掘削その他堤防の安全に影響を及ぼす行為

　二 ため池の堤とうに竹木若しくは農作物を植え，又は建物その他の工作物（ため池の保全上必要な工作物を除く。）を設置する行為

（必要な措置の命令）

第18条 市長は，ため池の破損，決壊等による災害を未然に防止するため必要があると認めたときは，管理者に対し，必要な措置を講ずべきことを命ずることができる。

（罰則）

第28条 次の各号のいずれかに該当する者は，50万円以下の罰金に処する。

　一 第11条第1項の規定に違反して，市長の許可を受けないでため池に係る工事に着手した者

　二 第15条の規定に違反した者

2 次の各号のいずれかに該当する者は，10万円以下の罰金に処する。

　一 第13条の規定に違反する行為をした者

　二 （略）

基礎知識の確認

　法律による行政の原理を前提とすれば，行政活動の出発点は「法律」である。ここで法律とは，憲法の定める手続に従って国会が創出した法規範の形式である。もっとも，法律による行政の原理の中心が，議会による行政活動の民主的コントロールにあるとすれば，形式的意味の法律に限らず，それと同程度の民主的手続で決まったものであれば，法律と同様に行政活動の中で尊重されるべきであるとも考えられる。そのような観点から問題となるのは，（国会が議決する）予算・条約と，（地方公共団体が定める）条例である。

　予算は，行政による給付活動の基盤となり，具体的な給付条件は，行政の内部ルールである行政規則（給付要綱）で定められることが多い（⇨Ⅰ　論点別演習［行政過程論］❶）。しかし，予算によって決まる使途はなお漠然としたものであって，法律と同程度の詳細さで行政活動の内容を規定しているとまでは言えないから，法律の根拠と同列に考えることはできない。

　条約は，国家間の約束であり，その内容の多くは日本という国家に対する義務付けであって，国民の権利・義務が直接生じることは稀である。条約によって国家に課された義務を実現するため，国会はあらためて法律（条約担保法）を立法することが多い。ただし，条約によって国民の権利・義務が明確に定められ，条約締約国がこれを直接的に適用する意図を持っていると考えられる場合には，条約が国内法上の根拠として一定の権利・義務を生じさせることがある（条約の直接適用可能性）。もっとも，条約が法律による行政の原理で言うところの行政活動の根拠となりうるか（根拠規範としての性格を持ちうるか）については，議論がある。

　これら2つと異なり，地方公共団体が定める条例は，行政活動の根拠としての性格を持つことが疑われていない。その理由は，住民により直接公選された議員によって構成される地方議会が議決すること，条例という法形式で規範定立がなされることが憲法によって予定されていること，行政活動の条件・内容に関する条例の規定内容は法律と同程度に詳細なものであることに求められる。そこで，法律とは別に条例が登場した場合には，法律と条例の適用関係を整理し，問題となっている事案にどちらが適用されるのかを検討する必要がある。

Milestone

- ■1　条例はどのような性格の法規範ですか。
- ■2　自主条例に関する適法性判断の基準として，どのような考え方があり
ますか。
- ■3　条例の規制内容は法律と比べて厳しい内容になっていますか。
- ■4　この条例は法律との関係で適法と言えますか。

考え方

■1　条例の法的性格と類型

　憲法94条は，地方公共団体が「法律の範囲内で条例を制定することができる」と規定している。このことから，条例は地方公共団体が定めるものであることが分かる。また，憲法93条1項は，地方公共団体に議事機関として議会を設置すること，同条2項は，議員の住民による直接選挙を定めている。こうした憲法上の枠組設定を受けて，地方自治法が具体的な定めを置いており（この文脈で地方自治法は，憲法92条にいう「地方公共団体の組織及び運営に関する事項」を定める「法律」である），普通地方公共団体は，法令に違反しない限りにおいて条例を制定することができるとされている（地方自治法14条2項）。地方自治法にはさらに，普通地方公共団体の長が定める規則についても規定がある（同法15条1項）。もっとも，条例が「地方公共団体の議会」により定められる，と明快に書かれていない理由は，議会の議決事項に条例の制定改廃が含まれている（同法96条1項1号）ものの，普通地方公共団体の長が再議に付すことや（同法176条1項），議会が成立しないとき等に長が条例を制定できる（同法179条1項）からである。条例制定の過程は，法律制定の過程と比べて，長の役割や立場が強い点に注意が必要である。

　条例は，原則として地方公共団体の議会が議決する法規範の形式であり，その内容は憲法上，「法律の範囲内」という制約が規定されているに過ぎない。これに対して地方自治法14条2項は，「義務を課し，又は権利を制限するには，法令に特別の定めがある場合を除くほか，条例によらなければならない」と規定している。これは，法律の留保における侵害留保の原則を条文

化したものである。そこで，地方公共団体が自らの政策的判断に基づいて，住民等の行動を制限したり，義務を課したりする場合には，条例の制定が必要になる。このような条例は，法律の個別の委任に基づくものではなく，憲法94条によって授権された法規範の形式が用いられるものであり，自主条例と呼ばれる。

　他方で，国は国民の行動を制限したり，義務を課したりする行政活動を行う場合の根拠として法律を制定しており，その個別の条文において，具体的な内容の定めを条例に委ねていることがある。こうした法律の個別の明示の授権規定に基づいて制定される条例を委任条例と呼ぶことがある。最近では，法律が明確に授権規定を設けていない事項についても，法律が明示的に条例で定めることを禁止していないと解釈できる場合には，法律の内容を具体化する条例が定められる例が増えており，これを狭義の法律実施条例（法律規定条例）と呼ぶことがある（委任条例も含めてこの名称が用いられることもある）。

■2　自主条例に関する適法性判断基準

　委任条例の場合には，法律が個別に条例に対して内容を特定し，規範の定立を授権していることから，その適法性判断にあたっては，①法律が内容を適切に特定・具体化した上で条例に委任しているか，②委任された側の条例が，法律の委任の趣旨に従い，その範囲内で規範を制定しているか，の2つの点が問題となる。これは，行政基準の中でも法規命令の適法性判断基準とほぼ同じである。ただし，行政機関が策定する法規命令と異なり，条例は地方議会が議決するものであり，民主的性格が強い規範であるから，地方公共団体側の事情による独自の対応が重視され，結果的に授権の趣旨を幅広く評価して，条例を適法と考える解釈がなされる可能性がある。

　これに対して，自主条例の場合には，法律の個別の委任規定があるわけではないから，法律と条例は相互に独立した関係にあり，両者に重なり合いが生じた範囲内では法律が優先される（「法律の範囲内」）と考えられる。重なり合いの成否をめぐっては，かつては法律が問題となっている事項を少しでも規律していれば，条例が規定を置くことはできないとする法律先占論が有力であった。これに対して最高裁は，判百Ⅰ40/Ⅰ18/判2-1/CB1-2 徳島市公安条例事件判決（最大判 1975(昭和50)・9・10 刑集 29 巻 8 号 489 頁）において，条例の制定可能性を拡張する次のような一般的な判断を示した。

> 条例が国の法令に違反するかどうかは，両者の対象事項と規定文言を対
> 比するのみでなく，それぞれの趣旨，目的，内容及び効果を比較し，両
> 者の間に矛盾抵触があるかどうかによってこれを決しなければならない。

　これは，それまでの法律先占論のように，「対象事項と規定文言を対比す
る」だけの形式的判断ではなく，法律と条例の趣旨・目的・内容・効果の観
点から，実質的に見て抵触関係があるかどうかを判断しなければならないと
する考え方を宣明したものである。もっとも，これだけでは，具体的な事案
においてどのような判断を行えばよいか分からない。そこで，徳島市公安条
例事件最高裁判決は，法律よりも厳しい規制を条例が定めている場合（いわ
ゆる上乗せ条例）に関する具体的な判断基準を示している。

> 特定事項についてこれを規律する国の法令と条例とが併存する場合でも，
> 後者が前者とは別の目的に基づく規律を意図するものであり，その適用
> によって前者の規定の意図する目的と効果をなんら阻害することがない
> ときや，両者が同一の目的に出たものであっても，国の法令が必ずしも
> その規定によって全国的に一律に同一内容の規制を施す趣旨ではなく，
> それぞれの普通地方公共団体において，その地方の実情に応じて，別段
> の規制を施すことを容認する趣旨であると解されるときは，国の法令と
> 条例との間にはなんらの矛盾抵触はなく，条例が国の法令に違反する問
> 題は生じえない。

　ここで最高裁は２つの具体的基準を示しており，①法律と条例の規律の目
的が異なれば条例を適法に制定できる，②法律と条例が共通の目的でも法律
が全国一律同一内容の規制をする趣旨でなければ条例を適法に制定できる，
ことになる。

■3　事案へのあてはめ　①条例の規制内容

　具体的な事案での検討の順番としては，まず，条例が法律に比べて厳しい
内容の規律を置いているかを確認する必要がある。この事案では，ため池法
とＹ市ため池条例案の規定内容を分析し，相互関係を明らかにしなければ
ならない。その際には，これから学ぶ行政法総論の知識を用いて，条文の意
味内容や用いられている行政活動の形式を判定する必要がある。ここでは，

そうした知識があまりなくても比較的わかりやすい差異を取り上げている。

　まず，規制対象となる「ため池」について，ため池法では 2 条 1 項に定義規定を置き，さらに具体的な行為制限をかけるため池は「特定農業用ため池」に指定することを予定している。この特定農業用ため池の指定を受けるためには，ため池法施行令 1 条（ため池法 7 条の「政令で定める要件」を具体的に定めたのがこの条文である）によると，浸水被害が想定される住宅等が水平距離 100 m 未満に存することや，貯水容量が大きい場合には住宅等からの水平距離が離れている場合にも指定される可能性があることが分かる。これに対して，Y 市ため池条例案では，特に危険なため池を指定して行為制限をかけるのではなく，同条例案 2 条 1 号の定義規定にあてはまるものは全て規制の対象にしている。

　次に，規制の内容については，ため池法 8 条は，特定農業用ため池について土地の掘削・盛土等の行為をしようとする場合に許可を得なければならないとしている。これに対して，Y 市ため池条例案 11 条は，ため池を設置する際に許可を得ることを求めている。条例案 11 条 1 項は「周辺の区域に被害を及ぼすおそれがあるものとして規則で定める要件」に該当するため池のみを許可の対象としているものの，すでにため池がある状態での特定の行為に対する許可に比べて包括的な許可を求める点で，条例の規律の方が厳しいと考えられる。

　さらに，行為の規制に関して，ため池法には上記の特定の行為の許可制しかないのに対して，Y 市ため池条例案 15 条には一般的な禁止行為の定めがあり，違反した場合には 50 万円以下の罰金とされている（同条例案 28 条 1 項 2 号）。また，条例はため池の災害防止の観点だけではなく，「特に良好な自然環境を形成していると認められる」ため池を含む地区をため池保全地区に指定し（同条例案 12 条 1 項），環境配慮の目的も含む行為制限を予定している（同条例案 13 条）。

　このように，比較的わかりやすい部分だけを取り上げても，Y 市ため池条例案はため池法よりも厳しい規制を行おうとしていることが明らかになる。

■4　事案へのあてはめ　②条例の適法性

　Y 市ため池条例案は，国のため池法と同じため池という対象を規制しようとしており，対象事項に関する重なり合いがあることは否定できない。しか

し，徳島市公安条例事件最高裁判決によれば，条例が国の法令に違反するかどうかは，両者の対象事項と規定文言を対比するのみでなく，それぞれの趣旨，目的，内容及び効果を比較し，両者の間に矛盾抵触があるかどうかによってこれを決しなければならない。

　まず，ため池法とため池条例案の目的については，両者の目的規定を比較することが出発点である。ため池法1条は「農業用水の確保を図るとともに，農業用ため池の決壊による水害その他の災害から国民の生命及び財産を保護し，もって農業の持続的な発展と国土の保全に資する」ことを目的としており，農業用水の確保と災害防止の2つが目的であることが分かる。これに対して，ため池条例案1条は，「ため池の破損，決壊等による災害を未然に防止するため，ため池の管理に関し必要な事項を定める」ことを目的としており，災害防止を主眼としつつ，管理全般に関する規制を行おうとしているように読める。すでに見たように，ため池条例案12条が定めるため池保全地区は，災害防止目的というよりも自然環境保護に力点がある制度であり，この点も加味すると，法律と条例案との間には目的の違いがあると言えなくはない。もっとも，災害防止という目的について両者は完全に重なり合っていることから，目的が異なると言い切ることも難しい。

　そこで次に，ため池法が全国一律同一内容の規制をする趣旨であるかを検討する。ため池法は都道府県知事に主要な権限を割り当てており，基本的に

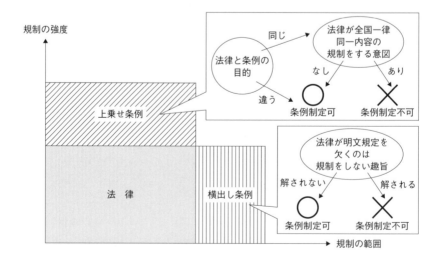

は都道府県単位での制度の運用を前提としている。今回の参照条文には含めていないものの，ため池法には，管理不全のため池について，市町村長に施設管理権を設定する規定を用意しており（同法13条〜17条），ため池の防災の観点からの規制は都道府県，具体的なため池の管理は市町村に事務割当を行っているように見える。しかし，ため池の多寡やその立地の状況は，比較的狭域における降水状況に依存しており，必ずしも都道府県単位で対応できる問題ではない。そうすると，ため池法が都道府県知事に主要な権限を割り当てていることが，市町村による自主条例の制定を否認する趣旨を含んでいるとまでは言えないと思われる。

ステップアップ

　徳島市公安条例事件最高裁判決が念頭に置いている「横出し条例」は，法律が全く規制していない領域において新たに自主条例が制定され，規制制度が設定されている場面である。その代表例として，判Ⅰ19 高知市普通河川管理条例事件（最一小判1978（昭和53）・12・21民集32巻9号1723頁）がある。この事例は，河川法が管理の対象としていない普通河川について，市が独自に（河川法の規制と内容的に類似する）条例を制定したもので，最高裁は，河川法が適用対象を開放的なものとしていることや，河川管理権に基づく規制が憲法29条の財産権保障との関係で問題があることを挙げて，こうした条例は河川法の予定するところではなく許されないと判断した。そこで，ため池法とため池条例の関係のように，条例による独自の規制内容に上乗せの部分と横出しの部分がある場合には，規律対象を包括的に捉え（＝「ため池」を規制する法律がすでにあるかという観点），全体として徳島市公安条例事件最高裁判決にいう「上乗せ条例」にあたると考えて，問題の解決を図る方が適切である。

❸ — 行政上の法の一般原則

事 例

　Y市では，特産のお菓子「いもナイン」の生産者に対して，生産を維持してもらう目的で，要綱に基づく補助金を交付していた。しかし市長選挙で市長が交代した後，敗れた市長候補の後援会長をしていた生産者Xに対してYは，Xが補助金の条件となっていた報告書の定期提出を一度怠ったことを理由に，補助金の交付を打ち切った。報告書の定期提出はそれまで他の事業者も含め一度も行われていなかったものの，それを理由に補助金の交付が打ち切られたことはなかった。

　この事例で，Xは補助金交付の打ち切りの違法性をどのように主張すればよいですか。

基礎知識の確認

　法律による行政の原理を基盤とする行政法学にとって，重要な法規範は法律をはじめとする制定法（実定法）である。もっとも，行政法学においても，不文法の存在は認められている。中でも重要な役割を果たすのが，行政上の法の一般原則である。

　行政上の法の一般原則は，憲法・民法に根拠を持つ平等原則・比例原則・権限濫用禁止原則・信頼保護原則の４つの原則を中心とし，加えて現代型一般原則（大橋洋一『行政法Ⅰ　現代行政過程論［第４版］』（有斐閣・2019 年）51-56 頁）として，効率性原則・説明責任原則・行政調査義務原則・透明性原則・基準準拠原則が挙げられることがある。ここでは，解釈論・立法論で幅広く用いられることが多い前述の４つの原則を紹介する。

　平等原則は，同一の事情の下では，特段の理由がない限り，同様の取扱いをすべきことを求める原則で，憲法 14 条に根拠を有する。法律に基づく一律の対応ではなく，個別的な対応が可能な行政契約や，行政裁量を伴う行政行為（処分）において，特に問題となる。

　比例原則は，目的と手段の均衡を要求する原則で，憲法 13 条に根拠を有するとする理解が有力である。比例原則は，もともと行政法の一分野である警察法における法原則（警察比例の原則）であり（⇨Ⅱ　総合演習 ❶ 警察法），目的を達成するために最小限度の手段の実力行使しか許されないとする考え方を意味していた。それが行政法上の一般原則となり，憲法上の原則にもなり，解釈論のみならず立法論にも適用されるようになった。

　権限濫用禁止原則は，特定の目的のために認められている権限を他の目的に転用することを禁止する原則で，憲法 12 条あるいは民法 1 条 3 項に根拠を有するとする理解がある。目的と手段の均衡を求める比例原則は，目的と手段が一対一に対応するという条件を加えておかないと，空洞化されるおそれがある。そこで，権限を縦割りのものとして，他の目的のために権限を転用しない原則を別途立てておく必要があるのである。

　信頼保護原則は，行政活動によって生じた信頼は保護されなければならないとする原則で，憲法上の法治主義に由来するとする理解と，民法 1 条 2 項に根拠を有するとする理解がある。ただし，信頼保護と法律の規定の適用とがバッティングする場合には，信頼保護原則の適用の幅は狭くなる。

Milestone

■1　要綱に基づく給付の場合に，給付請求権は発生しますか。
■2　報告書の提出義務違反を理由とする補助の廃止は適法ですか。
■3　補助の廃止と市長選挙とは関係がありますか。
■4　補助の廃止と過去の設備投資との関係はどのように考えられますか。

考え方

■1　要綱の法的性格と平等原則

　この事例では，要綱に基づいて補助金が交付されていた。要綱は，行政内部のルールである行政規則の一種で，相手方私人との関係で法的拘束力を持つものではない。そのため，要綱に書かれている条件が整っているとしても，その通りに相手方私人に給付を行う義務は行政側にはないと考えられていた。もし，法律（あるいは法律の委任に基づく法規命令）に根拠がある給付であれば，法令に定められた要件が満たされていれば，その通りに給付を行う義務が行政側に生じ，私人の側も裁判を通じて給付を求めることが当然にできる。このように，要綱を根拠とする給付は，相手方私人に給付請求権が生じず，要綱は贈与契約の約款であるとされてきた。

　しかし，ここに平等原則を結びつけると，要綱に基づく給付であっても，要綱に従った給付を行う義務が行政側に生じうる。平等原則は，同一の事情の下では，特段の理由がない限り，同様の取扱いをすべきことを求める原則である。そこで，問題となっている要綱に基づいて，特段の理由もなく給付されている人とされていない人がいることは，平等原則に反することになる。契約のように，個別の事情に応じて権利義務関係を変更しうる場合でも，およそ行政主体の活動である以上，平等原則が働くことになる。それゆえ，要綱と平等原則を結合させることで，場合によっては給付請求権が相手方私人に生じうるし，事案の事情からそこまでは言えなくても要綱に基づいて給付を受けうる地位が私人の側に生じていると考えられる。

　本件にあてはめて考えると，要綱に基づいて補助金が給付されていることから，端的に給付請求権がX側に認められるとは言えないかも知れない。し

かし，平等原則に従うと，要綱に基づいて給付を受けうる地位がXには認められるから，この要綱により現に給付を受けている事業者がいるとすれば，Xにも給付を受けうる地位は認められると考えられる。

■2　比例原則

　この事例では，要綱に定められた補助条件の中に，定期的な報告が含まれており，その報告を一度行わなかったことを理由に，Xへの補助が廃止されている。定期的な報告はそれまで他の事業者も含めて行われたことがないとされていることから，実質的にはこの条件が空文化していたと考えられる。そこで，他の事業者と同様に定期的な報告をしていなかったのだから，平等原則違反を理由にXへの保護廃止が違法であると主張することも考えられる。もっとも，「違法に平等なし」と言われるように，本来すべきことを誰もしていないことを理由に，違法の側を基準に平等な適用を求めることは，本来すべきとされていることがする必要はないものとする「慣習」が成立していたと言いうる状況でないと，主張することは難しい。さらに開き直って，定期的な報告を求める内容は，法令ではなく要綱で書かれていたのだから，そもそも違法にはならないという主張も可能ではある。しかし，そこまで言うと，要綱の適用を求めて補助金の給付を求める立場とは矛盾することになる。

　そこで，比例原則，すなわち目的と手段の均衡という観点から違法性の主張を検討することが考えられる。要綱で定期報告が求められている理由は，補助金が適正に用いられていること，補助金を受けて「いもナイン」の生産が継続できていることを確認する目的であると考えられる。それゆえ，定期報告を一度怠っただけであれば，再度報告を求めるとか，補助金を減額するといった，廃止以外の手段を選択することが，補助金の究極の目的である生産継続との関係では適合的と考えられる。それにもかかわらず，この事例のように，一度の報告懈怠のみで保護を廃止することは，目的に対して手段が過剰であって，比例原則に反し違法と考えられる。

■3　権限濫用禁止原則

　この事例では，敗れた市長候補の後援会長をしていた生産者Xへの保護が廃止されている。そこで，権限濫用禁止原則違反に着目した違法性主張も考えられる。

　本件要綱に基づく補助金の給付は，「いもナイン」の生産継続を目的としている。そこで，補助金の給付の廃止を正当化する根拠としては，補助金が生産継続以外の目的に使用されたこと，補助金が生産継続にとって役に立たないこと，補助金の財源が不足したこと等に限られ，補助の目的や補助金の財源確保とは関係ない内容を理由とする給付の廃止は，補助金の交付という手段で別の目的を実現しようとしている点で，権限濫用禁止原則に反する。

　事実関係が詳細ではないものの，仮に市長選挙で対立候補を応援したいわば報復として補助の廃止を行ったとすれば，上記の補助金の趣旨・目的とは関係ない事由による廃止となり，権限濫用禁止原則違反で違法と考えられる。

■4　信頼保護原則

　この事例では，特産品の生産継続のために，ある程度長期的な補助金が支出されるしくみが前提となっている。特産品に関する具体的な事実が記載されていないものの，仮にこの特産品が，生産ラインの維持のために継続的なコストがかかり，長期的な観点からの投資が必須であるとすれば，信頼保護原則違反を理由とする違法性主張が考えられる。

　信頼保護原則違反を主張するためには，行政機関による（信頼の対象となる）公的見解が表明され，それに基づいて相手方私人が一定の行動を行い，その後に行政機関が公的見解とは異なる行動をとったことで相手方に経済的な損害が生じたことが必要となる。さらに，公的見解とは異なる行動が法令に適合する内容であった場合には，相手方が行政機関の公的見解を信じて行動したことについて帰責性がないことも求められる（判百Ⅰ21/判Ⅰ27/CB9-3 宜野座村工場誘致事件（最三小判1981(昭和56)・1・27民集35巻1号35頁），判百Ⅰ20/判Ⅰ25/判3-1/CB9-4 八幡税務署事件（最三小判1987(昭和62)・10・30判時1262号91頁））。この事案では，法令の規定はないから，信頼保護原則と法律による行政の原理がバッティングするおそれはないので，Xの帰責性については考える必要がない。

　この事例にあてはめると，要綱が示されて生産継続のための補助金制度が創設されたこと（あるいはそれに基づいて補助金の給付が決定されたこと）が，公的見解の表示と考えられる。Xは，継続的に補助金が受給できることを前提に，生産維持のための投資を行い，収支の見通しを立てていたと思われる。しかし，補助金が廃止されたことで，収支の見通しが崩れ，Xが過去に行っ

た投資が回収できないおそれが生じている。こうしたことから，補助金の廃止は信頼保護原則違反とも考えられる。

ステップアップ

　この事案では，法令の規定がない場合に，行政上の法の一般原則を用いて行政活動の違法性を主張する方法を概観した。行政上の法の一般原則はこのほか，法令の規定があるものの内容がはっきりしない場合にその内容を明確化する場面や，法令の規定をそのまま適用すると正義の観念に反する場合にその内容を修正する場面でも働く。

4 ── 行政法と民事法

事 例

　自己所有の土地・建物を売却したいXは，宅地建物取引業者Yに，媒介契約（宅地建物取引業法34条の2）の締結を求めた。契約書には，Y以外に媒介を依頼しないことが含まれ，契約期間は1年と書かれていた。

(1) 宅地建物取引業法34条の2との関係で，この契約は有効ですか。

(2) 契約から6ヶ月後に，YはAからXの土地・建物を購入したいとの意向を受けた。しかしXは契約期間が3ヶ月と考えて，別の宅地建物取引業者Tと媒介契約を結び，TはBからXの土地・建物を購入したいとの意向を受けていた。XがBと売買契約を結ぶとした場合，土地・建物を購入できなかったAがYの責任を追及することはできますか。

【資料≫参照条文】

○宅地建物取引業法

（目的）

第1条　この法律は，宅地建物取引業を営む者について免許制度を実施し，その事業に対し必要な規制を行うことにより，その業務の適正な運営と宅地及び建物の取引の公正とを確保するとともに，宅地建物取引業の健全な発達を促進し，もって購入者等の利益の保護と宅地及び建物の流通の円滑化とを図ることを目的とする。

（媒介契約）

第34条の2　宅地建物取引業者は，宅地又は建物の売買又は交換の媒介の契約（以下この条において「媒介契約」という。）を締結したときは，遅滞なく，次に掲げる事項を記載した書面を作成して記名押印し，依頼者にこれを交付しなければならない。

　一　当該宅地の所在，地番その他当該宅地を特定するために必要な表示又は当該建物の所在，種類，構造その他当該建物を特定するために必要な表示

　　二　当該宅地又は建物を売買すべき価額又はその評価額
　　三　当該宅地又は建物について，依頼者が他の宅地建物取引業者に重ねて売買
　　　　又は交換の媒介又は代理を依頼することの許否及びこれを許す場合の他の宅
　　　　地建物取引業者を明示する義務の存否に関する事項
　　四　当該建物が既存の建物であるときは，依頼者に対する建物状況調査
　　　　（……）を実施する者のあっせんに関する事項
　　五　媒介契約の有効期間及び解除に関する事項
　　六　当該宅地又は建物の第5項に規定する指定流通機構への登録に関する事項
　　七　報酬に関する事項
　　八　その他国土交通省令・内閣府令で定める事項
2　（略）
3　依頼者が他の宅地建物取引業者に重ねて売買又は交換の媒介又は代理を依頼
　することを禁ずる媒介契約（以下「専任媒介契約」という。）の有効期間は，3
　月を超えることができない。これより長い期間を定めたときは，その期間は，
　3月とする。
4　前項の有効期間は，依頼者の申出により，更新することができる。ただし，
　更新の時から3月を超えることができない。
5　宅地建物取引業者は，専任媒介契約を締結したときは，契約の相手方を探索
　するため，国土交通省令で定める期間内に，当該専任媒介契約の目的物である
　宅地又は建物につき，所在，規模，形質，売買すべき価額その他国土交通省令
　で定める事項を，国土交通省令で定めるところにより，国土交通大臣が指定す
　る者（以下「指定流通機構」という。）に登録しなければならない。
6　前項の規定による登録をした宅地建物取引業者は，第50条の6に規定する登
　録を証する書面を遅滞なく依頼者に引き渡さなければならない。
7　前項の宅地建物取引業者は，第5項の規定による登録に係る宅地又は建物の
　売買又は交換の契約が成立したときは，国土交通省令で定めるところにより，
　遅滞なく，その旨を当該登録に係る指定流通機構に通知しなければならない。
8　媒介契約を締結した宅地建物取引業者は，当該媒介契約の目的物である宅地
　又は建物の売買又は交換の申込みがあったときは，遅滞なく，その旨を依頼者
　に報告しなければならない。
9　専任媒介契約を締結した宅地建物取引業者は，前項に定めるもののほか，依
　頼者に対し，当該専任媒介契約に係る業務の処理状況を2週間に1回以上（依
　頼者が当該宅地建物取引業者が探索した相手方以外の者と売買又は交換の契約
　を締結することができない旨の特約を含む専任媒介契約にあっては，1週間に
　1回以上）報告しなければならない。
10　第3項から第6項まで及び前2項の規定に反する特約は，無効とする。

基礎知識の確認

　行政法と民事法の関係は，学説上好んで論じられてきたテーマのひとつである。民事法学よりも後発の学問として出発した行政法学は，一方では自らのアイデンティティーを確立するため，他方では行政裁判所と通常裁判所の管轄の区分を明確にするため，民事法との差異を強調してきた。しかし，我が国では第二次世界大戦後に行政裁判所が廃止され，一元的な裁判所の系統の中で行政事件も扱われることとなったことから，管轄に関する問題を論じる必要性は消滅した。さらに，行政法学の独自性を強調することで実定法の規定からかけ離れた解釈がなされることへの批判が強まり，実定法の文言を出発点に行政法と民事法の関係を理解する見解が一般化した。行政法の基本書で紹介されてきたこの文脈における判例・裁判例は，こうした観点から民事法の適用を行政法関係において認めたものが多い。

　これに対して，環境法や消費者法などの文脈で，行政法の規定が民事法関係にどのような影響を与えるのかへの関心が高まってきている。行政法の規定の多くは，事業者等の行為に対して何らかの制約をかけることで，社会問題の発生を抑制することを目指している。そのため，行政法の規定文言そのものから，行為規制に反した場合の民事上の関係への影響が明確に読み取られることは多くない。民事上の関係への影響は，契約等の法律行為の有効・無効の問題（法令違反行為効力論）と，不法行為責任への影響の問題に分けられる。

Milestone

■1　行政法規に違反する民事上の行為の効力はどのように考えればよいですか。

■2　取締規定と効力規定（強行規定）の違いはどこにありますか。

■3　行政法規違反と不法行為責任との関係はどのように考えればよいですか。

■4　不法行為に基づく損害賠償請求の際に行政法規はどのような意味を持ちますか。

考え方

■1　法令違反行為効力論

　法令違反行為効力論は，行政法による行為規制に違反する民事上の行為が有効か無効かを論じている。この事案で取り上げている宅地建物取引業法は，土地や建物等の不動産取引に携わる者の活動を規制している法律で，行政法に含まれる。そして同法34条の2は，媒介契約に関する宅地建物取引業者の行為規制を定めている。例えば，同条1項は媒介契約の書面の作成・押印・交付義務を定めており，同法3項は専任媒介契約（特定の宅地建物取引業者とだけ締結する媒介契約）の有効期間を3ヶ月以内に制限している。これらはいずれも，行政法規による行為制限と考えられる。これに対して，同条10項は，3項に反する特約を「無効」とする一方で，1項に反する契約の効力を明確には定めていない。

　もともと行政法令に違反する行為の民事上の効力については，その全てが民事上も無効と考えられていた。しかし，それでは当事者間の公平や法的安定性が保てない場合があることが問題視され，末弘厳太郎博士が，今日に通じる基本的な考え方を提示した。それによると，①行政法令を強行規定（効力規定）と取締規定とに分類し，強行規定違反であれば民事上も無効とし（民法91条），取締規定違反であれば民事上は原則として有効と考える，②取締規定違反であってもそれが公序良俗違反（民法90条）にあたる場合には民事上も無効となる。これは，民事法における強行規定と任意規定の区別を行政法令にも拡張した考え方であったものの，その後の民事法学では，民法91条を介在させて無効とする処理はなされなくなり，民法に関しては公序良俗違反による無効の処理に一本化している。

　公序良俗違反を認める判断の方法は，時代とともに変遷してきた。末弘厳太郎博士が法令違反行為効力論を提示した背景には，行政法令に違反したという理由だけで法律行為が無効となると，当事者の公平に反する（場合がある）という問題意識があり，それゆえ民事上無効となる場合を限定的に考えようとしていた。しかし，消費者法や経済法による規制が，経済的に弱い立場にある者の権利・利益を強化する方向で働いていることから，それを民事法上も支援する意味で，法令違反の場合に積極的に民事上の無効を導こうと

する見解が，1990 年代以降強まってきている（山本敬三＝大橋洋一「行政法規
違反行為の民事上の効力」宇賀克也他編『対話で学ぶ行政法』（有斐閣・2003 年）
1-17（5-8）頁［初出 2001 年］）。

■2　取締規定と効力規定（強行規定）

　この事例では，専属媒介契約が締結されており，その有効期間が 1 年とさ
れている。しかし，これは宅地建物取引業法 34 条の 2 第 3 項に明らかに反
しており，同規定によると，3 ヶ月より長い期間を定めても 3 ヶ月とすると
され，さらに同条 10 項でこの規定に反する特約を無効と規定している。

　宅地建物取引業法が全体として行政法に属しており，同法 34 条の 2 も行
為規制を目的とする規定であるとすると，これらの規定も全て取締規定と考
え，公序良俗違反（民法 90 条）で無効にできるかを検討する考え方がありう
る。公序良俗違反を判断する基準としては，法令の保護の趣旨・違反行為の
違法性の程度・社会的非難の程度・当事者間の公平・取引の安全などのさま
ざまな要素が挙げられており，これらを総合的に考慮するものとされてきた。
この事案にあてはめると，法令の保護の趣旨は，不動産取引関係に入る権利
者の権利・利益を保護することにあり，違反行為の違法性・社会的非難の程
度は，契約当事者を比較的長期間にわたって拘束する点に着目すれば高いと
考えられる。また，当事者間の公平の観点からは，本来自由に取引相手を選
びうる不動産所有者の相手方選択の自由を一方的に拘束している点に問題が
ある。こうしたことから，民法 90 条違反で無効と判断する可能性はあると
思われる。

　しかし，この事案では，宅地建物取引業法が明確に特約の無効を規定して
おり，その文言を素直に解釈すれば，上記のような議論を経なくても，民事
上無効と考えることができると思われる。これは，末弘厳太郎博士の考え方
で言えば，当該規定を強行規定（効力規定）と考える処理と説明することも
できる。もっとも，そもそも宅地建物取引業法全体が行政法の性格を持つと
考える見方にこそ，公法・私法二元論の残滓があるのであって，宅地建物取
引業法の個々の規定ごとに法的性格を決定し，同法 34 条の 2 第 10 項は民事
上の効力を定めた規定（いわゆる民事特別法）と考えれば，それで足りるよう
に思われる。

　なお，いずれの理解に立っても，同法 34 条の 2 第 3 項の規定から，この

事例の契約は，当初の３ヶ月に関しては有効であり，３ヶ月経過後に第10項の規定によって失効すると考えられる。これは，宅地建物取引業法の規定の解釈から導き出せる帰結であるものの，仮に「これより長い期間を定めたときは，その期間は，３月とする」という規定がなかったとしても，当事者の意思の合理的な解釈によって，同様の内容を導出できると考えられる。また，同条４項の規定を前提に，１年を限度に更新を予め約束した特約と解釈する余地もないわけではないものの，合意の効力そのものを否定するのが法の趣旨と考えられるので，このような契約解釈は認められないだろう。

■3　行政法規違反と不法行為

　行政法と民事法の関係が問題になるもうひとつの局面が，不法行為責任である。この事例の（2）では，宅地建物取引業法の規制に反して専属媒介契約を締結していた宅地建物取引業者と取引をしていた相手方が，規制違反に伴って被った経済的な損害を賠償してもらえるかが問題となっている。

　民法の不法行為責任が成立するためには，権利・利益侵害（違法性），故意・過失，因果関係，損害等の要件が充足される必要がある。このうち行政法違反行為と関係があるのは，権利・利益侵害（違法性）あるいは故意・過失である。一般的に言えば，注意義務違反（＝過失）の前提である注意義務の中に，行政法上の行為義務に反しないように行動することが含まれており，これに違反すれば，注意義務違反が問われうる。注意義務の内容は，規制を定めた行政法の趣旨・目的や保護法益の性格によって変わりうると考えられるものの，法令違反行為効力論における民事上の無効を導く場面よりは，注意義務違反を容易に導けると思われる。この事例でも，損害・因果関係が肯定できれば，宅地建物取引業法違反の事実を注意義務違反の中に反映させることで不法行為責任を成立させる可能性がある。

■4　不法行為法と行政法

　消費者法・経済法や環境法・都市法の領域ではとりわけ，こうした行政法と民事法の結びつきが，事後的な損害賠償に限定されず，民事差止めによる解決にも拡張している。例えば，事業者の行政法令違反の行為が実際になされている場合には，受忍限度を超えているとして民事差止めを許容する判断がなされていたり（とりわけ産業廃棄物処理場でそうした事例が多い），行政上の

地位を前提にこれを侵害する私人の行為への民事差止めが認められたり（道路通行権が代表例である（判Ⅰ50 位置指定道路と妨害排除請求権（最一小判1997（平成9）・12・18民集51巻10号4241頁）））している。さらに，消費者法の領域では，消費者団体訴訟が法定化されており，差止め（例：不当条項規制）や損害賠償（例：集団的消費者被害回復）が認められている。

　行政法の存在意義として，事前予防が挙げられることがある。これは，事後的な損害賠償で対応する民事法に対して，紛争を予防するために行為規制を行う行政法の特色を示したものである。しかし，行政法上の義務を履行確保するための手段が現実には十分機能しておらず，行政法だけに頼った事前予防は実際には作動していない。こうした背景事情から，特に消費者法や環境法の領域で，民事法（民事差止訴訟）でも事前予防を促進しようとする制度設計や裁判例の蓄積が見られるのである。

ステップアップ

　この事例では，民事上の無効が法律上明確に規定されている条文を取り上げている。もっとも，こうした民事効規定は消費者法を除いてあまり一般的ではなく，民事上の効力について何も書かれていない事案が大半である。このような場合には，行政法による行為規制の趣旨・目的が，民事上の効力を否定しないと実現できないものか，あるいは規制をどの程度貫徹させたいと立法者が考えているか（行為規制違反に対する罰則が設定されていればその手がかりになる）を考慮して，公序良俗違反と言えるかを検討する必要がある。また，問題となっている事案において，民事上無効とすることが，当事者のどちらにとって有利になるのか，そのことが当事者間の公平を害することにならないかを，事案に即して検討する作業も必要になる（具体的な紛争事例として，最三小判2021（令和3）・6・29民集75巻7号3340頁）。

5 — 行政基準

2020年7月から，コンビニ等のレジ袋が有料化された。その法的なしくみについて，以下の参照条文を手がかりに説明して下さい。

【資料≫参照条文】
○容器包装に係る分別収集及び再商品化の促進等に関する法律（抄）

（事業者の判断の基準となるべき事項）

第7条の4　主務大臣は，容器包装廃棄物の排出の抑制を促進するため，主務省令で，その事業において容器包装を用いる事業者であって，容器包装の過剰な使用の抑制その他の容器包装の使用の合理化を行うことが特に必要な業種として政令で定めるものに属する事業を行うもの（以下「指定容器包装利用事業者」という。）が容器包装の使用の合理化により容器包装廃棄物の排出の抑制を促進するために取り組むべき措置に関して当該事業者の判断の基準となるべき事項を定めるものとする。

2　前項に規定する判断の基準となるべき事項は，基本方針に即し，かつ，容器包装の使用の合理化の状況，容器包装の使用の合理化に関する技術水準その他の事情を勘案して定めるものとし，これらの事情の変動に応じて必要な改定をするものとする。

3〜4　（略）

（勧告及び命令）

第7条の7　主務大臣は，容器包装多量利用事業者の容器包装の使用の合理化による容器包装廃棄物の排出の抑制の促進の状況が第7条の4第1項に規定する判断の基準となるべき事項に照らして著しく不十分であると認めるときは，当該容器包装多量利用事業者に対し，その判断の根拠を示して，容器包装の使用の合理化による容器包装廃棄物の排出の抑制の促進に関し必要な措置をとるべき旨の勧告をすることができる。

2　主務大臣は，前項に規定する勧告を受けた容器包装多量利用事業者がその勧

告に従わなかったときは，その旨を公表することができる。

3 主務大臣は，第1項に規定する勧告を受けた容器包装多量利用事業者が，前項の規定によりその勧告に従わなかった旨を公表された後において，なお，正当な理由がなくてその勧告に係る措置をとらなかった場合において，容器包装の使用の合理化による容器包装廃棄物の排出の抑制の促進を著しく害すると認めるときは，審議会等（国家行政組織法（昭和23年法律第120号）第8条に規定する機関をいう。）で政令で定めるものの意見を聴いて，当該容器包装多量利用事業者に対し，その勧告に係る措置をとるべきことを命ずることができる。

（罰則）

第46条の2 第7条の7第3項の規定による命令に違反した者は，50万円以下の罰金に処する。

○小売業に属する事業を行う者の容器包装の使用の合理化による容器包装廃棄物の排出の抑制の促進に関する判断の基準となるべき事項を定める省令（抄）

第2条 事業者は，商品の販売に際して，消費者にその用いるプラスチック製の買物袋（持手が設けられていないもの及び次の各号に掲げるものを除く。以下この項の各号列記以外の部分及び次項第1号において同じ。）を有償で提供することにより，消費者によるプラスチック製の買物袋の排出の抑制を相当程度促進するものとする。

　　一～三 （略）

2 事業者は，前項に掲げる取組のほか，次に掲げる取組その他の容器包装の使用の合理化のための取組を行うことにより，容器包装廃棄物の排出の抑制を相当程度促進するものとする。

　　一 商品の販売に際しては，消費者にその用いる容器包装（プラスチック製の買物袋を除く。）を有償で提供すること，消費者が商品を購入する際にその用いる容器包装を使用しないように誘引するための手段として景品等を提供すること，自ら買物袋等を持参しない消費者に対し繰り返し使用が可能な買物袋等を提供すること，その用いる容器包装の使用について消費者の意思を確認することその他の措置を講ずることにより，消費者による容器包装廃棄物の排出の抑制を促進すること。

　　二 薄肉化又は軽量化された容器包装を用いること，商品に応じて適切な寸法の容器包装を用いること，商品の量り売りを行うこと，簡易包装化を推進することその他の措置を講ずることにより，自らの容器包装の過剰な使用を抑制すること。

基礎知識の確認

　法律による行政の原理の考え方からすれば，行政活動の条件や内容は法律そのものによって規定されていなければならないようにも思われる。もっとも，この考え方は，行政活動の全ての条件・内容を法律自身で規律し尽くすことまでは求めておらず，場合によっては，行政機関が定めるルールである行政基準がこうしたことを定める可能性を認めている。具体的には，次の2つの場面がある。

　第1に，国民の権利・義務と関係する行政活動の場合には，法律の委任（授権）に基づいて行政機関がその活動に関する一般的な基準を定めることが許される。このような性格を持つ行政基準は，法規命令と呼ばれる。法規命令は，国家と私人との関係（行政外部法関係）においては，法律と同様の効力を持つものとして扱われるので，裁判所においても，法律と同様に適用されなければならない。

　第2に，国民の権利・義務に関する内容を持たない場合には，行政権固有の権能に基づいて，行政機関がその活動に関する一般的な基準を定めることが許される。このような性格を持つ行政基準は，行政規則と呼ばれる。行政規則は，行政主体・行政機関相互間の関係（行政内部法関係）においては拘束的に働きうるものの，国家と私人との関係においては効力がないとされてきた。しかし，行政手続法が策定を求めている審査基準・処分基準の多くはこうした性格を持った規範であり，その策定の際に意見公募手続がとられ，また策定後は公表される（処分基準については策定・公表は努力義務）ところに現れているように，行政規則の中には，行政内部的に通用力を持つだけにとどまらないものが含まれている。そこで，とりわけ行政裁量が認められている場合の裁量基準について，裁判所が内容の合理性を審査し，場合によっては法規命令と同様に事案に対して適用できるとする考え方が判例・学説でとられている。

　参照条文として「法律」だけではなく，○○法施行令・施行規則のような法規命令や，通達等の行政規則が数多く挙げられるのが，行政法の事例問題の特色のひとつである。そこで，これらの規範がいかなる法的性格を持っており，その適法性判断にあたってどのような点に注目すべきかを理解していることが重要である。

Milestone

■1 行政基準とはどのようなもので，どのような種類がありますか。
■2 法律を改正せずに事業者に義務を課すことはできますか。
■3 レジ袋有料化では，どのような改正がなされていますか。
■4 レジ袋を有料化しないと刑事罰が科されますか。

考え方

■1 行政基準の意義と類型

　2020年に実施されたレジ袋有料化は，海洋汚染との関係でプラスチック製の容器包装への批判が高まったことを背景としており，小売店での買い物の仕方も含めて，我々の日常生活に大きな影響をもたらした。しかし，この変更は，法改正を伴うものではなかった。

　容器包装に関する廃棄物の削減やリサイクルについては，「容器包装に係る分別収集及び再商品化の促進等に関する法律」が1995年に制定されており，この法律の規定を前提に，各地方公共団体における分別収集が行われてきた。この法律は，①市町村に市町村分別収集計画を策定することを求め，これに基づいて市町村に分別収集の義務を課す（同法10条1項），②容器包装を利用する事業者（小売業者等＝法律では「特定事業者」）に再商品化（リサイクル）義務を課し（同法11条1項・12条1項），事業者自身が再商品化するほか，指定法人（公益財団法人日本容器包装リサイクル協会）と再商品化契約を締結してこれに基づく債務を履行することで再商品化義務を履行したものとみなされる（同法14条）しくみを定めている。法律自身が定めているのは，こうしたリサイクルに関する基本的な枠組や義務のみであり，具体的な内容・基準は行政基準が定めている。

　行政基準にはさまざまな形式がある。容器包装リサイクルに関する行政基準は，指定法人のサイト（https://www.jcpra.or.jp/law_data/aboutlaw/tabid/543/index.php）にまとめられている。ここでは，法規命令と行政規則の区別に注意しながら，具体例に即して，行政基準の法的性格を確認する。

　参照条文に挙げられている7条の4第1項は，

> 　主務大臣は，容器包装廃棄物の排出の抑制を促進するため，主務省令で，その事業において容器包装を用いる事業者であって，容器包装の過剰な使用の抑制その他の容器包装の使用の合理化を行うことが特に必要な業種として政令で定める<u>もの</u>に属する事業を行うもの（以下「指定容器包装利用事業者」という。）が容器包装の使用の合理化により容器包装廃棄物の排出の抑制を促進するために取り組むべき措置に関して当該事業者の判断の基準となるべき事項を定めるものとする。

と規定しており，主務大臣が基準を定めることを予定している。これに基づいて制定されているのが，やはり参照条文に含まれている「小売業に属する事業を行う者の容器包装の使用の合理化による容器包装廃棄物の排出の抑制の促進に関する判断の基準となるべき事項を定める省令」（平成18年財務省・厚生労働省・農林水産省・経済産業省令第1号）である。このように，行政基準への委任を目的に法律の規定が置かれていれば，その規定に基づいて，規定された法形式（ここでは「主務省令」）で行政基準が定められていることが明確に分かる。もっとも，法律による委任の仕方はこれだけではない。上記の条文の下線部（政令で定めるもの）もやはり法律による委任の規定で，この規定に基づいて「容器包装に係る分別収集及び再商品化の促進等に関する法律施行令」5条が，具体的な業種（各種商品小売業ほか全10業種）を定めている。

　ここで挙げた「政令」は内閣が定める行政基準の形式で，「省令」は各省大臣が定める行政基準の形式である。多くの法律には，「○○法施行令」「○○法施行規則」がセットで策定されており，施行令は政令，施行規則は省令である（委員会や庁の長官が定めた場合には規則になる）。このほかに，法律では「○○大臣が定める」とのみ規定されている場合には，その多くが「告示」という形式で行政基準を定めている（⇨Ⅱ　総合演習 ❸ 租税法）。告示は，その本来の意味が「お知らせ」であって，その内容は多様なものを含みうる。そこで，行政基準である場合だけではなく，行政処分であったり，単なる通知であったりすることもある。ただし，告示という形式で定められた内容を軽視してよいわけではなく，例えば容器包装に関しても，その最も重要な政策的指針である「容器包装廃棄物の分別収集及び分別基準適合物の再商品化の促進等に関する基本方針」は同法3条の規定に基づく告示（平成18年12月1日財務省・厚生労働省・農林水産省・経済産業省・環境省告示10号）として示

されている。この告示は，行政計画の性格を持ったものと考えることができる。

　これに対して，法律の規定の解釈を示したり，運用の統一を図ったりすることを目的として，行政機関の内部ルールとして策定される行政規則の例として，「容器包装に関する基本的考え方について」（平成11年5月11日リサ推12号）がある。この中では，例えば法律が定める「容器包装」に該当するかの判断基準として，物を入れ，または包むものと言えるかが示され，これに該当しない具体例として「焼き鳥の串」「アイスキャンデーの棒」などが挙げられている。こうした判断基準は，行政機関の内部では拘束的に働くものの，仮に容器包装該当性が裁判で争われた場合には，裁判所はこの基準を参照して判断するのではなく，自らが正しいと考える法解釈に従って法の適用を行うことになる。

　行政規則にも特有の形式があり，「通知」「通達」「要綱」といった形式がとられている場合には，行政規則と考えることができる。これに対して，「政令」「省令」のような形式で書かれている内容は，たとえそれが国民の権利・義務と関係しないもののように読めても，その部分だけを行政規則と考えて事案を処理することはない。このように，行政基準の類型の判断にあたっては，法形式にも注目する必要がある。

■2　法規命令の適法性

　法規命令の適法性は，①法律による委任（授権）の適切性，②委任（授権）の内容との適合性の2つで判断される。

① 法律による委任（授権）の適切性

　法律による行政の原理の考え方や，国会を唯一の立法機関とする憲法41条の規定から，国民の権利・義務に関する内容を定める法規命令に対する法律の委任規定が全くない場合はもとより，委任の内容が漠然としている場合も，そのような法律の委任規定は憲法に反するものとして無効になる（白紙委任の禁止）。

　もっとも，過去の最高裁判決の中で，法律の委任規定が白紙委任の禁止に反して違憲無効とされた実例はない。白紙委任が疑われる場合に，裁判所はまず，当該法律の委任規定を解釈し，その内容を具体化・限定することができれば，その限定された内容の授権がなされたものとして判断を進める（合

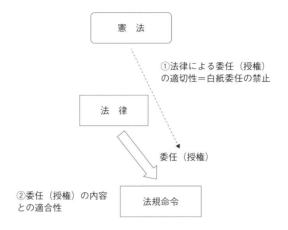

①法律による委任（授権）
の適切性＝白紙委任の禁止

委任（授権）

②委任（授権）の内容
との適合性

憲限定解釈・憲法適合的解釈）。そして，（限定して解釈した）授権の内容とは適合しない法規命令を違法と判断する（これは②の処理と重なることになる）（このような処理をした具体例として，判百 I 43／ I 178／判 8-2／CB1-8 医薬品ネット販売禁止事件（最一小判 2015（平成 27）・12・14 民集 69 巻 8 号 2348 頁）がある）。

② 委任（授権）の内容との適合性

　法律による委任の仕方に問題がないとすると，実際に策定された法規命令の内容が，授権した法律の規定の範囲内にとどまっているか，委任の内容と適合したものとなっているかが適法性判断の中心となる。上位の法規範である法律の委任に反する法規命令は，違法無効として扱われ，この規定に基づいてなされた具体的な行政行為（処分）も違法なものと評価される。

　法律による委任の内容を具体的に判断する際には，法律の委任の文言に着目するアプローチと，法律の趣旨・目的に着目するアプローチがある。法律の文言に着目するアプローチは，憲法上の権利・自由を侵害する行政活動の場合にしばしば見られる。法律の文言を自然に理解したとして，その委任の内容に含まれていないことを法規命令が追加したり，法律が認めている内容を法規命令が制限したりすると，当該法規命令は違法と評価される。法律の趣旨・目的に着目するアプローチは，一定の政策目的を実現するために行政活動が行われている性格が強い場合によく見られる。法律の文言のみならず，そのしくみが置かれている趣旨・目的を明らかにした上で，それに反する法規命令の規定が置かれている場合に，当該法規命令は違法と評価される。

■3　レジ袋有料化の実現手法　①行政基準の改正

　この事例では，法律そのものは改正されておらず，法律にもともと存在していた事業者の排出抑制に関する規定（7条の4）の「判断の基準となるべき事項」に関する委任規定を受けた「小売業に属する事業を行う者の容器包装の使用の合理化による容器包装廃棄物の排出の抑制の促進に関する判断の基準となるべき事項を定める省令」を改正し，その2条1項で原則有償（あるいはプラスチック以外の袋を提供）を求める規定を設けた。

　原則有償による提供という内容は，国民（とりわけ小売業者）に対する義務を課すものであるから，法律によらずに行政基準でこうした定めを置くためには，法律の委任が必要である。同法7条の4はこの前後で改正されていないものの，この規定はこうした場面において行政基準によって具体的な義務を定めることを想定しているものと考えられる。そして，その内容については同条1項で「容器包装の使用の合理化により容器包装廃棄物の排出の抑制を促進するため」，また同条2項で「基本方針に即し，かつ，容器包装の使用の合理化の状況，容器包装の使用の合理化に関する技術水準その他の事情を勘案して定める」ものとされているので，委任の趣旨を全く定めていないとは言えず，白紙委任の禁止にはあたらない。そうすると，このような方法で新たに義務を定めても，憲法上の問題はないことになる。また，省令の内容も，委任の趣旨に照らして，規制内容が厳しすぎるとまでは言えない。もっとも，この判断にあたっては，規制内容がどのような実効性確保策に基づいて実現されるのかも考慮する必要がある。

■4　レジ袋有料化の実現手法　②実効性確保の手段

　今回の省令改正を受けて，多くの小売業者がレジ袋を有料化しているものの，一部の業者は無料での提供を続けている。このような対応の違いは，実効性確保手段の特色に由来している。

　「小売業に属する事業を行う者の容器包装の使用の合理化による容器包装廃棄物の排出の抑制の促進に関する判断の基準となるべき事項を定める省令」に違反した場合，いきなり刑事罰が科されるわけではない。同法7条の7第1項によると，主務大臣が「著しく不十分であると認める」場合には，まず勧告がなされることになる。この勧告に従わなかった場合には，その旨

を公表することができ（同条2項），さらに「正当な理由がなくてその勧告に係る措置をとらなかった場合において，容器包装の使用の合理化による容器包装廃棄物の排出の抑制の促進を著しく害すると認めるとき」に，審議会の意見を聴いた上で命令を出すことができる（同条3項）。このように，有償化を義務付ける命令が出るまでには数多くの過程があり，また命令を出すためには「正当な理由がない」「排出の抑制の促進を著しく害する」という加重要件が含まれているため，命令が出される事例は限定的であることが予想される。

　この命令に違反した場合には，同法46条の2の規定により，50万円以下の罰金となる。もっとも，実際に罰金を科すためには，検察が起訴して刑事手続を経る必要があり，行政法の中でこうした形でエンフォースメントがなされる分野はそれほど多くはない。

ステップアップ

　この事例では，法律に「主務大臣」という言葉が登場した。一般的には，ひとつの法律，あるいはひとつの権限については，それを所管する大臣・省庁の組織がひとつであることが多い。しかし，複数の所管に及ぶ場合には，法律の条文では「主務大臣」という主語にしてさまざまな行政作用を書き込み，その主務大臣が誰であるかは別に条文を用意することがある。同法43条がその規定であり，個別の規定で明示されない限り，主務大臣は「環境大臣，経済産業大臣，財務大臣，厚生労働大臣及び農林水産大臣」とされている。

6 — 審査基準・処分基準の法的性格

事 例

　A国籍の夫婦であるX1・X2は有効な旅券を所持しないまま日本に入国し，20年にわたり日本に不法滞在していた。その間にX1・X2間には2人の子（X3・X4）ができ，X3は高等学校に，X4は中学校に通っている。X1らは日本への在留を希望してB入管に出頭し，B入管入国警備官は違反調査を行って入国審査官に引き渡した。入国審査官はX3・X4については退去強制事由に該当しないとの認定を行い，X1・X2は退去強制事由に該当すると認定したので，X1・X2は口頭審理を請求したものの，特別審理官も入国審査官の認定を支持したため，法務大臣に対する異議の申出を行った。法務大臣は異議の申出には理由がないとし，在留特別許可を与えなかった。

　この在留特別許可について法務省入国管理局（現：出入国在留管理庁）は「在留特別許可に係るガイドライン」を作成・公表していた。

　X1・X2の立場に立って，在留特別許可の不許可の違法性を主張して下さい。

【資料≫参照条文】

○出入国管理及び難民認定法（抄）

（外国人の入国）

第3条　次の各号のいずれかに該当する外国人は，本邦に入ってはならない。

　一　有効な旅券を所持しない者（有効な乗員手帳を所持する乗員を除く。）

　二　（略）

2　（略）

（退去強制）

第24条　次の各号のいずれかに該当する外国人については，次章に規定する手続により，本邦からの退去を強制することができる。

　一　第3条の規定に違反して本邦に入った者

　二～十　（略）

（違反調査）

第27条　入国警備官は，第24条各号の一に該当すると思料する外国人があるときは，当該外国人（以下「容疑者」という。）につき違反調査をすることができる。

（収容）

第39条　入国警備官は，容疑者が第24条各号の一に該当すると疑うに足りる相当の理由があるときは，収容令書により，その者を収容することができる。

2　（略）

（容疑者の引渡）

第44条　入国警備官は，第39条第1項の規定により容疑者を収容したときは，容疑者の身体を拘束した時から48時間以内に，調書及び証拠物とともに，当該容疑者を入国審査官に引き渡さなければならない。

（入国審査官の審査）

第45条　入国審査官は，前条の規定により容疑者の引渡しを受けたときは，容疑者が退去強制対象者（第24条各号のいずれかに該当し，かつ，出国命令対象者に該当しない外国人をいう。以下同じ。）に該当するかどうかを速やかに審査しなければならない。

2　入国審査官は，前項の審査を行った場合には，審査に関する調書を作成しなければならない。

（審査後の手続）

第47条　入国審査官は，審査の結果，容疑者が第24条各号のいずれにも該当しないと認定したときは，直ちにその者を放免しなければならない。

2　入国審査官は，審査の結果，容疑者が出国命令対象者に該当すると認定したときは，速やかに主任審査官にその旨を知らせなければならない。この場合において，入国審査官は，当該容疑者が第55条の3第1項の規定により出国命令を受けたときは，直ちにその者を放免しなければならない。

3　入国審査官は，審査の結果，容疑者が退去強制対象者に該当すると認定したときは，速やかに理由を付した書面をもって，主任審査官及びその者にその旨を知らせなければならない。

4　前項の通知をする場合には，入国審査官は，当該容疑者に対し，第48条の規定による口頭審理の請求をすることができる旨を知らせなければならない。

5　第3項の場合において，容疑者がその認定に服したときは，主任審査官は，その者に対し，口頭審理の請求をしない旨を記載した文書に署名させ，速やかに第51条の規定による退去強制令書を発付しなければならない。

（口頭審理）

第48条　前条第3項の通知を受けた容疑者は，同項の認定に異議があるときは，その通知を受けた日から3日以内に，口頭をもって，特別審理官に対し口頭審理の請求をすることができる。

2　（略）

3　特別審理官は，第1項の口頭審理の請求があったときは，容疑者に対し，時及び場所を通知して速やかに口頭審理を行わなければならない。

4〜7　（略）

8　特別審理官は，口頭審理の結果，前条第3項の認定が誤りがないと判定したときは，速やかに主任審査官及び当該容疑者にその旨を知らせるとともに，当該容疑者に対し，第49条の規定により異議を申し出ることができる旨を知らせなければならない。

9　（略）

（異議の申出）

第49条　前条第8項の通知を受けた容疑者は，同項の判定に異議があるときは，その通知を受けた日から3日以内に，法務省令で定める手続により，不服の事由を記載した書面を主任審査官に提出して，法務大臣に対し異議を申し出ることができる。

2　（略）

3　法務大臣は，第1項の規定による異議の申出を受理したときは，異議の申出が理由があるかどうかを裁決して，その結果を主任審査官に通知しなければならない。

4〜6　（略）

（法務大臣の裁決の特例）

第50条　法務大臣は，前条第3項の裁決に当たって，異議の申出が理由がないと認める場合でも，当該容疑者が次の各号のいずれかに該当するときは，その者の在留を特別に許可することができる。

　一　永住許可を受けているとき。

　二　かつて日本国民として本邦に本籍を有したことがあるとき。

　三　人身取引等により他人の支配下に置かれて本邦に在留するものであるとき。

　四　その他法務大臣が特別に在留を許可すべき事情があると認めるとき。

2　前項の場合には，法務大臣は，法務省令で定めるところにより，在留資格及び在留期間を決定し，その他必要と認める条件を付することができる。

3〜4　（略）

○**在留特別許可に係るガイドライン（平成 18 年 10 月・平成 21 年 7 月改訂・法務省入国管理局）**

第1　在留特別許可に係る基本的な考え方及び許否判断に係る考慮事項

　在留特別許可の許否の判断に当たっては，個々の事案ごとに，在留を希望する理由，家族状況，素行，内外の諸情勢，人道的な配慮の必要性，更には我が国における不法滞在者に与える影響等，諸般の事情を総合的に勘案して行うこととしており，その際，考慮する事項は次のとおりである。

積極要素

　積極要素については，入管法第 50 条第 1 項第 1 号から第 3 号（注参照）に掲げる事由のほか，次のとおりとする。

1　特に考慮する積極要素

(1) ～ (3)　略

(4) 当該外国人が，本邦の初等・中等教育機関（母国語による教育を行っている教育機関を除く。）に在学し相当期間本邦に在住している実子と同居し，当該実子を監護及び養育していること

第2　在留特別許可の許否判断

　在留特別許可の許否判断は，上記の積極要素及び消極要素として掲げている各事項について，それぞれ個別に評価し，考慮すべき程度を勘案した上，積極要素として考慮すべき事情が明らかに消極要素として考慮すべき事情を上回る場合には，在留特別許可の方向で検討することとなる。したがって，単に，積極要素が一つ存在するからといって在留特別許可の方向で検討されるというものではなく，また，逆に，消極要素が一つ存在するから一切在留特別許可が検討されないというものでもない。

基礎知識の確認

　行政手続法では，申請に対する処分については審査基準の設定・公表を義務化し，不利益処分については処分基準の設定・公表を努力義務としている。これらの基準は，行政機関が処分を行う際に法令の定めに従って判断するために必要とされる基準であり，その多くは法律の委任に基づく法規命令（行政手続法の用語では「法律に基づく命令」）ではなく，行政機関が独自に定める行政規則に分類される。そして，法律との関係では，法律の規定の解釈を行政機関内部で統一するために設定される解釈基準と，行政裁量の行使の仕方を行政機関内部で統一するために設定される裁量基準とに区別される。

　日本では，法律の解釈は裁判所の専権事項で，行政機関が法律の解釈を通達等の形で表明したとしても，裁判所に対する拘束力を持たない。裁判所は，通常は，こうした通達を参照することなく，自らが正しいと考える法解釈に従って判断を下すことになる。このような処理の仕方は，行政規則の伝統的な理解と整合的である。

　これに対して，行政裁量が認められている場合には，裁量権の逸脱・濫用の有無の点に裁判所の審理の範囲が限定される。そのため裁判所は，自ら法解釈・適用を行った上で，その結果が行政機関の判断と異なった場合にこれを違法として取り消す実体的判断代置を行わず，行政機関の判断が考慮すべき事項を適切に考慮したものであるか，判断の結果に合理性があるかを中心に判断を下すことになる。

　こうした行政裁量に対する訴訟審理の上で，裁量基準には重要な役割が認められている。裁量基準は，処分の際に考慮すべき事項を行政機関が予め文章化したものであり，またそれが審査基準・処分基準として設定・公表されていれば，それに従って個別の事案が処理されることが期待され，特段の理由もないのに基準と異なる取扱いがなされた場合には，平等原則違反として違法の評価を受ける。そこで裁判所は，裁量基準が設定されている場合には，基準の内容に合理性があるかを検証し，合理性があるとすれば，その事案において個別に考慮すべき事情（個別事情考慮義務）がなければ，その基準を適用して判断を下すことができる。こうした，法規命令に近い取扱いが裁量基準についてなされる理由は，立法者が行政裁量という形で，行政機関に判断権を授権した点にある。その授権はあくまで個別の事案に対する判断権では

あるものの，行政機関の側がこれを平等・統一的に運用するために基準を設定した場合には，その内容の合理性を担保した上で司法審査に用いることが許されるのである。

Milestone

■1　在留特別許可はどのような法的性格を有していますか。
■2　在留特別許可に係るガイドラインはどのような法的性格を有していますか。
■3　ガイドラインに着目した裁量統制はどのように行われますか。
■4　ガイドラインを用いない裁量統制を行うことは考えられますか。

考え方

■1　在留特別許可の法的性格と手続

　出入国管理及び難民認定法は，外国人が日本に在留するための資格を定めており，一定の事由がある場合には，国外へ退去させることができる（これを退去強制という）。退去強制は次のような手続に従ってなされる。

　入国警備官は，退去強制事由に該当すると考えられる外国人について違反調査を行い（同法27条），その者を収容することができる（同法39条1項）。退去強制事由にあたるかどうかは，次の3段階で判断される。まず，入国審査官が審査を行い，退去強制対象者に該当すると認定する（同法47条3項）。これに異議がある場合には，特別審理官に対する口頭審理の請求ができる（同法48条1項）。特別審理官が認定に誤りがないと判定した場合には，さらに法務大臣に対する異議の申出ができる（同法49条1項）。ここで法務大臣が，異議の申出に理由があると裁決すれば，退去強制の対象ではなくなる。これに対して，異議の申出に理由がないと認める場合には，退去強制令書が出され（同法51条），最終的には国外退去させられる。ただし，法務大臣が異議の申出に理由がないと認める場合でも，特別に在留資格を許可することができる（同法50条）。

　この在留特別許可は，認定→判定→裁決というルートをたどらなければ獲

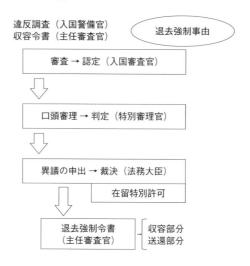

得できないものなので，申請に対する処分にも見える。しかし，在留特別許可そのものの申請規定はなく，法務大臣が裁決を行う際の選択肢のひとつとして用意されているようにも見え，そのように考えると在留特別許可は職権による利益付与処分と考えることもできる。在留特別許可の要件は，同法50条1項各号に定められている。このうち1号から3号までの要件は比較的明確な内容を持っているものの，4号（「その他法務大臣が特別に在留を許可すべき事情があると認めるとき」）は内容が不明確である。このような漠然とした規定になっている趣旨は，外国人に対する在留特別許可の付与を決定する際に，その者の個別的な事情に加え，国際情勢・外交関係等の政治的な判断や，国内の治安に与える影響等のさまざまな要素を考慮しなければならず，そのような判断は法務大臣の裁量に委ねるのが適切と考えられたからである。

■2　在留特別許可に係るガイドラインの法的性格

　この在留特別許可については，法務省がガイドラインを策定している。「ガイドライン」の法的性格は，その具体的な内容を見なければ判断できないものの，その多くは法律の委任に基づかない行政規則であって，法律の解釈を示した解釈基準か，行政裁量の行使の仕方を示した裁量基準である。在留特別許可には行政裁量が認められているから，このガイドラインは行政裁量の行使の仕方を定めたものと考えることができる。

■3　裁量基準を用いた裁量統制

　行政裁量が認められ，裁量基準が策定されている場合には，裁判所はその内容に合理性があるかをまず審査する。

　ガイドラインでは，在留特別許可を与える方向に働く積極要素と，与えないように働く消極要素が列挙されており，それぞれ「特に考慮する」要素と「その他の」要素に分かれている。例えば積極要素のうち特に考慮する要素としては，日本人との血縁・婚姻関係や，当該外国人の日本への定着度，日本での在留を継続する必要がある事情が挙げられている。これに対して消極要素のうち特に考慮する要素としては，重大犯罪により刑に処されたことがあること，出入国管理行政の根幹に関わる違反をしていることといった治安への悪影響が挙げられている。このように，ガイドラインでは在留特別許可を与える際に考慮すべき事情が適切に挙げられており，その内容には合理性があると考えられる。

　次に，ガイドラインを適用して事案を解決することができない個別的な事情があるか（個別事情考慮義務の有無）が問題となる。本件の事案は，在留特別許可をめぐる紛争の典型的な事案であり，特別に考慮すべき事情は特に見当たらない。

　そこで，在留特別許可に係るガイドラインを事案に適用して判断することが可能と考えられる。

　ガイドラインの特に考慮する積極要素には，「当該外国人が，本邦の初等・中等教育機関（母国語による教育を行っている教育機関を除く。）に在学し相当期間本邦に在住している実子と同居し，当該実子を監護及び養育していること」が挙げられている。在留特別許可は本来であれば在留できない外国人に在留を認めるものであり，その際には人道的見地が重視されるべきである。まだ社会的に自立できない年齢の実子との同居は，そうした見地から重要と考えられる。

　この事例では，実子 X3・X4 は高等学校・中学校に通っており，2 人の在留が認められているのに対して，その親である X1・X2 への在留特別許可が認められていない。これはガイドラインに示されている考慮要素に反する取扱いであり，積極要素を上回る消極要素も存在しないことから，在留特別許可を与えないことは裁量権の逸脱・濫用となり，不許可処分は違法となる。

■4 裁量基準を用いない裁量統制の可能性

こうした裁量基準の合理性審査という方法は，最高裁によっても正面から是認されている（判百Ⅱ167/Ⅰ101/判10-2/CB13-9 最三小判2015(平成27)・3・3民集69巻2号143頁）。もっとも，出入国管理に関する先例的判断として知られるマクリーン事件判決（判百Ⅰ73/Ⅰ6/CB4-4 最大判1978(昭和53)・10・4民集32巻7号1223頁）では，「行政庁がその裁量に任された事項について裁量権行使の準則を定めることがあっても，このような準則は，本来，行政庁の妥当性を確保するためのものなのであるから，処分が右準則に違背して行われたとしても，原則として当不当の問題を生ずるにとどまり，当然に違法となるものではない」と述べており，裁量基準に基づく判断に対する消極的な姿勢が示されている。その影響が現在まで継続しているのか，これまでの下級審裁判例でガイドラインを裁量基準と捉えて合理性審査を行っている事例はあまり多くない。

ガイドラインを裁量基準と考えないとすると，通常の行政裁量の審査と同様に，裁量が認められている趣旨や裁量の幅に応じて裁量統制の基準を選択し，逸脱・濫用の有無を具体的事案に即して検証することになる（⇨Ⅰ 論点別演習［行政過程論］⓫）。

ステップアップ

行政手続法の「審査基準」「処分基準」は，法規命令・行政規則の区分とは異なる観点から定義され，またその内容が，法律の解釈を示す場合と，行政裁量の行使の仕方を示す場合とがあることから，行政行為の要件・効果に関する適法性が問題となっている場合には，「審査基準」「処分基準」の概念をそのまま利用して法的な判断を示すことは難しいことが多い。もっとも，学説の中には，解釈基準と裁量基準の区別を相対化し，その適用可能性を議論する見解もあり，また裁判例の中には，特に租税法における通達の事案で，解釈基準の性格を持つ通達の合理性を審査しているように見えるものもある。しかし，最高裁はなお，解釈基準と裁量基準の区別を維持していると考えられる（最三小判2020(令和2)・3・24判時2467号3頁）。

7 — 行政計画の適法性

事例

　Y県A市は，1958年に都市計画決定した道路（以下「本件道路」という）
の幅員を11mから18mに変更する都市計画決定を2008年に行った。その
際には，都市計画基礎調査（都市計画法6条）が行われず，以前の都市計画決
定の際の統計資料と，本件道路に接続する国道が拡幅されて交通量が増える
見通しであることのみが考慮されていた。幅員変更の結果，都市計画道路の
用地に含まれることとなるXは，鉄筋コンクリート5階建ての建物の建築
を行うため，都市計画法53条1項に基づく許可の申請をしたところ，Y県
知事は，この建築物が変更後の都市計画に適合しないことを理由に拒否処分
を行った。

　Xはその拒否処分取消訴訟の中で，どのような違法性を主張することが考
えられますか。

【資料≫参照条文】

○都市計画法（抄）

（目的）

第1条　この法律は，都市計画の内容及びその決定手続，都市計画制限，都市計
　画事業その他都市計画に関し必要な事項を定めることにより，都市の健全な発
　展と秩序ある整備を図り，もって国土の均衡ある発展と公共の福祉の増進に寄
　与することを目的とする。

（都市計画の基本理念）

第2条　都市計画は，農林漁業との健全な調和を図りつつ，健康で文化的な都市
　生活及び機能的な都市活動を確保すべきこと並びにこのためには適正な制限の
　もとに土地の合理的な利用が図られるべきことを基本理念として定めるものと
　する。

（都市計画に関する基礎調査）

第6条　都道府県は，都市計画区域について，おおむね5年ごとに，都市計画に関する基礎調査として，国土交通省令で定めるところにより，人口規模，産業分類別の就業人口の規模，市街地の面積，土地利用，交通量その他国土交通省令で定める事項に関する現況及び将来の見通しについての調査を行うものとする。

2　都道府県は，準都市計画区域について，必要があると認めるときは，都市計画に関する基礎調査として，国土交通省令で定めるところにより，土地利用その他国土交通省令で定める事項に関する現況及び将来の見通しについての調査を行うものとする。

3　都道府県は，前2項の規定による基礎調査を行うため必要があると認めるときは，関係市町村に対し，資料の提出その他必要な協力を求めることができる。

4〜5　（略）

（都市施設）

第11条　都市計画区域については，都市計画に，次に掲げる施設を定めることができる。この場合において，特に必要があるときは，当該都市計画区域外においても，これらの施設を定めることができる。

　一　道路，都市高速鉄道，駐車場，自動車ターミナルその他の交通施設

　二〜十五　（略）

2　都市施設については，都市計画に，都市施設の種類，名称，位置及び区域を定めるものとするとともに，面積その他の政令で定める事項を定めるよう努めるものとする。

3〜7　（略）

（都市計画基準）

第13条　都市計画区域について定められる都市計画（区域外都市施設に関するものを含む。次項において同じ。）は，国土形成計画，首都圏整備計画，近畿圏整備計画，中部圏開発整備計画，北海道総合開発計画，沖縄振興計画その他の国土計画又は地方計画に関する法律に基づく計画（当該都市について公害防止計画が定められているときは，当該公害防止計画を含む。第3項において同じ。）及び道路，河川，鉄道，港湾，空港等の施設に関する国の計画に適合するとともに，当該都市の特質を考慮して，次に掲げるところに従って，土地利用，都市施設の整備及び市街地開発事業に関する事項で当該都市の健全な発展と秩序ある整備を図るため必要なものを，一体的かつ総合的に定めなければならない。この場合においては，当該都市における自然的環境の整備又は保全に配慮しなければならない。

　一　都市計画区域の整備，開発及び保全の方針は，当該都市の発展の動向，当該都市計画区域における人口及び産業の現状及び将来の見通し等を勘案して，

当該都市計画区域を一体の都市として総合的に整備し，開発し，及び保全することを目途として，当該方針に即して都市計画が適切に定められることとなるように定めること。

　二～十　（略）

十一　都市施設は，土地利用，交通等の現状及び将来の見通しを勘案して，適切な規模で必要な位置に配置することにより，円滑な都市活動を確保し，良好な都市環境を保持するように定めること。この場合において，市街化区域及び区域区分が定められていない都市計画区域については，少なくとも道路，公園及び下水道を定めるものとし，第一種低層住居専用地域，第二種低層住居専用地域，第一種中高層住居専用地域，第二種中高層住居専用地域，第一種住居地域，第二種住居地域，準住居地域及び田園住居地域については，義務教育施設をも定めるものとする。

　十二～二十　（略）

2　都市計画区域について定められる都市計画は，当該都市の住民が健康で文化的な都市生活を享受することができるように，住宅の建設及び居住環境の整備に関する計画を定めなければならない。

3～6　（略）

（建築の許可）

第53条　都市計画施設の区域又は市街地開発事業の施行区域内において建築物の建築をしようとする者は，国土交通省令で定めるところにより，都道府県知事等の許可を受けなければならない。ただし，次に掲げる行為については，この限りでない。

　一～五　（略）

2～3　（略）

（許可の基準）

第54条　都道府県知事等は，前条第1項の規定による許可の申請があった場合において，当該申請が次の各号のいずれかに該当するときは，その許可をしなければならない。

　一～二　（略）

　三　当該建築物が次に掲げる要件に該当し，かつ，容易に移転し，又は除却することができるものであると認められること。

　　イ　階数が2以下で，かつ，地階を有しないこと。

　　ロ　主要構造部（建築基準法第2条第5号に定める主要構造部をいう。）が木造，鉄骨造，コンクリートブロック造その他これらに類する構造であること。

基礎知識の確認

　行政計画は，行政の行為形式論のひとつに含まれ，行政基準と並んで行政上の一般的なルール（準則）の策定を行うことが多い。もっとも，法的拘束力の観点からみると，行政計画にはさまざまなものが含まれており，また行政計画が総合的な行政活動の調整を任務とすることから，行政計画の内容に関する法令上の縛りは強くない。ここでは，法的拘束力が比較的明確で，行政上の紛争としてもしばしば登場する都市計画を取り上げて，行政計画の適法性の判断方法を確認することとする。

　都市計画は，都市計画法に基づく行政計画であり，土地利用を規制することを目的とするものと，都市を整備していくことを目的とするものとに大別される。土地利用規制目的の都市計画の代表は用途地域であり，建物の用途や形態（容積率等）を定める。その内容は，建築基準法に基づく建築確認の基準として機能する。都市整備目的の都市計画の代表は，都市施設に関する都市計画であり，道路・公園等の位置を都市計画で決定し，これに基づいて用地を買収し，買収に応じない相手に対しては土地収用法に基づいて土地を収用し，施設を建設する。今回の事案は，都市整備目的の都市計画の一種であり，道路の幅員を変更する都市施設に関する都市計画決定である。

　土地利用規制目的の計画は，私人（特に土地所有者）に対する規制の働きを，都市整備目的の都市計画は，一般市民に対する給付の働きをすることが多い。ただし，都市整備目的の都市計画は，整備対象となる施設の立地が予定される土地の所有者等に対しては，その土地利用を制限し，最終的には土地を剝奪する意味で，規制的な色彩も有する。都市施設に関する都市計画決定は，最終的には後続する都市計画事業認可によって事業として実施される。もっとも，その前の段階で堅固な建築物が建設されて工事の進行を遅らせることがないように，都市施設予定地に対しては建築の許可制がとられ，堅固な建物や高さの高い建物の建築は許可されない場合が多い。このように，実際に土地が収用される前の時点においても，土地所有権に対する介入は生じているのである。

Milestone

- ■1　取消訴訟においてどのような行為の違法性の主張が可能ですか。
- ■2　都市計画決定に行政裁量は認められますか。
- ■3　都市計画決定の行政裁量の審査基準としてどのようなものが使われますか。
- ■4　この事案で建築許可拒否処分は違法と言えますか。

考え方

■1　行政過程と取消訴訟

　行政過程においては，法律（条例）の制定を出発点に，その内容を具体化する行政基準・行政計画の策定，個別的な事例でそれらの内容を基準に具体的な法的判断を示す行政行為（処分），相手方の同意を得て行政活動を行う行政契約・行政指導など，さまざまな形式の行政活動がなされる。これに対して，訴訟の局面では，行政行為に対応する訴訟である抗告訴訟（とりわけ，処分がなされた後にその取消しを求める取消訴訟）がしばしば用いられる。行政行為以外の行為形式に対しては，当事者訴訟によって，行政活動によって生じた権利・義務の存否を確認したり，行政活動そのもの（作為・不作為）の違法性を確認したりすることもできる。もっとも，こうした確認訴訟としての当事者訴訟では，訴訟要件として確認の利益が肯定される必要があり，その中で，権利義務関係がある程度具体的なものとなり，権利利益に対する現実の不利益があることが求められる。そのため，行政行為に至る前の時点で訴訟提起が無限定に認められるわけではなく，逆に行政行為が出されるタイミングまで待てば，こうした要素を考えることなく訴訟提起が認められる。

　取消訴訟において主張できる違法は，取消しの対象としている行政行為（処分）の違法に限られ，これに先行する行政行為（処分）に関する違法性の主張は（違法性の承継が認められない限り）できない。これは，行政事件訴訟法が行政行為（処分）を対象として取消訴訟という特別な訴訟手続を法定しているからであり，行政行為によって行政過程が分節化されていることを前提に，行政行為に至る手続や判断過程・判断内容の違法をその単位で裁判所

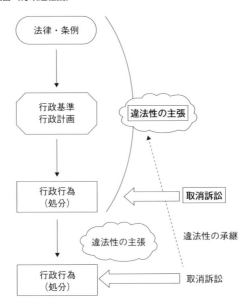

　が検証することが，行政過程と裁判過程の役割分担の観点から適切と考えられるからである。もっとも，行政行為（処分）に至るまでのさまざまな活動，例えば行政基準・行政計画の策定に関する違法は，取消しを求めている行政行為の違法として，その取消訴訟で主張することができる。取消訴訟は行政行為（処分）対応の訴訟ではあるものの，行政過程の中で行政行為に至るまでの適法性を裁判所が統制できるのである。

　この事例では，行政計画である都市施設に関する都市計画決定があり，それに続いて建築許可という行政行為がある。そして，この事例における紛争の中心は，この建築許可が得られずに希望の内容の建築物の建築ができないところにあり，そのような法的効果が生じたのは建築不許可処分によるのだから，この不許可処分の取消訴訟（許可処分の申請型義務付け訴訟を併合提起することも考えられる）を提起するのが合理的である。もっとも，その訴訟で主張できる違法性は，建築不許可処分そのものの違法だけではなく，これに先行する都市計画決定の違法も含まれている。

■2　都市計画決定の行政裁量

　都市計画法は，さまざまな都市計画とその策定手続や内容の選択肢を決定

しているものの，具体的にどの地域にどのような内容の規制・都市施設を用意するかを全く決定していない。例えば，この事例で問題になっている都市施設については，都市計画法13条1項11号が「都市施設は，土地利用，交通等の現状及び将来の見通しを勘案して，適切な規模で必要な位置に配置することにより，円滑な都市活動を確保し，良好な都市環境を保持するように定めること」との基準を定めているにとどまる。これは，どのような都市空間を構築するかについては地域性に依存するところが大きく，必要な規制や都市施設の内容を，都市計画策定手続をとることで幅広い利害を考慮しつつ決定することが行政機関に求められているからであり，このような都市計画決定の要件面の判断には行政裁量が認められる。

■3 行政裁量の審査基準

こうした特性を前提に，判百Ⅰ72/Ⅰ188/CB4-9 小田急訴訟（本案）最高裁判決（最一小判2006（平成18）・11・2民集60巻9号3249頁）は，「都市施設について，土地利用，交通等の現状及び将来の見通しを勘案して，適切な規模で必要な位置に配置することにより，円滑な都市活動を確保し，良好な都市環境を保持するように定めることとしているところ（同項5号），このような基準に従って都市施設の規模，配置等に関する事項を定めるに当たっては，当該都市施設に関する諸般の事情を総合的に考慮した上で，政策的，技術的な見地から判断することが不可欠であるといわざるを得ない。そうすると，このような判断は，これを決定する行政庁の広範な裁量にゆだねられているというべきであって，裁判所が都市施設に関する都市計画の決定又は変更の内容の適否を審査するに当たっては，当該決定又は変更が裁量権の行使としてされたことを前提として，その基礎とされた重要な事実に誤認があること等により重要な事実の基礎を欠くこととなる場合，又は，事実に対する評価が明らかに合理性を欠くこと，判断の過程において考慮すべき事情を考慮しないこと等によりその内容が社会通念に照らし著しく妥当性を欠くものと認められる場合に限り，裁量権の範囲を逸脱し又はこれを濫用したものとして違法となるとすべきものと解するのが相当である」としている。

都市計画の違法性判断にあたっては，考慮事情を考慮したかが重視されることに加え，事実の基礎を欠く・事実の評価を誤ることにも重点が置かれる。都市計画法では6条1項で基礎調査の実施が規定され，その内容を前提に，

同法 13 条 1 項の基準に従って一体的・総合的に定める必要があるとされている。都市に関する事実認識が誤ったまま策定されると，将来予測的な要素を含む都市計画の内容の適切性が大きく失われる蓋然性が高いからである。

■4　建築許可拒否処分の違法性

この事例で問題となっている都市計画の変更についてはさらに，都市計画法 21 条 1 項で，都市計画に関する基礎調査の結果に基づくことが必要とされている。こうした都市計画の性格や都市計画法の規定の趣旨から考えると，基礎調査が客観性・実証性を欠き，その結果都市の現状や将来の見通しを誤ったまま都市計画が変更された場合には，都市計画変更決定は裁量権の逸脱・濫用となり，違法となると考えられる。

この事例の事実関係を見ると，都市計画基礎調査が行われず，以前の都市計画決定の際の統計資料と，本件道路に接続する国道が拡幅されて交通量が増える見通しであることのみが考慮されていたとされている。そうすると，本件都市計画変更決定は，事実の基礎及び事実に対する評価が明らかに合理性を欠き，また本来考慮すべきである以前の決定から現在までに至る都市の状況の変化を全く考慮していないから，裁量権の逸脱・濫用として違法となる。そうすると，この変更決定に基づいてなされた建築不許可処分も，違法となる。

ステップアップ

都市施設に関する都市計画決定の内容は，知事等の認可を得てから実施される（都市計画法 59 条 1 項）。この事業認可は，土地収用法の事業認定とみなされる（都市計画法 69 条）ため，事業用地の任意買収に応じない場合には，最終的に土地収用法の定める手続（収用裁決）によって強制的に事業用地を獲得できる。このように，事業認可には土地収用の権限を付与する意味があることから，行政行為（処分）であると考えられ，その取消訴訟の中でこれに先行する都市計画決定の違法を主張することができる。先に挙げた小田急訴訟（本案）は，建築不許可処分を争ったのではなく，この事業認可を争った事案であった。

8 — 行政行為の概念・効力

事 例

　Y市は，母子家庭・父子家庭の経済的状況を改善することを目的に，母子及び父子並びに寡婦福祉法31条2号・31条の10の規定を踏まえて，Y市ひとり親家庭高等職業訓練促進給付金等支給要綱を制定した。同要綱で定められた給付金の種類は，高等職業訓練促進給付金と行動職業訓練修了支援給付金で，一定の経済的要件を満たし，養成機関で1年以上のカリキュラムを修業する場合に，修業期間内（促進給付金）または修業後（修了支援給付金）に支払われるとするものである。対象となる養成機関は，要綱の規定によれば看護師・介護福祉士・保育士等であり，弁護士は含まれていない。

　Xは，法科大学院の入試に合格し，促進給付金を申請したいと考えた。しかしY市の担当者からは，要綱の対象に弁護士が含まれず，またこの給付金が要綱に基づくものであってそもそも贈与契約であるから，申請書を受け取る義務はないとの説明を受けた。この説明に対して，Xの立場で反論して下さい。

【資料≫参照条文】
○母子及び父子並びに寡婦福祉法（抄）

（目的）

第1条　この法律は，母子家庭等及び寡婦の福祉に関する原理を明らかにするとともに，母子家庭等及び寡婦に対し，その生活の安定と向上のために必要な措置を講じ，もって母子家庭等及び寡婦の福祉を図ることを目的とする。

（母子家庭自立支援給付金）

第31条　都道府県等は，配偶者のない女子で現に児童を扶養しているものの雇用の安定及び就職の促進を図るため，政令で定めるところにより，配偶者のない女子で現に児童を扶養しているもの又は事業主に対し，次に掲げる給付金（以下「母子家庭自立支援給付金」という。）を支給することができる。

一　配偶者のない女子で現に児童を扶養しているものが，厚生労働省令で定める教育訓練を受け，当該教育訓練を修了した場合に，その者に支給する給付金（以下「母子家庭自立支援教育訓練給付金」という。）

二　配偶者のない女子で現に児童を扶養しているものが，安定した職業に就くことを容易にするため必要な資格として厚生労働省令で定めるものを取得するため養成機関において修業する場合に，その修業と生活との両立を支援するためその者に支給する給付金（以下「母子家庭高等職業訓練促進給付金」という。）

三　前2号に掲げる給付金以外の給付金であって，政令で定めるもの

（父子家庭自立支援給付金）

第31条の10　第31条から第31条の4までの規定は，配偶者のない男子で現に児童を扶養しているものについて準用する。この場合において，第31条中「母子家庭自立支援給付金」とあるのは「父子家庭自立支援給付金」と，同条第1号中「母子家庭自立支援教育訓練給付金」とあるのは「父子家庭自立支援教育訓練給付金」と，同条第2号中「母子家庭高等職業訓練促進給付金」とあるのは「父子家庭高等職業訓練促進給付金」と，第31条の2中「母子家庭自立支援給付金」とあるのは「父子家庭自立支援給付金」と，第31条の3及び第31条の4中「母子家庭自立支援教育訓練給付金又は母子家庭高等職業訓練促進給付金」とあるのは「父子家庭自立支援教育訓練給付金又は父子家庭高等職業訓練促進給付金」と読み替えるものとする。

基礎知識の確認

　行政行為は，個別の行政作用法に基づいてなされる許可・認可・免許・改善命令等のさまざまな名称を持つ行政上の決定の総称であり，伝統的な行政法学は，ここに行政法上の（とりわけ民事法と比較した）特殊性が集約されていると考え，さまざまな議論を展開してきた。現在の行政法学では，こうした行政行為論だけではなく，さまざまな行政活動を時間軸・空間軸の中で把握し，相互の関係をも視野に入れる行政過程論・行為形式論の見方が主流となっている。とはいえ，行政行為の重要性が低下したわけではなく，今日の行政法学の基本書においても，行政行為に割かれるページ数は圧倒的に多い。行政行為はまた，行政手続法における「処分」として，同法が定める行政処分手続の規律が及ぶ対象となっている。行政行為はさらに，行政救済法においても「行政庁の処分その他公権力の行使に当たる行為」という名称で，抗告訴訟の対象となる行為に含まれており，民事訴訟とは異なるさまざまなルールが用意されている。

　このように，ある行政活動が行政行為として法的に性質決定されると，個別法では明示的に書かれていないさまざまなルールの束が及ぶことになる。それらを行政行為の側から説明したものが，行政行為の効力論である。例えば，実体的な効力である「規律力」は，権利・義務関係を法律の規定により（当事者の意思によるのではなく）変動・確定させる力のことで，行政行為の定義要素の一部を言い換えたものである。また「執行力」は，行政行為によって課された義務を行政機関が自力で強制力を伴って実現できる力のことで，行政代執行法や国税徴収法が行政機関による強制執行手段を規定していることの反映である。手続的な効力である「不可争力」は，一定の期間が経過すると私人の側から行政行為の違法性を争ってその効力を否定することができなくなる力のことで，行政事件訴訟法や行政不服審査法が出訴期間（6ヶ月）・不服申立期間（3ヶ月）を定めていることから認められている。

Milestone

■1　行政行為の定義要素にはどのようなものがありますか。

■2　行政行為と行政処分とはどのような関係にありますか。

■3　行政機関が一定の給付を決定する行為はどのような性格を持っていますか。

■4　要綱と母子父子寡婦福祉法との関係はどのようなものですか。

考え方

■1　行政行為の概念

　行政行為は，許可・認可・命令等の個別行政作用法上の諸活動の総称で，実定法上用いられているものではなく，講学上の概念である。そのため，その概念定義の詳細は，研究者によって微妙に異なる。例えば，「行政の活動のうち，具体的場合に直接法効果をもってなす行政の権力的行為」（塩野宏『行政法Ⅰ［第6版］』（有斐閣・2015年）124頁），「法令に基づき，個別の事例で，市民の活動の自由を規制する義務の賦課，及び，具体的権利の創設・変更・取消しを内容とした，行政庁による一方的認定行為」（大橋洋一『行政法Ⅰ［第4版］』（有斐閣・2019年）167頁），「行政庁が行う法令に基づく一方的な認定に基づく行為で私人の法律関係を具体的に規律する行為形式であって，取消訴訟の排他的管轄に服する結果として，その規律力の通用力が認められるもの」（宇賀克也『行政法概説Ⅰ［第7版］』（有斐閣・2020年）346頁）という定義がなされている。これらに概ね共通する要素は，

　　①　法令に基づく一方的な認定行為であること

　　②　個別・具体的な規律を行うこと

である。①の法令に基づくという性格は，行政契約・行政指導と比較した行政行為の特徴を示している。行政行為による権利・義務の変動・確定の根拠は法律に求められ，相手方私人の同意によるのではない。②の個別・具体的な規律という性格は，行政基準・行政計画と比較した行政行為の特徴を示している。行政基準や行政計画は一般的・抽象的な内容を持つのに対して，行政行為は具体的な事実関係を前提に，その事例についての権利・義務関係を形成・確定している。

■2　行政行為と行政処分

　行政行為と似た言葉として「行政処分」がある。伝統的には，行政行為は

行政機関による意思表示を含む個別的行為全般を指しており，今日の契約（公法上の契約）にあたるものも含まれていた。そしてその中で，行政機関が一方的に行う強制力を伴う措置を行政処分と呼んでいた。その後，かつて行政処分と呼ばれていたものを行政行為とする見方（狭義説の行政行為概念）が一般化し，現在では両者はほぼ同義のものとして使われている。

　ただし，両者にはいくつかの違いがある。第1に，行政行為は講学上の概念であるのに対して，行政処分は実定法上の概念で（も）ある。行政手続法・行政不服審査法・行政事件訴訟法では「処分」という言葉が用いられており，また，行政行為ではなく行政処分を講学上の概念として用いる立場もある。第2に，行政行為とされるもので行政処分ではないとされたものは判例上ないし，学説上もそのような存在を認めないことが一般的である。しかし，行政行為でないものでも，抗告訴訟の対象となるという意味で処分性が認められたものは判例上存在する。例えば，条例，行政計画の一部，行政指導の一部がそれにあたる。また，同様に抗告訴訟の対象となる行為という意味で処分性があるものとして，人の収容・物の留置・代執行などの行政機関による強制的な実力行使があり（権力的事実行為），これらは行政行為ではなく即時執行（即時強制）と呼ばれる類型に含まれる。第3に，行政行為の定義要素においては個別・具体性が強調されるのに対して，処分性の定義要素においては成熟性が重視される傾向にある。こうした違いを整合的に説明するとすれば，判例が考える行政処分（処分性）の概念は，行政行為を中心としつつ，私人の権利・利益に対する介入の程度がこれと同程度とみられるそれ以外の行政活動も射程に含め，権利救済の観点から抗告訴訟のルールを適用すべきと考えられる活動を判定した結果と考えることができる。

■3　給付決定の法的性格

　この事例で問題となっている，行政機関による給付決定行為は，伝統的には契約の一種（贈与契約）と考えられてきた。もともと行政行為は，侵害的な行政活動で用いられる形式と考えられ，何らかの強制性を伴ったものと捉えられてきた。しかし，給付決定はそのような意味での強制性がなく，民間における贈与契約のように，財・サービスの移転を法的に正当化する意味しか持たない。もっとも，給付決定に関する立法では，不服申立ての特則に関する規定が置かれることがあり，この規定を根拠に，実体は契約であるとし

ても，立法者はこれを行政行為（処分）と考えているという説明が広がった。

　その後，行政行為の中心的な性格と考えられる「権力性」は，物理的な強制性ではなく，行政事件訴訟法が取消訴訟という訴訟類型を法定したことに伴って生じたもの（取消訴訟の排他性）とする説明が一般化し，権力性の内容は手続的なもの，つまり，行政行為の効力を否定するためには取消訴訟を使わなければならず，民事訴訟での主張が制限される（民事訴訟では行政行為の効力が存続していることを前提とする主張しかできない）ことに求められるようになった。そうすると，物理的強制力がないから給付決定は行政行為ではないという説明は通用力を失うことになった。行政事件訴訟法が定めている訴訟類型の中で，取消訴訟しか機能しない状況が長く続いたことも影響して，学説上は，取消訴訟による解決が権利救済の観点から適切と考えられる行政活動について，幅広く処分性を認めるべきとの見解が有力化した。給付決定を民事訴訟で争う場合，一方で，取消訴訟とは異なり出訴期間の制限を受けることがない点で救済には有利である。他方で，取消訴訟で争う方が，給付決定に関するあらゆる違法，例えば法令の要件規定に合致しているのに給付がされていないとか，法令の定める重要な手続が履践されていないといった主張をすることができ，民事訴訟よりも救済の可能性が高まる。

　さらに，取消訴訟の排他性を行政行為の権力性の実体と説明すると，公権力性のある行為だから取消訴訟を利用しなければならないという命題と，取消訴訟でしか攻撃できないから権力性が認められるとする命題とが循環し，権力性に関するクリアな説明であるとは言えないという認識が広がった。そこで，行政行為の権力性は，取消訴訟の存在に由来するのではなく，行政機関が相手方私人の同意を得ることなく一方的に権利・義務関係を変動・確定させることができる力（規律力）に求められるようになった。そうすると，給付決定が行政行為であることの理由は，給付の内容が法令によって定められており，給付請求権の発生が法令に基づくこと（行政・私人間の合意によるのではないこと）に求められるようになった。行政行為の定義要素である「法令に基づく」や処分性の定義に含まれる「法律上認められているもの」は，このような意味で理解される。この結果，給付決定の中でも法律（条例を含む）に根拠があるものについては行政行為であるとされるのに対して，そうした根拠がなく通達・要綱等の行政規則に基づくものについては行政行為ではない（契約である）とされる。

■ 4 要綱と法律の関係

　この事案では，具体的な給付要件が要綱で定められており，その中で法科大学院が給付の対象から除外されている。要綱に基づく給付は行政行為ではなく契約と考えられるため，行政手続法（条例）の申請に対する処分の手続が適用されず，そのため申請書が受け取られなくても手続法違反であるとは直ちには言えない。Y市の担当者の説明は，こうした立場に基づくものと考えられる。

　もっとも，要綱に基づく給付が契約であると性質決定されたからといって，行政側が恣意的に給付の対象を決定できるわけではない。行政上の法の一般原則のひとつである平等原則は，あらゆる行為形式に適用があるのであり，行政契約についても平等原則を介在させて，同一の事情がある者に対する給付を求めることは十分考えられる。ただ，申請書を受け取るように求めることは，それでも難しいかもしれない。

　他方で，この事案の給付は要綱に基づくものではなく，母子父子寡婦福祉法に基づくものと解釈する余地もある。同法31条2号は「安定した職業に就くことを容易にするため必要な資格として厚生労働省令で定めるもの」に対する給付金を予定している。この委任規定に基づく厚生労働省令である母子父子寡婦福祉法施行規則6条の9の2は，「法第31条第2号に規定する厚生労働省令で定める資格は，配偶者のない女子で現に児童を扶養しているものの就職を容易にするために必要な資格として都道府県知事等が定めるものとする」として，具体的な資格の判断を都道府県知事等に委ねている。要綱は，こうした法令の委任に基づくルールを定める法形式ではなく，行政内部ルール（行政規則）を定めるものであるため，この施行規則の委任に基づいて定められたとは考えられない。しかし，給付の根拠が母子父子寡婦福祉法31条2号にあるのであって，要綱はその具体的な支給条件を事実上定めたに過ぎないと考える可能性はある。一般に，法令の定めに基づく給付決定の場合には，法令でその給付要件・内容を詳細に定めていることが多い。ただし，法律の留保に関する侵害留保の原則からすると，給付行政に関しては法律の根拠はもともと不要であると考えられており，また本質性理論からしても，制度の骨格にあたらない内容については必ずしも法律の定めを要しない。そうすると，母子父子寡婦福祉法31条の2のような規定の仕方であっても

これを給付決定の法的根拠と考える可能性はあり，この場合には給付決定は行政行為と考えることができる（処分性について同様の判断方法をとったものとして，判百Ⅱ157/Ⅱ22/CB11-10 労災就学援護費支給決定（最一小判 2003（平成 15）・9・4 判時 1841 号 89 頁）がある）。そしてこの場合には，給付決定は行政手続法上の処分に該当するから，申請に対する処分のルールに従って，申請書を受け取る義務が行政側に生じることになる。

ステップアップ

　給付決定が行政行為ではなく契約と考えられる場合には，抗告訴訟（拒否処分取消訴訟・申請型義務付け訴訟等）ではなく，当事者訴訟によって給付を求めることができる。要綱に基づいて一定の事実が生じれば給付請求権が発生すると観念できる場合には，給付訴訟としての当事者訴訟を用いることができるかも知れない。もっとも，そのような規定を持つ要綱は考えにくく，また贈与契約という性格から考えても，給付請求権が発生する場合は多くないだろう。そのような場合には，要綱が定めている要件を満たした場合には給付を受けうる地位があることを確認する確認訴訟としての当事者訴訟を提起することが考えられる。下級審裁判例の中には，こうした形式での訴訟提起を認めたものがある。

9 — 行政行為の手続ルール

事 例

　Xが運営する介護保険事業所において，居宅介護サービス費の不正請求があったとして，Y県知事は，聴聞手続を行った上で，Xに対する指定介護保険事業者の指定を取り消した。聴聞の通知書及び取消処分の通知書には，不正請求の対象となった利用者・日時・回数が明確には記載されていなかった。ただし，Y県側は，Xの求めに応じて，聴聞の直前に，処分理由の概要を回答書の中で示していた。また，Y県では，本件処分に関する処分基準を策定・公表しておらず，介護保険法及びこれに基づく命令が定めている要件のみで判断を行っていた。

　Xの立場に立って，本件処分の違法性を主張して下さい。

【資料≫参照条文】

○介護保険法（抄）

（指定の取消し等）

第77条　都道府県知事は，次の各号のいずれかに該当する場合においては，当該指定居宅サービス事業者に係る第41条第1項本文の指定を取り消し，又は期間を定めてその指定の全部若しくは一部の効力を停止することができる。

　一～五　（略）

　六　居宅介護サービス費の請求に関し不正があったとき。

　七～十三　（略）

2　（略）

基礎知識の確認

　行政行為は，行政手続法上は「処分」と呼ばれ，他の行為形式と比較して最も詳細な手続ルールが設定されている。同法は，これを申請に対する処分と不利益処分に大別し，それぞれに手続ルールを設けている。いずれの類型にも見られる考え方が，基準に準拠した決定である。申請に対する処分では審査基準，不利益処分では処分基準という名称であり，行政機関が法令で定めている要件を具体化・詳細化するために基準を定め，これに基づいて個別の処分を行うことが想定されている。これは，基準を策定する際に意見公募手続を経て慎重な考慮がなされるべきことと，基準に準拠することで平等な取扱いを確保することを目指したものである。また，申請に対する拒否処分及び不利益処分の場合には，理由提示が義務付けられている。これは，行政機関の判断の慎重・合理性を確保するとともに，不服申立ての便宜を図ることが目的とされている。

　申請に対する処分では，行政機関に申請に対して諾否の応答義務があり，申請書が行政機関の事務所に到達すれば，迅速に審査を行わなければならない。これに対して不利益処分の場合には，不利益処分の内容を予め相手方に知らせた上で，相手方の言い分を聞いてから処分をするかどうか決める告知・聴聞の手続が中心に位置づけられている。行政手続法では，相手方の権利に重大な影響を与える不利益処分の場合には聴聞，そうでなければ弁明の機会の付与の手続が予定されている。聴聞は，聴聞主宰者と呼ばれる行政機関の職員が手続を主宰し，対審的構造のもとで口頭審理を経て事実関係を認定し，その内容を勘案して処分がなされる。これに対して弁明の機会の付与は，処分を担当している職員が主として書面により相手方の意見を聴取し，その上で処分が行われる。

Milestone

■1　地方公共団体の行政活動に対して行政手続法が適用されるのは，どのような場合ですか。

■2　処分基準の設定・公表がなされていないことは違法ですか。

■3　聴聞の際の通知（告知）は，どの程度詳細な内容を示す必要がありま

すか。

■4 不利益処分の際の理由提示の違法は，どのように判断されますか。

考え方

■1 行政手続法と行政手続条例

　国レベルでは行政手続法が，地方公共団体レベルでは行政手続条例が制定されており，とりわけ地方公共団体の行政活動の場合に，そのどちらが適用されるかを明らかにすることが必要である。

　情報公開・公文書管理については，国の活動については法律，地方公共団体の活動については条例がそれぞれ完結的に適用される。これに対して行政不服審査・個人情報保護については，国の法律が国・地方公共団体ともに適用され，地方公共団体の条例は国の法律の存在を前提にその適用の内容が確定されることになる。行政手続についてはその中間的な性格であり，国の行政活動のみならず，地方公共団体の活動のうち法令に根拠がある処分・届出については行政手続法が適用され，地方公共団体のこれ以外の活動には行政手続条例が適用される（行政手続法3条3項）。

　この事例では，Y県の行政活動ではあるものの，問題とされているのが処分であって，介護保険法という法律に根拠を有するものであるから，行政手続法が適用される。

■2 処分基準の設定・公表

　基準に準拠した行政上の決定という考え方は，平等な取扱いを確保する観点から極めて重要であるから，本来は行為形式を問わず，また内容が授益的か侵害的かを問わずあてはめられるべきものである。もっとも，行政手続法では，基準の設定が求められている行為形式は処分と行政指導（同法36条）にとどまっており，処分についても申請に対する処分では義務である（……ものとする規定）のに対して，不利益処分については策定・公表ともに努力義務となっている（同法12条）。これは，不利益処分を発動する具体的な違反水準が予め被規制者に知られることで，（不利益処分には至らない）違反行為を助長するおそれがあるからとされる。

この事案では，処分基準の設定・公表が行われていない。これは公正で透明な行政過程を実現する観点から妥当ではないものの，行政手続法上は努力義務となっているため，策定・公表がなされていないから直ちに違法と評価することはできない。

■3 聴聞と告知（通知）

不利益処分の際に，慎重な事実認定を行い，処分に誤りがないようにするため，聴聞（弁明の機会の付与）手続はとりわけ重要である。この手続を内容のあるものにするためには，相手方に予定される処分の内容や，その根拠となっている事実が明確に示されていなければならない。そして，聴聞の通知に関する行政手続法 15 条 1 項では，「予定される不利益処分の内容及び根拠となる法令の条項」や「不利益処分の原因となる事実」が提示されることが求められている。もっとも，法律上は事実の詳細度について明確な定めはない。とはいえ，聴聞の通知の趣旨が，聴聞手続において防御が十分にできるように相手方に準備の機会を与えることにあるのだから，事実の詳細度としては，相手方が十分に主張立証できる機会が確保される程度の内容が必要と考えられる。このような判断方法は，次に説明する不利益処分の理由提示とほぼ共通である。

■4 不利益処分の理由提示

理由提示に関する考え方は，行政手続法制定以前から最高裁の判例法理によって形成されてきた。そして，行政手続法後にも，こうした考え方が妥当することが最高裁によって確認されている（判百 I 117/ I 119/判 10-1/CB3-8 最三小判 2011（平成 23）·6·7 民集 65 巻 4 号 2081 頁）。この判決では，理由提示の程度についても次のように判示されている。

> 名宛人に直接義務を課し又はその権利を制限するという不利益処分の性質に鑑み，行政庁の判断の慎重と合理性を担保してその恣意を抑制するとともに，処分の理由を名宛人に知らせて不服の申立てに便宜を与える趣旨に出たものと解される。そして，同項本文に基づいてどの程度の理由を摘示すべきかは，上記のような同項本文の趣旨に照らし，当該処分の根拠法令の規定内容，当該処分に係る処分基準の存否及び内容並びに

公表の有無，当該処分の性質及び内容，当該処分の原因となる事実関係の内容等を総合考慮してこれを決定すべきである。

　この事案では，処分基準が設定・公表されていないため，処分基準の適用関係に関する理由提示を考える必要はない。他方で，処分の根拠事実についてどの程度具体的に理由提示すべきかが問題となる。介護保険法の指定介護保険事業者の指定取消しには行政裁量が認められ，取消処分とするか，停止処分とするかの選択は，行政機関の合理的な裁量に委ねられているから，その判断過程が提示された理由の中で明確に示される必要性が高い。また，処分の要件の抽象度が高く，どの事実を考慮して不利益処分をしたかが一義的には分からないことから，処分理由の通知書の記載から，いかなる事実によって取消処分がされたのかを知ることができなければ，裁量権行使の適否を争うことはできない。そこで，処分の根拠となった個別的な事実を具体的に相手方に了知させるものでなければ十分な理由提示とは言えない。

ステップアップ

　不利益処分の場合には，聴聞・弁明の機会の付与の通知の段階と，不利益処分の段階の2回にわたって，処分理由の通知の機会がある。そこで，聴聞・弁明の機会の付与の際に違反事実が通知されていることを重視して，不利益処分時の理由提示の内容の詳細度を下げてもよいとする見解が見られた。しかし，聴聞・弁明の機会の付与の際に示される理由は，不利益処分の判断過程の途中の段階での行政機関側の認識にとどまっており，それと同じ根拠事実で不利益処分がされたかは，やはり不利益処分段階の理由提示で明確に示されなければ相手方には分からない。それゆえ，聴聞・弁明の機会の付与の通知があるから不利益処分の理由提示が軽減されることはなく，むしろ不利益処分手続の中で最終的に重視した根拠をより丁寧に示す必要があると考えられる。

10 — 行政行為の実体ルール

事 例

　Y県立の高校で7年にわたり非常勤講師をしていたXは，2010年度の教員採用試験に合格し，2011年度に県立高校教諭に採用された。ところが2011年9月にY県教育委員会で採用試験をめぐる収賄事件が発覚し，それまでに採用された教諭の中で不正な点数操作によって合格した者の採用を取り消す方針が打ち出された。Y県教育委員会では，受験者の2親等以内の親族が県立高校教諭である場合に大幅な加点をする慣行があり，Xの父親はY県立の高校の教頭であったことから，点数が加点されていた。Y県教育委員会は，この加点がなければXが採用試験に合格することはなかったとして，Xの採用を取り消す処分を行った。XやXの親族は，Y県教育委員会の採用担当者に賄賂を送ったことも採用を依頼したこともない。

　Y県教育委員会による採用取消しは適法か，検討して下さい。

【資料≫参照条文】

○地方公務員法（抄）

（任用の根本基準）

第15条　職員の任用は，この法律の定めるところにより，受験成績，人事評価その他の能力の実証に基づいて行わなければならない。

2〜3　（略）

（採用試験の公開平等）

第18条の2　採用試験は，人事委員会等の定める受験の資格を有する全ての国民に対して平等の条件で公開されなければならない。

基礎知識の確認

　伝統的な行政行為論の中心は，行政行為の瑕疵論であり，無効・取消し・撤回の違いが好んで論じられた。このうちとりわけ無効・取消しに関する最高裁判例のかなりの部分を占めるのが，農地改革をめぐる事案である。農地改革では，行政行為によって農地の再分配が行われたものの，その決定手続や救済手続に不十分なところがあり，多くの訴訟が提起された。そして，行政法令が定める要件に合致しない処分がなされていたとしても，処分が存在することを前提に新たな農地の所有関係を前提に取引が展開していたことから，処分に対する信頼を保護する必要性が高いとする考え方を示す判例が目立ち，学説上もこうした信頼保護に軸足を置いた無効・取消し・撤回の議論が展開されていた。

　これに対して，農地改革以外の事案も踏まえて，法律による行政の原理や実効的権利救済の観点も考慮した無効・取消し・撤回に関する考え方が，判例・学説ともに形成されてきている。無効については，重大な法規違反と瑕疵の明白性をともに要求する重大明白説が判例の基調ではあるものの，直接の利害関係のある第三者が観念しにくい事案では，明白性ではなく行政の安定・円滑な運営の要請という要素を考慮することで，無効とされる可能性を広げる考え方も見られる（判百Ⅰ80/Ⅰ166/判11-1/CB2-2 譲渡所得課税無効事件［最一小判1973（昭和48）・4・26民集27巻3号629頁]）。取消しについては，違法な処分を取り消すことによる公益維持の側面と違法な処分を維持することによる私益保護（特に信頼保護）の側面を衡量するという農地改革関連判例以来の職権取消制限の法理の定式は維持されているものの，信頼保護の利益よりも法律による行政の原理を回復させることの利益が重視される傾向がある（判百Ⅰ85/CB2-10 被災者生活再建支援費支給決定取消事件［最二小判2021（令和3）・6・4民集75巻7号2963頁]）。撤回については，もとの行政行為を授権した法律の規定のみで（撤回それ自体の法律の根拠がなくても）撤回可能であるとの理解を前提としつつ，撤回に関する法律の根拠がある場合にはその解釈問題として処理し，法律の根拠がない場合には，許認可要件の事後的消滅であれば撤回により守られる公益を重視して撤回を可能とする方向で，それとは関係ない公益上の理由による撤回であれば相手方の信頼保護の要素を重視して適法性を判断する考え方が示されている（撤回制限の法理）。このように現在で

は，信頼保護の考え方にのみ偏ることなく，事案に即した解決を図る傾向が
見られる。

Milestone

■1 行政行為の取消しと撤回はどのように異なりますか。
■2 職権取消しは自由に行えますか。
■3 職権取消制限の法理はどのような内容を持っていますか。
■4 この事案で採用取消しは適法ですか。

考え方

■1 行政行為の取消しと撤回の区別

　一旦は有効に成立した行政行為の効力を行政機関（処分庁）が事後的に否
定する行為は，取消しと撤回に区別される。

　取消しは，成立当初から行政行為に違法（不当）があり，これを是正する
ためになされるもので，取消しによって原則として成立時点に遡って効力が
失われる。これに対して撤回は，成立当初には行政行為に違法（不当）な点
がなく，事後的な事情変更によってその存続が不適切なものとなった場合に
なされるもので，撤回の時点から効力が失われる（遡及的に失効しない）。

　この事案では，違法な加点が行われたために採用試験に合格したとあるの
で，成立当初から行政行為に違法があったと考えられ，その是正のためにな
された「採用取消し」は講学上の取消しにあたる。

■2 職権取消しの制約要因

　行政行為の取消しには，私人からの不服申立てや訴訟の結果として，審査
庁や裁判所が取り消す争訟取消しと，行政機関が自らの判断で取り消す職権
取消しとがある。争訟による場合には，不服申立期間・出訴期間の制限があ
り，この期間を経過すると私人の側が取消しを求めることができなくなる。
もっとも，こうした期間制限は争訟取消しの場合にのみあてはまり，職権取
消しには期間制限は働かない。行政機関は，行政行為の成立当初からの違法

を発見した場合には，いつでも職権取消しを行うことが可能である。

　こうした職権取消しを制約する要素として次の2つを挙げることができる。第1は，不可変更力がある行政行為の場合である。不服申立てに対する裁決のように，裁判に類似する丁寧な手続を経て争訟を裁断する判断が行政行為の形式で示された場合には，判決の自縛力と同様に，職権による自由な取消しが制限される。その理由は，紛争解決のために下された判断が，行政側の判断のみで容易に変更されれば，紛争を最終的に解決する基盤となりえないからである。もっとも，こうした不可変更力が認められる場面はそれほど多くはなく，今回の事案でも不可変更力は認められない。

　第2は，職権取消制限の法理である。これは，不可変更力のように一定の類型の行政行為にのみ認められるわけではなく，あらゆる行政行為にあてはまるものである。行政行為を信頼して行動した私人の利益を考慮し，行政行為がたとえ成立当初から違法なものであったとしても，行政行為を職権で取り消すことが違法になるとする考え方を言う。

■3　職権取消制限の法理

　職権取消制限の法理として学説上伝統的に語られてきた内容は，不利益処分の職権取消しは自由にできるのに対して，授益的処分の職権取消しの場合には，信頼保護との関係で問題が生じないようになされなければならず，その際の調整の手法として不遡及取消しも選択肢となるとするものである。特に授益的処分の場合には，既得の権利・利益侵害を正当化するだけの公益上の必要性がなければ職権取消しできないとか，私法上の法律効果を形成する行為は原則として職権取消しできないとする考え方が説かれてきた。

　しかし，職権取消しが問題となる場面は，行政行為が成立当初から違法な場合であって，それを是正することは法律による行政の原理から要請されている。それゆえ，職権取消しの適法性判断にあたっては，①もとの行政行為が成立当初から違法（不当）であったことを前提に，②違法な行政行為を取り消すことによって得られる法律による行政の原理の回復の利益（公益）と，違法な行政行為を取り消すことによって失われる名宛人の不利益（信頼保護＝私益）とを比較して，どちらを重く見るべきかを決定することになる。具体的には，行政行為の違法性の程度，違法な行政行為に対する原告の帰責性，取消しによる不利益の内容・程度等を考慮することが必要となる。

■4　採用取消しの適法性

　この事案における採用での不正は，能力を基準とする平等な採用を求めて
いる地方公務員法の規定に照らして重大な違法であり，他の受験生との公平
性を損ない，また的確な能力を持つ教員による教育の提供という観点からも
看過しがたいものである。他方で，原告はこうした不正を依頼したわけでは
なく，原告の知らないところで加点の操作がなされている。また，職権取消
しによる不利益は，原告が教員としての身分を失うという重大な不利益であ
る。そこで，もとの行政行為の違法性を重視すれば，職権取消しは適法との
判断になり，原告の帰責性や職権取消しによる不利益を重視すれば職権取消
しは違法との判断になるだろう。

　このように，職権取消制限の法理の適用にあたっては，具体的な事実関係
を前提にどの要素を重く見るかが結論に大きく影響を与えることになる。

ステップアップ

　上記の職権取消制限の法理と，撤回制限の法理は，いずれも私人の側の信
頼保護を基礎とする考え方である点で共通性を持つ。しかし，その内容は必
ずしも同一ではない。職権取消制限の法理は，法律による行政の原理の回復
と対抗関係に立つため，信頼保護の必要性がかなり高い事案でなければ，職
権取消しを違法と評価することは難しい。これに対して，撤回制限の法理の
場合には，法律による行政の原理との対抗関係がなく，それゆえ伝統的には，
授益的処分の撤回は「不自由」とさえ表現されてきた。もっとも，撤回の場
合でも，許認可等の要件が事後的に消滅し，そうした事業者等を市場から排
除しなければ，消費者等に不利益が生じる可能性が高い場合には，むしろ撤
回義務が行政側に生じることさえある。そこで，撤回制限の法理の場合には，
処分要件の事後的消滅の場合とそれ以外（公益上の理由による撤回）の場合と
に分け，前者では撤回制限の範囲を限定的に考え，後者では信頼保護の要素
を重視する考え方が見られる。

11 — 行政行為の裁量

事 例

　Y県では，公務員の飲酒運転による重大死亡事故が発生したことから，県の内部基準である懲戒処分規程を改正し，理由の如何を問わず，飲酒運転した事実または飲酒した運転者に同乗していた事実が警察の交通取締等で確定しただけで懲戒免職処分とすることとした。この規程改正後，Y県立高校に勤める管理職職員であったXは，飲酒した友人Aからの執拗な誘いを断ることができず，駅から自宅までの約2kmの区間をAの車で移動中に警察の交通取締りにあい，飲酒運転者の車に同乗していた事実が明るみに出た。そこでY県教育委員会は，Xに対して懲戒処分規程に従って懲戒免職処分（地方公務員法29条1項）を行った。Xにはそれまで懲戒処分を受けた前歴がなかった。

　Xの立場に立って処分の違法性を主張して下さい。

【資料≫参照条文】

○地方公務員法（抄）

（懲戒）

第29条　職員が次の各号の一に該当する場合においては，これに対し懲戒処分
　　として戒告，減給，停職又は免職の処分をすることができる。

　一　この法律若しくは第57条に規定する特例を定めた法律又はこれに基く条
　　　例，地方公共団体の規則若しくは地方公共団体の機関の定める規程に違反し
　　　た場合

　二　職務上の義務に違反し，又は職務を怠った場合

　三　全体の奉仕者たるにふさわしくない非行のあった場合

2〜4　（略）

基礎知識の確認

　行政法の中でも最も難しく，また事例問題にもよく出題される分野が，行政裁量である。日常用語としての「裁量」は，誰かの判断に委ねることを意味する。行政裁量もそれと同様の意味を持つものの，行政の判断に委ねた結果，裁判所が行政活動の適法性を審査する際に，裁量権の逸脱・濫用しか判断しないという点が異なる。このような司法審査の制限を正当化するのは，立法者が行政機関に対して一定の個別的判断を委ねたという要素である（規範的授権理論）。

　法律による行政の原理の考え方によれば，あらゆる行政活動は法律に従わなければならず（法律の優位），少なくとも，国民の権利を制限したり義務を課したりする行政活動については，行政活動に先立って法律の根拠が必要である（法律の留保・侵害留保理論）。もっとも，これらの考え方は，立法者が行政機関に対して，一定の条件付けをした上で判断を委ねることを禁止してはいない。一般的・抽象的なルールを策定する行政活動（行政基準）については，国民の権利・義務に関係する内容を行政機関が定める場合には，法律の委任が必要である（法律の法規創造力）。その際には，委任の趣旨・目的・内容・範囲が法律自身によって明確に定められるべきである（白紙委任の禁止）。個別的・具体的な行政活動である行政行為についても，立法者がその要件あるいは効果について，「公益に合致するときは」……「できる」のように，規律を緩やかにすることによって，行政機関の判断に委ねることがありうる。もっとも，こうした行政行為の裁量は，法律の文言のみによって認められるわけではなく，行政機関に裁量を認める実質的な正当化根拠があることも必要である。

　行政機関に裁量が認められない場合，裁判所による適法性の審査は，裁判所が行政機関と同じ立場に立って，事実を認定し，法令を解釈して適用し，その結果が行政機関による判断と異なっていれば，裁判所の判断を行政機関の判断に置き換える（実体的判断代置）。これに対して，行政機関に裁量が認められる場合，裁判所による適法性の審査は，裁量権の逸脱・濫用の有無に限定される。具体的には，法令の規定やさまざまな手がかり（憲法・行政上の法の一般原則・条約等も含まれる）を使って行政機関が判断する際に考慮すべき事項を特定し，行政機関の判断に際して考慮事項が適切に考慮されたか，

考慮すべきでない事項が考慮されていないかを検証する。行政裁量に対する司法審査の基本は，この考慮事項審査であって，判断過程の統制といっても，裁判所の関心は純然たる行政手続にはなく，行政機関による実体的な判断の適切性・合理性にある（実体的判断過程統制）。

Milestone

- ■1　行政裁量はどのような場合に認められますか。
- ■2　裁量が認められる場合の裁判所の裁量審査はどのようになされますか。
- ■3　この事案で行政裁量は認められますか。
- ■4　この事案で裁判所の裁量審査はどのようになされますか。

考え方

■1　行政裁量

　より上位の基準が規律密度を抑制したために生じた，行政の判断・行動決定の余地を行政裁量という。行政裁量の問題は，立法・行政関係と，行政・司法関係の双方に跨がっている。法律が行政機関に対して一定の事務を創出する場合，法律の中で詳細な条件付けを行うことが，民主主義の観点（議会による行政機関へのコントロール）あるいは自由主義の観点（基準の詳細化による平等取扱いの確保）から好ましい。しかし，行政上の事務によっては，こうした稠密な条件付けが困難である場合があり，立法者はその際に，法律による内容的な条件付けを緩和し（例えば「公益に合致するときは」「できる」），あるいは内容的な条件付けをほとんど断念して決定の組織・手続についてのみ法定することがある。立法者は，このような法律の規定によって，一方では政策目的・公的利益を確定させ，他方でその具体的な内容形成を行政過程に委ねたと考えられる。こうした，公的利益の継続形成を立法者が意図した場合に，行政裁量が認められるのである。

　そこで，ある行政活動に行政裁量が認められるかは，個別の行政作用法の解釈問題と考えられる。典型的に裁量が認められる文言として，効果裁量については「できる」規定，要件裁量については「公益」のように意味がはっ

きりしない言葉を使った規定がある。もっとも，こうした文言だけで行政裁量の有無を判定できるわけではなく，行政裁量を認める必要がある実質的な理由も示す必要がある。公的利益の継続形成の観点からは，立法者による一般的な公益の確定を前提に，決定への利害関係が特に強い私人に参加を促して行政過程の中で諸利害を衡量したり（例：都市計画），高度の専門性が決定の際に必要な場合に専門家組織の判断を尊重したり（例：原子力の利用），ある種の部分社会において状況に通じた判断者に判断を委ねたり（例：教育・公務員懲戒）する場合に，行政裁量が認められる。

■2　行政裁量に対する司法審査

　行政裁量が認められる場合，行政・司法関係においては，裁判所による行政活動の適法性審査が制限されることになる。その基本的な考え方は，行政活動の際に考慮すべき事項・考慮すべきでない事項を法令等から導出した上で，行政機関の判断過程の中で適切な考慮がなされているかを検証する考慮事項審査である。裁判所による行政裁量の審査は，最も大まかに言えば全てこの手法を採用しており（考慮事項審査，広義の判断過程審査），このような審査方法は裁判所が行政機関と同じ立場に立って事実認定・法解釈・適用の全てをやり直す実体的判断代置とは大きく異なっている。

　もっとも，最高裁判決では，事案に応じて裁量権の逸脱・濫用に関する判断基準を使い分けているように見える。これは，問題となっている行政活動の性格や，それが相手方の権利・自由に与える影響を考えて，考慮事項審査の中でもどのような要素に重点を置くかを変えているからだと思われる。具体的な司法審査の方法として，次のようなものがある。

① 行政上の決定に際して考慮すべき事情を考慮したか，考慮すべきでない事情を考慮していないかを検証し，考慮不尽・他事考慮の結果として合理的でない判断がなされた場合には，裁量権の逸脱・濫用があるとされ，当該行政上の決定は違法とされる。この基準は，幅広い領域の行政裁量の審査に用いられている。

② 考慮事項の考慮の有無だけでなく，複数ある考慮事項のどれを重視し，あるいはどれを軽視したか，そのような重み付けが適切であったかまで踏み込んで審査し，重み付けに問題があった（過大考慮・過小考慮）結果として合理的でない判断がなされた場合には，裁量権の逸脱・濫

用があるとされ，当該行政上の決定は違法とされる。土地収用法における事業認定のほか，憲法上の権利との関係が問題となる事案でしばしば用いられる。

③　考慮事項を中心に判断しているものの，結果としてなされた判断が著しく合理性を欠くことに重点を置いて，裁量権の逸脱・濫用を判断する場合がある。裁量の幅が広いと考えられる領域（典型的には公務員懲戒・外国人の出入国管理）で用いられる。

④　要件の判断にあたって高度の専門性が必要であり，そのために専門家による組織が置かれ，また考慮事項の抽出が困難である場合に，専門家を中心とする判断過程に過誤・欠落があったかを中心に審査し，問題がある判断過程の結果として行政上の決定がなされた場合に，裁量権の逸脱・濫用があると判断される場合がある。この基準が用いられる領域は，高度専門性を理由とする幅広い要件裁量が存在し，かつ，その判断のために専門家の組織が介在している場合に限られる。

⑤　行政機関が裁量権行使に関する判断基準（裁量基準＝行政手続法上は審査基準・処分基準）を設定している場合には，その内容が合理的かを確認し，合理性が認められれば，個別に考慮すべき事情が存在しない限り，その基準をあてはめて裁量権の逸脱・濫用の有無を判断する。裁量基準が設定されている場合には，まずこの審査方法がとられ，基準に合理性がなかったり，個別事情考慮義務が認められたりする場合には，基準に着目しない判断方法（①～④）がとられる。

■3　公務員懲戒処分の行政裁量

　国家公務員・地方公務員ともに，公務員の懲戒処分に関しては，「できる」規定があるのみで，法律上具体的な判断基準が定められていない。公務員の懲戒処分は，公務員の法令違反や非行があった場合に，公務員としての責任を自覚させる制裁であり，懲戒権者としては，懲戒事由にあたる行為の原因・結果・性格・影響のみならず，当該公務員の過去の処分歴，さらには処分がなされることにより生じる影響を考慮して，懲戒処分をするかどうか，するとしていかなる内容の処分をするかを決定する裁量権を有すると考えられる。なぜなら，公務員としてのこれまでの勤務態度や懲戒事由にあたる行為の背景・内容・結果等については，公務員を日頃から指揮監督している懲

戒権者が最もよく状況を把握しているからである。

■4　公務員懲戒処分に対する司法審査

　この事案では，県の内部基準である懲戒処分規程を改正し，理由の如何を問わず，飲酒運転した事実または飲酒した運転者に同乗していた事実が警察の交通取締等で確定しただけで懲戒免職処分とすることとしたとされている。この懲戒処分規程は裁量基準にあたるものなので，基準に合理性があるかを検討する。

　懲戒免職処分は懲戒処分の中で最も重い処分であって，公務員としての身分を奪うものであり，それだけの大きな不利益を与えるのであれば，それに対応するだけの非違行為が必要と考えられる（比例原則の考え方）。しかし，改正された懲戒処分規程は，理由の如何を問わず同乗していただけで懲戒免職処分とするとされており，基準が画一的に過ぎ，また非違行為の内容・程度を考慮する余地がないものとなっている。こうした画一的な取扱いは，懲戒処分に対する行政裁量が認められる理由から考えても，不適切と考えられる。それゆえ，懲戒処分規程には合理性がなく，裁判所としては裁量基準によらずに判断を行うことになる。

　公務員懲戒処分は，懲戒権者の状況把握能力の高さに着目し，幅広い効果裁量を認めているものであり，その判断はそれが社会観念上著しく妥当を欠いて裁量権の範囲を逸脱・濫用したと認められる場合に違法となる。この事案では，Ｘは飲酒した友人Ａからの執拗な誘いを断ることができず，駅から自宅までの約2kmの区間をＡの車で移動中に警察の交通取締りにあっている。もっとも，Ｘにはそれまで，懲戒処分を受けた前歴がなかった。飲酒した友人の飲酒運転をＸは諫めることが期待される立場にはあるものの，そうしなかったことにより懲戒処分の中でも最も重い懲戒免職処分が選択されたことは，非違行為と処分の内容との間の均衡を著しく欠くものであって，裁量権の逸脱・濫用にあたり，違法と考えられる。

ステップアップ

　行政裁量に関する司法審査の方法には，上記の①〜⑤のような類型が存在する。この事例で取り上げた公務員懲戒処分について，最高裁は一貫して③

の社会観念審査を採用し続けている。ただし，同じ公務員に関する問題でも，公務員としての能力に問題があることを理由とする分限処分の場合や，懲戒処分を受けた前歴がある公務員の再任用拒否の場合には，この基準は用いられていない（①の基準が用いられている）。これは，法分野の特色から大まかに判断基準を使い分けるのではなく，個々の決定の法的性格に着目して基準を選択していることの表れであろう。

　もっとも，③の基準を使い続ける公務員懲戒処分の裁量統制でも，時代あるいは事案に応じてその力点には変化が見られる。かつては判断の過程よりも結果の著しい不当さに焦点をあてて裁量権の逸脱・濫用の違法を判断する傾向が強かったものの，近時は個別事情の考慮を重視し，場合によっては考慮事項の重み付けも行う判断が見られる。行政裁量の司法審査の全体像を摑むために，これをいくつかの類型に分けて理解するのは有用ではあるものの，これらが相互に独立した形で存在していると理解するのは正確ではなく，考慮事項の審査という底流の中でどの要素を強調するかの差異と捉えた方がよいと思われる。

12 — 行政契約と行政指導

事 例

　株式会社Aは，廃タイヤ焼却施設を廃油の焼却施設に置き換えて事業規模を拡大するため，廃棄物の処理及び清掃に関する法律（以下「廃掃法」という）に基づく産業廃棄物処理施設の設置許可を得ようと考えた。P県では，廃棄物の適正処理等に関する条例（以下「本件条例」という）を定めており，本件条例の中で，事前に地元への説明を行う周知義務を許可申請予定者に課していた。P県の担当者は，この規定を踏まえてAに地元住民の同意書を求め，Aは地元自治会の会長の同意書を添えて許可を申請し，P県知事は許可を与えた。その後，施設立地自治体であるQ市の市長から，Aへの許可を取り消して欲しいとの意向が示され，P県の担当者が調査したところ，Aが提出した会長の同意書の一部がAによって書き換えられていたことが判明した。そこで，P県知事は，本件条例の周知義務を果たさず，その業務に関して不誠実な行為をするおそれがある（廃掃法14条5項2号）こと，地元への虚偽の説明を行ったことで不正の手段により許可を受けた（廃掃法15条の3第1項3号）ことを理由に，許可を取り消した。

　P県知事による許可の取消しは適法ですか。

【資料≫参照条文】

○廃棄物の処理及び清掃に関する法律（抄）

（目的）

第1条　この法律は，廃棄物の排出を抑制し，及び廃棄物の適正な分別，保管，収集，運搬，再生，処分等の処理をし，並びに生活環境を清潔にすることにより，生活環境の保全及び公衆衛生の向上を図ることを目的とする。

（一般廃棄物処理業）

第7条　一般廃棄物の収集又は運搬を業として行おうとする者は，当該業を行お

うとする区域（運搬のみを業として行う場合にあっては，一般廃棄物の積卸しを行う区域に限る。）を管轄する市町村長の許可を受けなければならない。ただし，事業者（自らその一般廃棄物を運搬する場合に限る。），専ら再生利用の目的となる一般廃棄物のみの収集又は運搬を業として行う者その他環境省令で定める者については，この限りでない。

2〜4　（略）

5　市町村長は，第1項の許可の申請が次の各号のいずれにも適合していると認めるときでなければ，同項の許可をしてはならない。

　　一〜三　（略）

　　四　申請者が次のいずれにも該当しないこと。

　　　イ〜ト　（略）

　　　チ　その業務に関し不正又は不誠実な行為をするおそれがあると認めるに足りる相当の理由がある者

　　　リ〜ル　（略）

6〜16　（略）

（産業廃棄物処理業）

第14条　産業廃棄物（……）の収集又は運搬を業として行おうとする者は，当該業を行おうとする区域（運搬のみを業として行う場合にあっては，産業廃棄物の積卸しを行う区域に限る。）を管轄する都道府県知事の許可を受けなければならない。ただし，事業者（自らその産業廃棄物を運搬する場合に限る。），専ら再生利用の目的となる産業廃棄物のみの収集又は運搬を業として行う者その他環境省令で定める者については，この限りでない。

2〜4　（略）

5　都道府県知事は，第1項の許可の申請が次の各号のいずれにも適合していると認めるときでなければ，同項の許可をしてはならない。

　　一　その事業の用に供する施設及び申請者の能力がその事業を的確に，かつ，継続して行うに足りるものとして環境省令で定める基準に適合するものであること。

　　二　申請者が次のいずれにも該当しないこと。

　　　イ　第7条第5項第4号イからチまでのいずれかに該当する者

　　　ロ〜ヘ　（略）

6　産業廃棄物の処分を業として行おうとする者は，当該業を行おうとする区域を管轄する都道府県知事の許可を受けなければならない。ただし，事業者（自らその産業廃棄物を処分する場合に限る。），専ら再生利用の目的となる産業廃棄物のみの処分を業として行う者その他環境省令で定める者については，この限りでない。

7〜9　（略）

10　都道府県知事は，第6項の許可の申請が次の各号に適合していると認めるときでなければ，同項の許可をしてはならない。

　　一　その事業の用に供する施設及び申請者の能力がその事業を的確に，かつ，継続して行うに足りるものとして環境省令で定める基準に適合するものであること。

　　二　申請者が第5項第2号イからへまでのいずれにも該当しないこと。

11〜17　（略）

（産業廃棄物処理施設）

第15条　産業廃棄物処理施設（廃プラスチック類処理施設，産業廃棄物の最終処分場その他の産業廃棄物の処理施設で政令で定めるものをいう。以下同じ。）を設置しようとする者は，当該産業廃棄物処理施設を設置しようとする地を管轄する都道府県知事の許可を受けなければならない。

2〜3　（略）

4　都道府県知事は，産業廃棄物処理施設（政令で定めるものに限る。）について第1項の許可の申請があった場合には，遅滞なく，第2項第1号から第4号までに掲げる事項，申請年月日及び縦覧場所を告示するとともに，同項の申請書及び前項の書類（同項ただし書に規定する場合にあっては，第2項の申請書）を当該告示の日から1月間公衆の縦覧に供しなければならない。

5　都道府県知事は，前項の規定による告示をしたときは，遅滞なく，その旨を当該産業廃棄物処理施設の設置に関し生活環境の保全上関係がある市町村の長に通知し，期間を指定して当該市町村長の生活環境の保全上の見地からの意見を聴かなければならない。

6　第4項の規定による告示があったときは，当該産業廃棄物処理施設の設置に関し利害関係を有する者は，同項の縦覧期間満了の日の翌日から起算して2週間を経過する日までに，当該都道府県知事に生活環境の保全上の見地からの意見書を提出することができる。

（許可の取消し）

第15条の3　都道府県知事は，次の各号のいずれかに該当するときは，当該産業廃棄物処理施設に係る第15条第1項の許可を取り消さなければならない。

　　一　産業廃棄物処理施設の設置者が第14条第5項第2号イからへまでのいずれかに該当するに至ったとき。

　　二　（略）

　　三　不正の手段により第15条第1項の許可又は第15条の2の6第1項の変更の許可を受けたとき。

2　（略）

○P 県廃棄物の適正処理等に関する条例（抄）

（産業廃棄物を処理する施設の設置等に係る計画内容の周知）

第22条　法第15条第1項又は法第15条の2の4第1項の規定により許可を受けようとする者及び第21条第1項，第2項又は第3項の規定による届出をしなければならない者（以下「産業廃棄物処理施設設置者等」という。）は，当該許可又は届出に係る産業廃棄物を処理する施設の設置等に伴い生活環境に影響を及ぼすおそれのある地域（以下「関係地域」という。）に住所を有する者（以下「関係住民」という。）に対し，説明会の開催等により，当該産業廃棄物を処理する施設の設置等に係る計画内容の周知を図らなければならない。

2　産業廃棄物処理施設設置者等は，関係地域を管轄する市町村長（以下「関係市町村長」という。）から関係住民に対する説明会の開催を求められたときは，誠実に対応しなければならない。

（環境保全協定等の締結）

第23条　産業廃棄物処理施設設置者等は，関係市町村長から産業廃棄物の処理に係る生活環境の保全に関する協定等の締結を求められたときは，これに応じるよう努めなければならない。

（勧告）

第24条　知事は，産業廃棄物処理施設設置者等が前2条に規定する義務を履行していないと認めるときは，当該産業廃棄物処理施設設置者等に対し，当該義務を履行すべきことを勧告することができる。

基礎知識の確認

　行政過程論（行政作用法総論）で扱う行為形式の代表は行政行為であり，その特色は法令に基づいて行政機関が一方的な認定判断を行うことで，国民の権利義務を変動・確定させるところにある。これに対して，行政活動の相手方である私人の同意が必要な行為形式として，行政契約と行政指導がある。

　行政契約は，行政主体が一方当事者となって締結する契約であり，現在の行政法理論では，伝統的な公法・私法の区別を重視せず，民事上の契約も含めて幅広く考察の対象に含めている。また，行政主体が契約の当事者に含まれていないものであっても，私人間の契約・協定に行政機関が強く関与する法的しくみが設けられていれば（例：建築協定），行政上の契約として検討対象に含めることが多い。こうした行為形式は，契約を規律する民事法のルールに強く規定される一方で，行政主体にしか許されない侵害作用を伴う場合には法律の根拠が必要とされる場面がありうるほか，契約自由の原則が法律の規定や行政上の法の一般原則によって修正されることがある。

　行政指導は，「行政機関がその任務又は所掌事務の範囲内において一定の行政目的を実現するため特定の者に一定の作為又は不作為を求める指導，勧告，助言その他の行為であって処分に該当しないもの」（行政手続法2条6号）である。行政指導も行政契約と同様に，相手方の同意（任意の協力）に基づいてなされる行政活動である。もっとも，行政契約と異なり，法的拘束力を伴ってはいないため，裁判所を通じてその内容を強制的に実現することはできない。行政指導は非力なように見えるものの，行政機関は行政上の他の権限を利用すること等によりその実効性を確保してきた。

　行政契約や行政指導は，単体としても用いられるほか，行政行為と組み合わせて使われることもある。例えば，行政行為に先立って行政指導による対応がなされたり（応答留保型行政指導・不利益処分代替型行政指導），行政行為の発令の前提条件として行政契約の締結が求められたりすることがある。こうした組み合わせがよく見られるのが，環境法，とりわけ産業廃棄物処理業・処理場に関する許可の局面である。

■1　産業廃棄物処理施設の許可にはどのような法的特色がありますか。
■2　地元住民への周知を求める行政活動は，適法なものと言えますか。
■3　地元自治会の同意書はどのような法的性格を持ちますか。
■4　許可の取消しは適法ですか。

考え方

■1　産業廃棄物処理施設の許可の構造と特色

　廃掃法は，廃棄物を一般廃棄物と産業廃棄物に大別し，一般廃棄物は市町村処理原則，産業廃棄物は自家処理（排出者が自ら処理すること）を基本とし，産業廃棄物処理業者への適法な委託による処理も認めている。ここで産業廃棄物は，単に産業分野から出された廃棄物という意味ではなく，産業分野から出される廃棄物のうち，廃棄物処理法2条4項・同法施行令2条が定めるものをいう。具体的には，紙くず（建設業・出版業等に限る），ゴムくず，燃え殻，汚泥，廃油等であり，例えばオフィスから排出される紙ごみはここに含まれない（こうした産業分野から出される一般廃棄物を事業系一般廃棄物という）。

　産業廃棄物の処理を業として（＝事業として，反復継続的に）行おうとする場合には，産業廃棄物処理業の許可を得なければならない。処理には収集・運搬・処分の3つが含まれており，収集・運搬の場合には，特に施設・設備は必要ない。これに対して処分の場合には，廃棄物の体積を減らす処理（＝中間処理，焼却が代表的）や最終的に埋め立てる処理（＝最終処分）のための施設（産業廃棄物処理施設）が必要となり，処分業の許可を得る前提として，処理施設の許可を得て適法に施設を獲得していなければならない。このように，産業廃棄物処分業の許可には処理施設の許可が前提とされており，処理施設の許可の要件が処分業の許可に対していわば入れ子構造のようになっている点に注意が必要である。

　産業廃棄物処理施設の許可は，伝統的には警察許可（＝生命・安全の保護，秩序の維持の観点から最低限度の行為規制を行う目的の許可）の一種とされ，それゆえ行政裁量はないと考えられていた。許可の要件を定める廃掃法15条の

2第1項は，4つの要件を定め，「いずれにも適合していると認めるときでなければ，同項の許可をしてはならない」と規定しており，規定ぶり（＝処分の必要条件規定）からすると，効果裁量が認められるとしても限定的なものと考えられる。これに対して，要件裁量については，同項2号の「その産業廃棄物処理施設の設置に関する計画及び維持管理に関する計画が当該産業廃棄物処理施設に係る周辺地域の生活環境の保全及び環境省令で定める周辺の施設について適正な配慮がなされたものであること」（生活環境配慮要件）の部分について，認められる余地がある。また，産業廃棄物処理施設の許可の手続として，廃掃法15条4項は，事業者が実施した生活環境影響調査の結果も含む内容を公告縦覧し，同条6項では施設設置に関する利害関係者が生活環境の保全上の見地からの意見書を提出することを認めている。

■2　行政指導の法的性格と適法性

　この事例で，P県の担当者は，事業者Aに対して，地元住民の同意書を求めている。これは，相手方に対して「一定の行政目的を実現するため特定の者に一定の作為又は不作為を求める指導」にあたり，行政指導と評価できる。もっとも，本件条例22条が定める周知義務の履行を求めるためのものであれば，法的な拘束力があるので，行政指導ではなく行政行為とみる余地がないわけではない。ただし，本件条例が定めているのはあくまで周知義務であって，地元住民の同意ではない。それゆえ，同意書を求める内容は，条例が定める周知義務の枠外であって，法的な拘束力はなく，行政指導と考えるべきだろう。

　この行政指導は，相手方の任意の協力によってのみ実現されるものであり，申請に関連する行政指導（応答留保型行政指導）について，申請者が真摯かつ明確な不服従の意思を表明しており，行政指導への不服従が社会通念に照らして正義の観念に反すると言えるような特段の事情がない限り，行政指導を継続して申請に対する応答を留保することは違法となる。この事案では，AはP県の担当者の指導に従って同意書を獲得しており，その限りでは許可に至るまでの行政指導が違法とされることはない。

■3　地元同意と行政契約

　廃掃法では，産業廃棄物処理施設の設置に際して，利害関係者の意見書提

出を認めているものの，地元の同意を求めてはいない。仮に，地元同意を法律で求めるとすると，憲法で保障された営業の自由を侵害するものとして違憲と評価される可能性が高い。本件条例が，23 条で環境保全協定等の締結（ただし締結当事者は市町村＝行政契約）に応じる努力義務や，24 条で事業者に対する勧告を定めているにとどまるのも，同様の考慮に基づく。もっとも，実際には行政指導で地元同意を求め，その証明として，立地市町村との公害防止協定や，住民（町内会・自治会等）の同意書の提出を要求している例もあるとされており，この事例でもそのようなことが行われている。

　こうした立地市町村・地元住民等との協定が，事業者との任意の合意によって結ばれ，またそのような協定があることが生活環境配慮要件充足の手がかりとして使われている範囲では，廃掃法との関係で特に問題とすべきところはない。しかし，こうした協定がないことを理由に生活環境配慮要件を充足しないと判断して申請を認容しないことは，施設の設備面での構造の点で生活環境配慮要件を充足する可能性を考慮していない点において違法と考えられる。また，立地市町村が事業者に公害防止協定の締結を強制するのであれば，そのような侵害作用に先立って法律（条例）の根拠が要求される（法律の留保）ほか，協定が既存の法律の規定（廃掃法の産業廃棄物処理施設に関する規定）に違反しないこと（法律の優位）も求められる。

■4　許可の職権取消し・撤回と行政指導

　この事例では，行政指導・行政契約そのものの違法性ではなく，行政指導に従って出された同意書が書き換えられていたことから，処理施設の許可を取り消したことの適法性が争点となっている。廃掃法では，一定の要件に該当した場合に，一旦与えた許可を取り消さなければならないとする義務的取消規定が置かれている点に特色がある（一般的には，こうした取消規定は「できる」規定＝効果裁量が認められていることが多い）。

　許可の取消要件を定めている廃掃法 15 条の 3 第 1 項のうち，この事例で問題となっているのは，①同項 1 号が指している「その業務に関し不正又は不誠実な行為をするおそれがあると認めるに足りる相当の理由がある者」（14 条 5 項 2 号イ⇨7 条 5 項 4 号チ）「に該当するに至ったとき」と，②同項 3号の「不正の手段により第 15 条第 1 項の許可……を受けたとき」である。このうち①は，許可が与えられた後の事情の変化を念頭に置いているので講

学上の撤回にあたり，②は許可時点における手段の不正が問題であるから講学上の職権取消しにあたる。

　このうち①（撤回）については，営業の自由に対する制約にあたるので，不正・不誠実な行為をする蓋然性が高いことが求められる。また②（職権取消し）については，そもそも地元同意が廃掃法の許可要件に含まれていないため，同意書の内容に問題があったことのみを理由に「不正の手段」と判断することは困難と思われる。それゆえ①についても，同意書の内容のみを理由にすることは難しく，この点以外に事業遂行上の問題を惹起する可能性がなければ，許可の取消しは違法と考えられる。

ステップアップ

　本件条例は，廃掃法の委任を受けたものではなく，しかし廃掃法のしくみとは独立に地方公共団体が一定の制度を創設したものでもないことから，委任条例・自主条例の二分論では説明がつきにくいものである。学説上は，法律の施行のために制定される条例を法律施行条例（法律規定条例）と呼び，法令の定めと地方自治の保障との間での均衡点を模索する解釈論を提唱する立場が有力である。こうした理解に立てば，本件条例は，廃掃法が定めている生活環境配慮要件を具体化するための手続の一部を定めたものと考えられる。

13 ── 行政上の義務履行確保

　高速道路の開通に伴ってインターチェンジ付近の乱開発のおそれが指摘されていたＡ市では，郊外への大型店の出店を規制する条例を定めることになった。その内容は，開発を規制する地域を指定した上で，その地域内で出店しようとする事業者に対して，店舗の規模や設備等に制限を設けるものであった。Ａ市としてはこの条例の規制の実効性を確保するため，単なる行政指導ではなく法的拘束力を伴う手段をとりたいと考えている。この場合に条例に盛り込みうる手段をその執行面での工夫を含めて論じて下さい。

【資料≫参照条文】

○大規模小売店舗立地法（抄）

（目的）

第1条　この法律は，大規模小売店舗の立地に関し，その周辺の地域の生活環境の保持のため，大規模小売店舗を設置する者によりその施設の配置及び運営方法について適正な配慮がなされることを確保することにより，小売業の健全な発達を図り，もって国民経済及び地域社会の健全な発展並びに国民生活の向上に寄与することを目的とする。

（大規模小売店舗の新設に関する届出等）

第5条　大規模小売店舗の新設（建物の床面積を変更し，又は既存の建物の全部若しくは一部の用途を変更することにより大規模小売店舗となる場合を含む。以下同じ。）をする者（小売業を行うための店舗以外の用に供し又は供させるためその建物の一部の新設をする者があるときはその者を除くものとし，小売業を行うための店舗の用に供し又は供させるためその建物の一部を新設する者又は設置している者があるときはその者を含む。以下同じ。）は，政令で定めるところにより，次の事項を当該大規模小売店舗の所在地の属する都道府県（以下単に「都道府県」という。）に届け出なければならない。

　　一～六　（略）

2　（略）

3　都道府県は，第1項の規定による届出があったときは，経済産業省令で定めるところにより，速やかに，同項各号に掲げる事項の概要，届出年月日及び縦覧場所を公告するとともに，当該届出及び前項の添付書類を公告の日から4月間縦覧に供しなければならない。

4　第1項の規定による届出をした者は，当該届出の日から8月を経過した後でなければ，当該届出に係る大規模小売店舗の新設をしてはならない。

（都道府県の意見等）

第8条　都道府県は，第5条第3項（……）の規定による公告をしたときは，速やかに，その旨を市町村に通知し，当該公告の日から4月以内に，市町村から当該公告に係る大規模小売店舗の周辺の地域の生活環境の保持の見地からの意見を聴かなければならない。

2～3　（略）

4　都道府県は，第5条第1項又は第6条第2項の規定による届出があった日から8月以内に，第1項の規定により市町村から聴取した意見及び第2項の規定により述べられた意見に配意し，及び指針を勘案しつつ，当該届出をした者に対し，当該届出に係る大規模小売店舗の周辺の地域の生活環境の保持の見地からの意見を有する場合には当該意見を書面により述べるものとし，意見を有しない場合にはその旨を通知するものとする。

5～6　（略）

7　第5条第1項又は第6条第2項の規定による届出をした者は，第4項の規定により意見が述べられた場合には，当該意見を踏まえ，都道府県に対し，当該届出を変更する旨の届出又は変更しない旨の通知を行うものとする。

8～10　（略）

（都道府県の勧告等）

第9条　都道府県は，前条第7項の規定による届出又は通知の内容が，同条第4項の規定により都道府県が述べた意見を適正に反映しておらず，当該届出又は通知に係る大規模小売店舗の周辺の地域の生活環境に著しい悪影響を及ぼす事態の発生を回避することが困難であると認めるときは，市町村の意見を聴き，及び指針を勘案しつつ，当該届出又は通知がなされた日から2月以内に限り，理由を付して，第5条第1項又は第6条第2項の規定による届出をした者に対し，必要な措置をとるべきことを勧告することができる。

2　前項の規定による勧告の内容は，同項に規定する事態の発生を回避するために必要な限度を超えないものであり，かつ，第5条第1項又は第6条第2項の規定による届出をした者の利益を不当に害するおそれがないものでなければな

らない。

3〜6　（略）

7　都道府県は，第1項の規定による勧告をした場合において，当該勧告に係る
　届出をした者が，正当な理由がなく，当該勧告に従わなかったときは，その旨
　を公表することができる。

（罰則）

第17条　次の各号の一に該当する者は，100万円以下の罰金に処する。

　一　第5条第1項の規定による届出をせず，若しくは虚偽の届出を行い，又は
　　　同条第2項（……）の添付書類であって，虚偽の記載のあるものを提出した
　　　者

　二〜三　（略）

第18条　第5条第4項，第6条第4項又は第8条第9項の規定に違反した者は，
　50万円以下の罰金に処する。

基礎知識の確認

行政過程論で学ぶさまざまな行為形式によって，私人の権利義務関係が変動・確定する。もっともそれは机上のものに過ぎず，実際にその内容が実現するためには，義務履行確保の手段が整っている必要がある。我が国でその役割を担っているのが，行政上の義務履行強制と，義務違反に対する制裁である。

行政上の義務履行強制は，私人に課された義務を将来に向かって強制的に実現するものであり，民事法関係と異なり，一定の場合に行政機関に自力救済が認められている点に特徴がある。最も代表的な強制手段は，税金等の金銭支払義務を履行しない場合に用いられる行政上の強制徴収（滞納処分）と，金銭債務以外の代替的作為義務（他人が代わってすることのできる何かをする義務）を行政機関等が代わって強制的に実現する行政代執行である。

義務違反に対する制裁は，過去の行政上の義務違反に対して不利益を与えることで，義務違反者に対する責任を追及するとともに，将来にわたって同種の義務の不履行を抑制する（一般予防効果）ことを目的とするものである。伝統的には，刑法上の刑罰を科す行政刑罰と行政上の秩序罰（過料）をグルーピングした行政罰が代表とされてきた。最近ではさらに，主として経済的な規制の場面で用いられる課徴金や，違反者の氏名公表等も用いられてきている。

行政上の義務履行強制の手段は，形式的意味の法律に留保されており，条例で新たな義務履行強制手段を創出することはできない（義務を課さないで実力を行使する即時執行はここに含まれない）。また，義務違反に対する制裁のうち行政罰については，地方自治法でその種類・上限が決まっており，検察官が執行に関係する行政刑罰を条例で規定する際には，検察との協議が行われることが一般的である。このように，地方公共団体が条例で義務履行確保手段を設けることには諸々の制約があり，さらに行政上の義務を裁判所（民事手続）により実現することも，判百Ⅰ106/判Ⅰ209/判14-1/CB7-4 宝塚市パチンコ店事件最高裁判決（最三小判2002(平成14)・7・9民集56巻6号1134頁）により大きく制限されている。

Milestone

■**1** 大規模小売店舗立地法はどのような規制手法をとっていますか。

■**2** 条例を制定して規制を行う場合，大規模小売店舗立地法との関係で問題が生じないようにするにはどうすればよいですか。

■**3** 条例を制定して規制を行う場合，その実効性確保手段として何が適切ですか。

■**4** 行政契約を利用して規制することはできますか。

考え方

■1 大規模小売店舗立地法の特色

かつては，百貨店やショッピングセンターに代表される大規模小売店舗の出店に対しては，既存の地元商店街等から強い反対運動が展開されることが多かった。第二次世界大戦前に成立した百貨店法や，オイルショックの時期に制定された大規模小売店舗法（大店法）はいずれも，大規模小売店舗の立地に関する許可制を採用していた。もっとも，特に大規模小売店舗法の時代には，地元の商店街等との利害調整が不透明な形で行われ，それが日米構造協議等で日本の非関税障壁として非難された。

そこで，大規模小売店舗法に代わって制定された大規模小売店舗立地法は，制定当時の規制緩和の流れも踏まえ，許可制ではなく事前届出制を採用した。同法5条1項によると，大規模小売店舗の新設の際には，その前に都道府県に届出が必要で，これに違反すると100万円以下の罰金となっている（同法17条1号）。もっとも，都道府県がなしうるのは出店に関する意見の表明と勧告に過ぎず（同法8条7項，9条1項），この勧告に従わずに出店しても特に罰則は用意されていない。このように，現在の大規模小売店舗立地法では，行政側が出店調整の結果を貫徹することはできなくなっている。

■2 条例の制定と「法律の範囲内」

そこで，地方公共団体の中には，独自に条例を制定して出店規制を行うところがある。この条例は，大規模小売店舗立地法の委任に基づくものではな

いから，自主条例である。自主条例が適法に制定できる条件は，判百Ⅰ40/ Ⅰ18/判2-1/CB1-2 徳島市公安条例事件判決（最大判1975（昭和50）・9・10刑集 29巻8号489頁）が示しており，法律と条例の趣旨・目的，内容，効果等を 比較することが求められる（⇨Ⅰ　論点別演習［行政過程論］❷）。

　大規模小売店舗立地法との抵触を避けるためには，目的を小売業の発展と は関係ないものに設定することが考えられる。例えば，稀少な自然資源の保 護や景観の保護といったことを目的にすることがありうる。他方で，生活環 境の保護のみでは，大規模小売店舗立地法の目的との重なり合いが生じるこ ととなり，目的の相違だけで条例の制定を正当化することは難しいだろう。

　条例と大規模小売店舗立地法の目的が同じであっても，大規模小売店舗立 地法が全国一律最高限度の規制を行う趣旨でなければ，条例の制定は可能で ある。大規模小売店舗立地法は全国的に最低限度の規制のしくみを定めたも のに過ぎず，地域の実情に応じてこれよりも強力な規制を行うことができる と解釈できれば，条例の制定は可能と考えられる。

■3　条例の制定と実効性確保手段

　仮にこうしたことが言えたとして，次に問題となるのは，条例が規定する 実効性確保手段である。大規模小売店舗立地法の手続で出店を止めることが できなかった場合に，条例で事業者に対する中止命令を規定することが考え られる。そして，この規定によって事業者に対して不作為義務が課されてい ると解釈できれば，その義務を民事手続によって（司法的に）執行すること も考えられる。

　しかし，宝塚市パチンコ店事件最高裁判決によると，行政権の主体として の地方公共団体が，行政上の義務の履行を私人に対して求めることは，法律 上の争訟にあたらない。そこで，同判決を前提とすると，こうした手段によ る義務の履行はできない。それゆえ，条例の中に，命令違反に対する罰則を 規定して，違反者に対しては刑事罰あるいは行政上の秩序罰（過料）を科す ことが考えられる。この場合には，宝塚市パチンコ店事件最高裁判決との関 係での問題はなくなるものの，中止命令が不作為義務を課すことが明確化す るから，法律と条例の関係で条例制定が許容されることを明確に論証する必 要性が高まる。

■4　出店協定の利用可能性

　これとは別の方法として，条例で出店協定の締結を規定することが考えられる。出店協定は，公害防止協定等と同じく，規制行政の場面で用いられる行政契約である。もっとも，行政契約は既存の法律の範囲内で締結されなければならない。大規模小売店舗立地法は，届出・勧告・公表のしくみを置いており，これ以上に厳しい規制をすることを許さない趣旨ならば，出店協定は同法違反となりうる。

　しかし，判百Ⅰ90/Ⅰ192/判13-2/CB9-8 福間町公害防止協定事件最高裁判決（最二小判2009（平成21）・7・10判時2058号53頁）の考え方を類推すると，大規模小売店舗立地法の届出によって，同法の定める条件で営業しなければならない地位が与えられるとは考えにくいため，事業者側の判断で出店しないこともできるとすると，これを契約によって決定することも可能と考えられる。もちろん，事業者側の任意の同意の下でこうした協定が締結されなければならず，同意の任意性に問題がある場合には，公序良俗違反を使って契約の無効を主張することも考えられる。

　出店協定を利用することのメリットは，これに違反した場合に司法的執行を用いうることである。例えば，一定の条件を満たさない場合に，地方公共団体側が出店中止を求めることができることが協定で規定されているとした場合には，この義務を強制的に実現するために，民事執行の手段を用いることができる。宝塚市パチンコ店事件最高裁判決が否定したのは，法令等に基づいて生じる行政上の義務に限られており，私人との合意に基づいて形成された行政契約上の義務にまでその射程が及ぶとは考えられないからである。

ステップアップ

　出店協定という手段は，条例に規定を置かなくても，相手方の事業者との合意があれば用いることができる。もっとも，侵害留保の原則の考え方からすると，契約であっても事実上締結が強制されている場合には，法律の根拠が必要となりうる。そこで，こうした場面を念頭に置いて，根拠規範として条例に出店協定の締結の根拠を定めておくことも検討に値する。

行政救済論

原処分主義と裁決主義

事 例

　Ｘは，Ａ市長から生活保護決定の権限が委譲されたＡ市福祉事務所長Ｂに生活保護申請をした。これに対してＢは申請拒否処分をした。

　以下の規定を参考にして，訴訟提起の前に行政不服審査を経ることが必要か，もし必要な場合，どの種類の不服申立てをどの行政機関に対して求めるか，訴訟の際に取消対象とすべき処分は何かを説明して下さい。

【資料≫参照条文】

○生活保護法（抄）

（審査庁）

第 64 条　第 19 条第 4 項の規定により市町村長が保護の決定及び実施に関する事務の全部又は一部をその管理に属する行政庁に委任した場合における当該事務に関する処分並びに第 55 条の 4 第 2 項の規定により市町村長が就労自立給付金の支給に関する事務の全部又は一部をその管理に属する行政庁に委任した場合における当該事務に関する処分についての審査請求は，都道府県知事に対してするものとする。

（再審査請求）

第 66 条　市町村長がした保護の決定及び実施に関する処分若しくは第 19 条第 4 項の規定による委任に基づいて行政庁がした処分に係る審査請求についての都道府県知事の裁決（……）に係る審査請求についての都道府県知事の裁決に不服がある者は，厚生労働大臣に対して再審査請求をすることができる。

2　（略）

（審査請求と訴訟との関係）

第 69 条　この法律の規定に基づき保護の実施機関又は支給機関がした処分の取消しの訴えは，当該処分についての審査請求に対する裁決を経た後でなければ，提起することができない。

基礎知識の確認

　行政活動によって自己の権利・利益が侵害されたと考える場合に，その是正を求める手続を行政争訟という。この中には，行政機関に対して是正を求める行政不服申立てと，裁判所に対して是正を求める行政訴訟があり，それぞれに一般法（行政不服審査法・行政事件訴訟法）が存在する。

　行政不服審査法に基づく手続は，行政機関に対して違法・不当な行政活動（その対象は行政処分に限られている）の是正を求めるもので，裁判手続と比べて簡易迅速であり，また手続を利用するための費用もかからない。他方で，行政機関が行った処分に対して同じ行政内部の機関が見直しても救済される見込みが低いと考える場合には，行政不服審査を経由することなく，裁判所に対して行政訴訟を提起することが原則として可能である（自由選択）。しかし，例外的に，個別の法律で行政不服審査法に基づく手続を経ていないと取消訴訟の提起ができないと規定されている場合には，行政不服審査の手続を経てこれに対する行政機関の判断（裁決）を得ていなければ，適法に訴訟を提起することができない（不服申立前置）。

　行政不服申立手続をとった場合には，もとの処分（原処分）と行政不服申立に対する判断（裁決）の2つの処分が存在する。このときに，どちらの処分を対象に取消訴訟を提起すべきかを判断する考え方が，原処分主義と裁決主義である。行政事件訴訟法の原則は，原処分主義である（同法10条2項）。原処分主義という名称ではあるものの，原処分にしか取消訴訟が提起できないのではなく，裁決取消訴訟の中で原処分の違法を主張することができないことを意味するに過ぎない。そこで，裁決固有の瑕疵，例えば裁決手続の違法や，裁決に理由が示されていないことの違法は，裁決取消訴訟で争うことができる。これに対して裁決主義は，個別の法律に規定があってはじめて認められるもので（例：特許法178条6項），原処分に対する取消訴訟を否定する代わりに，裁決に対する取消訴訟の中で原処分の違法も併せて主張できる。

Milestone

■1　不服申立前置の有無はどのように判断しますか。

■2　行政不服審査の種類はどのように選択しますか。

■**3**　審査庁はどのように決定しますか。

■**4**　取消訴訟の対象はどのように選択しますか。

考え方

■1　不服申立前置

　戦前の訴願法・行政裁判所法の時代には，現在の不服申立てにあたる訴願は必ず前置されていた（訴願前置）。当時は東京に1箇所設置された行政裁判所の一審制であったものの，訴願を足し合わせることで事実上の三審制となっていた。戦後，行政裁判所が廃止され，通常の裁判所の系統で行政事件も扱われるようになったあとも訴願法は存続し，行政事件訴訟特例法は訴願前置を継続していた。その後，1962年に制定された行政不服審査法・行政事件訴訟法では自由選択が採用され（行政事件訴訟法8条1項），個別の法律が不服申立前置を規定している場合に限って，不服申立手続を経由することが求められるようになった。もっとも，個別法で不服申立前置を規定する例は多く，また2回の不服申立手続の前置を義務付ける例もあった。

　2014年の行政不服審査法改正によって，不服申立前置の対象が整理合理化されるとともに，2回の不服申立前置（いわゆる二重前置）が全廃された。不服申立前置が残された領域は，大量の不服申立てがなされる分野でその審理によって裁判所の負担軽減（スクリーニング）が期待できる領域（税金，社会保険関係等），高度専門性が高い審査が行われている領域（公害健康被害補償法等），第1審裁判に代替する領域（電波法・特許法等）である。

　生活保護法69条は，「この法律の規定に基づき保護の実施機関又は支給機関がした処分の取消しの訴えは，当該処分についての審査請求に対する裁決を経た後でなければ，提起することができない」と規定している。このように，審査請求に対する裁決を経た後でなければ取消訴訟を提起できないとの規定が個別の法律に置かれている場合には，行政不服申立手続を経由せずにいきなり取消訴訟を提起することはできない。

■2　行政不服審査の種類

　行政不服審査法は，審査請求を標準的な手続としており，審査請求につい

ては，個別の法律の規定がなくても，行政不服審査法という一般法によって
利用可能である（行政不服審査法2条）。審査請求は，原則として最上級行政
庁に対して不服を申し立てる手続であり，処分に関与しなかった職員等が中
立の立場で審理を行う審理員手続と，外部専門家から構成される行政不服審
査会への諮問手続の2つの手続から構成されている。

　これに対して，処分庁自身に再度考慮を求める再調査の請求（同法5条）
と，審査請求に不服がある場合に再度不服を申し立てる再審査請求（同法6
条）はいずれも，個別の法律にこれを許容する規定がある場合にのみ利用で
きる。

　生活保護法には再調査の請求を認める規定はないものの，再審査請求につ
いては66条1項に規定が置かれ，再審査請求先は厚生労働大臣となってい
る。なお，生活保護法69条の不服申立前置は，審査請求に対する裁決を経
ることのみ要求しているので，再審査請求まで利用してから訴訟するかどう
かは，申立人の判断に委ねられている。

■3　審査庁の決定方法

　審査請求をすべき行政庁（審査庁）の決定方法について，行政不服審査法
4条は，原則として最上級行政庁（同条4号）としつつ，上級行政庁がない
場合や，上級の行政庁があっても指揮監督関係が弱い場合には，処分庁を審
査庁としている（同条1～3号）。ただし，これらの規定は「法律（条例に基づ
く処分については，条例）に特別の定めがある場合を除くほか」となっている
ので，法律に審査庁を指定する規定が置かれていれば，それに従うことにな
る。

　この事例では問われていないものの，生活保護法に基づく事務を市町村長
が委任せずに自ら実施した場合には，市町村長は最上級行政庁ではあるもの
の，地方自治法255条の2の規定により，都道府県知事が審査庁となる。こ
れは，生活保護法の生活保護開始決定に関する事務が，地方自治法の法定受
託事務に該当する（生活保護法84条の5・同別表3）ためである。

　これに対して，この事例のように，生活保護法に基づく事務を市町村長が
その下級機関に委任している場合には，生活保護法64条の規定に基づき，
審査庁は（最上級行政庁である市町村長ではなく）都道府県知事となる。

■4 原処分主義と裁決主義

　生活保護法のように，不服申立前置を定めている場合には，取消訴訟の際には，原処分と裁決の2つの処分が存在することになる。この場合にどちらの処分の取消訴訟を提起すべきか。

　生活保護法には，裁決主義を定めている規定はないので，原則（行政事件訴訟法10条2項）のとおり，原処分主義と理解することになる。そのため，裁決固有の瑕疵を主張するとき以外は，原処分である申請拒否処分の取消訴訟を提起することになる。

　なお，原処分と裁決の両方の取消しを求めることもでき，この場合には関連請求（行政事件訴訟法13条3・4号）として，どちらかの取消訴訟に訴えを併合することができる（同法16条1項）。

ステップアップ

　地方自治法は，地方公共団体の事務を自治事務と法定受託事務に大別している。法定受託事務は，その実施に国が強い利害を持つものであり，それゆえ国の地方公共団体に対する関与の程度が強い。地方自治法が定める関与の類型には，不服申立てに対する裁決は含まれていないものの，こうした形の関与（裁定的関与）も事務の適正遂行を確保するためのものと考えられている。法定受託事務の場合には，市町村長が処分庁の場合には，審査庁が都道府県知事，再審査庁が大臣となっており，しかもこうした審査庁の指定は個別の法律には書かれていない。他方で，法定受託事務に該当する事務かどうかは個別の法律に必ず明示されており（明示されていなければ自治事務である），もし法定受託事務に関する規定を見つけたら，審査庁・再審査庁の取扱いが変わることに留意する必要がある。

❷ ── 処分性

　次の行政活動は処分性があると言えるか。その理由もあわせて説明して下さい。

(1) 売買・貸借・請負契約（地方自治法234条1項）

(2) 訓令・通達（国家行政組織法14条2項）

(3) 勧告（学校教育法15条1項）

(4) 区域区分を定める都市計画決定（都市計画法7条）

【資料≫参照条文】

○地方自治法（抄）

（契約の締結）

第234条　売買，貸借，請負その他の契約は，一般競争入札，指名競争入札，随意契約又はせり売りの方法により締結するものとする。

2　前項の指名競争入札，随意契約又はせり売りは，政令で定める場合に該当するときに限り，これによることができる。

3　普通地方公共団体は，一般競争入札又は指名競争入札（以下この条において「競争入札」という。）に付する場合においては，政令の定めるところにより，契約の目的に応じ，予定価格の制限の範囲内で最高又は最低の価格をもって申込みをした者を契約の相手方とするものとする。ただし，普通地方公共団体の支出の原因となる契約については，政令の定めるところにより，予定価格の制限の範囲内の価格をもって申込みをした者のうち最低の価格をもって申込みをした者以外の者を契約の相手方とすることができる。

4〜6　（略）

○国家行政組織法（抄）

第14条　各省大臣，各委員会及び各庁の長官は，その機関の所掌事務について，

公示を必要とする場合においては，告示を発することができる。

2　各省大臣，各委員会及び各庁の長官は，その機関の所掌事務について，命令又は示達をするため，所管の諸機関及び職員に対し，訓令又は通達を発することができる。

○学校教育法（抄）

第15条　文部科学大臣は，公立又は私立の大学及び高等専門学校が，設備，授業その他の事項について，法令の規定に違反していると認めるときは，当該学校に対し，必要な措置をとるべきことを勧告することができる。

②　文部科学大臣は，前項の規定による勧告によってもなお当該勧告に係る事項（次項において「勧告事項」という。）が改善されない場合には，当該学校に対し，その変更を命ずることができる。

③　文部科学大臣は，前項の規定による命令によってもなお勧告事項が改善されない場合には，当該学校に対し，当該勧告事項に係る組織の廃止を命ずることができる。

④　文部科学大臣は，第1項の規定による勧告又は第2項若しくは前項の規定による命令を行うために必要があると認めるときは，当該学校に対し，報告又は資料の提出を求めることができる。

○都市計画法（抄）

（区域区分）

第7条　都市計画区域について無秩序な市街化を防止し，計画的な市街化を図るため必要があるときは，都市計画に，市街化区域と市街化調整区域との区分（以下「区域区分」という。）を定めることができる。ただし，次に掲げる都市計画区域については，区域区分を定めるものとする。

一〜二　（略）

2　市街化区域は，すでに市街地を形成している区域及びおおむね10年以内に優先的かつ計画的に市街化を図るべき区域とする。

3　市街化調整区域は，市街化を抑制すべき区域とする。

基礎知識の確認

　取消訴訟をはじめとする抗告訴訟の対象となる行政活動の性格を，処分性という。処分性は取消訴訟の訴訟要件のひとつであるとともに，行政不服審査法の対象となる行政活動でもあり，さらには行政手続法が規定する処分ともほぼ同義であって，ある行政活動が処分性を持つと，事前手続から事後手続へと至る特殊な手続の適用対象となる。処分性の概念は，すでに学んだ行政行為の概念とほぼ重なり合っており，両者は密接な関連性を有する。

　処分性の定式は，最高裁判所が 判百Ⅱ143/Ⅱ19/判16-1/CB11-2 東京都ごみ焼却場事件判決（最一小判1964(昭和39)・10・29民集18巻8号1809頁）で示した

> 公権力の主体たる国または公共団体が行う行為のうち，その行為によって，直接国民の権利義務を形成しまたはその範囲を確定することが法律上認められているもの

であり，処分性の判定の出発点となる。学説上は，これをいくつかの要素に分解して説明することが多く，以下では，①公権力性，②外部性，③法的効果，④成熟性の4つに分けて説明することとする。処分性を認めるためには，これらの要素の全てが肯定されなければならず，逆に処分性を否定するには，これらのうちのひとつでも欠けていればよい。

　例えば，道路交通法84条以下に基づく自動車運転免許の付与は，①道路交通法84条以下に定める要件を充足することで免許が与えられるから公権力性があり，②公安委員会という行政機関と私人との間での権利義務関係における行為であるから外部性があり，③道路交通法64条で禁止された無免許運転（違反者には同法117条の2の2により3年以下の懲役または50万円以下の罰金）の禁止を解除するから法的効果があり，④免許付与に後続する行政上の決定がないから成熟性があり，4つの要素がいずれも満たされることから，処分性を有する。このように，処分性の判定は，当該行政活動の要件・効果等を規定している法令の解釈に基づく。

Milestone

■1 処分性を特色づける「権力性」とはいかなる意味ですか。
■2 行政主体・行政機関相互の関係における行為が処分性を持つことはありますか。
■3 行政活動が法的効果を持つとはいかなる意味ですか。
■4 処分性を認めるためになぜ成熟性が必要なのですか。

考え方

■1 公権力性

　処分（行政行為）を特色づける（公）権力性の要素は，もともとは物理的な実力の行使や命令・強制の作用を前提としていた。そして，こうした作用は，国家であるからこそ適法になしうるものと考えられていた。しかし，給付行政の拡大と，給付行政の分野における処分の立法の増加は，権力＝強制の定式による説明を困難にした。また，国家であるがゆえに先験的に認められる権力という理解が批判され，実証的な根拠（＝法令の根拠）を必要とする理解が有力化した。こうした背景から，公権力性の実質は，取消訴訟によってしかその効力を否定できないとする力（公定力）に求められるようになり，その実定法上の根拠として，行政事件訴訟法3条2項が挙げられるようになった。

　ところが，このような説明方法をとると，公権力性が認められる特殊な行為であるから特別に取消訴訟という訴訟手続を設定していることと，取消訴訟の排他性の対象となるからその行為に公権力性があることとが循環してしまい，結局のところ公権力性の内実が何であるのか判然としないことになる。そこで，ドイツの行政行為における規律の概念を手がかりに，法律に基づいて（合意によらず）権利義務関係が変動・確定する力を規律力と呼び，これを公権力性の内容と考える説明が有力化してきている。

　こうした考え方からすると，当事者間の意思表示の合致によって成立する契約は，公権力性を欠くことになり，処分とは言えない。(1)で挙げられている売買・貸借・請負契約は，確かに地方自治法234条という法律に規定が

用意されているものの，この規定は当事者の意思表示の合致を前提に，契約
の手続等を規定したものであるから，処分とは言えない。

■2　外部性

　処分性を有するためには，その行政活動によって，国民の権利・義務に影
響を与える必要がある。行政内部の関係において法的拘束力を伴って働く活
動（例：地方自治法に基づく国から地方公共団体への関与）は，こうした外部性
を欠くことになるため，処分ではない。

　(2)で挙げられている国家行政組織法14条2項に基づく訓令・通達は，
行政内部における上級行政機関から下級行政機関への指示であり，下級行政
機関としてはこれに従わなければならない。しかし，そのような拘束力は行
政内部に限定されており，国民の権利・義務との関係では影響を与えるもの
ではないことから，処分とは言えない。

　もっとも，行政相互関係においても，外部性が認められる場合はある。国
や地方公共団体等の行政主体は，個別の行政法規によって付与された権限を
行使する（＝行政権の主体，固有の資格）のみならず，一般の私人と同様の経
済的活動（＝財産権の主体，純粋私経済行政・調達行政）を行うことがある。こ
の後者の場合には，国・地方公共団体といえども，民事上の法人と基本的に
同様の法的規律に服しており，このような場合には，国民の権利・義務の変
動と同視される。

■3　法的効果

　処分は，行政機関が決定等の一定の認定・判断を示すことによって行われ
る。しかし，そうした判断の中には，国民の権利・義務に影響を与えないも
のもあり，こうした活動を事実行為（精神表示行為）という。たとえ，行政
機関が一定の判断を示しているように見えても，それが国民の権利・義務の
形成・確定と関係しなければ，処分とは言えない。

　そうした活動の代表が，行政指導である。行政指導は，相手方の任意の協
力に基づいて，行政機関が一定の作為・不作為を相手方に求めるもので，相
手方にはこれに従う法的義務がなく，それゆえ行政指導に反する行動をとっ
ても，罰則等の制裁が科されることはない。(3)で挙げられている学校教育
法15条1項の勧告はその例であり，権利・義務関係へ影響せず，あるいは

法的拘束力がないことから，処分性が否定される。

■ 4 　成熟性

　国民の権利・義務を変動させるという観点からは，法律・条例あるいは行政基準・行政計画も同様の性格を持つ。しかし，これらのほとんどは処分ではない。その理由は，処分であるためにはそれが最終的な決定である（後続の決定がない）ことが求められているからである。こうした要素を成熟性と呼ぶ。

　例えば，(4)で挙げられている都市計画法7条に基づく区域区分を定める都市計画決定は，都市計画区域内で開発を促進する市街化区域と，開発を抑制する市街化調整区域とを区別することを内容としており，市街化調整区域になると開発許可（都市計画法29条）が得られにくくなり，土地の造成工事等を伴う開発が困難になる。このように，区域区分を定める都市計画決定は，対象となる区域の土地所有者に対して一定の義務を課すことになる。しかし，開発ができるかできないかを最終的に確定するのは，都市計画決定の後に行われる開発許可である。そのため，区域区分を定める都市計画決定には一般的には成熟性が認められず，処分とは言えない。

ステップアップ

　ここでは，処分性の判断に際して重要となる要素を説明するため，比較的単純な具体例を用いた。大学の期末試験や各種の試験で出される問題は，これよりも複雑なものであることが多いものの，基本的な考え方は同じである。

　このほか，抗告訴訟の対象性を判定する「処分性」の中には，人の収容・物の留置・代執行そのもののような，物理的な実力の行使（＝権力的事実行為）も含まれる。これらはいずれも事実行為であって，国民の権利・義務には影響を与えないから，処分性の定式にはあてはまらないように見える。もっとも，これらの権力的事実行為に際して，相手方私人はこれを甘受する受忍義務を負うから，この点に着目すれば，権力的事実行為も国民の権利・義務に一定の変動をもたらしていると考えることができるかも知れない。

❸ ── 原告適格

事　例

　株式会社Aは，廃タイヤ焼却施設を廃油の焼却施設に置き換えて事業規模を拡大するため，廃棄物処理法に基づく産業廃棄物処理施設の設置許可を得ようと考えた。P県では，産業廃棄物の設置許可手続についての条例を定めており，条例の中で，事前に地元への説明を行う周知義務を許可申請予定者に課していた。Aは地元自治会の会長の同意書と生活環境影響調査報告書を添えて許可を申請し，P県知事は許可を与えた。報告書では調査項目として大気汚染・騒音・振動・悪臭が定められ，対象地域として大気汚染について計画地から2kmの範囲が定められていた。これは，最大着地濃度出現予想距離の4倍であり，廃棄物処理施設生活環境影響調査指針よりも広い範囲になっていた。その後，施設立地自治体であるQ市の市長から，Aへの許可を取り消して欲しいとの意向が示され，P県の担当課が調査したところ，Aが提出した会長の同意書の一部がAによって書き換えられていたことが判明した。そこで，P県知事は，条例の周知義務を果たさず，その業務に関して不誠実な行為をするおそれがある（廃掃法14条5項2号）こと，地元への虚偽の説明を行ったことで不正の手段により許可を受けた（廃掃法15条の3第1項3号）ことを理由に，許可を取り消した。これに対してAが環境大臣に審査請求を行ったところ，環境大臣は許可取消しを取り消す裁決を行ったため，同意書を提出した町内会に属し，処理施設から2.1kmのところに居住するXらはその取消訴訟を提起した。

　Xらに原告適格は認められますか。

【資料≫参照条文】
○廃棄物の処理及び清掃に関する法律（抄）

（目的）

第1条　この法律は，廃棄物の排出を抑制し，及び廃棄物の適正な分別，保管，収集，運搬，再生，処分等の処理をし，並びに生活環境を清潔にすることにより，生活環境の保全及び公衆衛生の向上を図ることを目的とする。

（産業廃棄物処理業）

第14条　産業廃棄物（……）の収集又は運搬を業として行おうとする者は，当該業を行おうとする区域（運搬のみを業として行う場合にあっては，産業廃棄物の積卸しを行う区域に限る。）を管轄する都道府県知事の許可を受けなければならない。ただし，事業者（自らその産業廃棄物を運搬する場合に限る。），専ら再生利用の目的となる産業廃棄物のみの収集又は運搬を業として行う者その他環境省令で定める者については，この限りでない。

2～4　（略）

5　都道府県知事は，第1項の許可の申請が次の各号のいずれにも適合していると認めるときでなければ，同項の許可をしてはならない。

　　一　その事業の用に供する施設及び申請者の能力がその事業を的確に，かつ，継続して行うに足りるものとして環境省令で定める基準に適合するものであること。

　　二　申請者が次のいずれにも該当しないこと。

　　　　イ　第7条第5項第4号イからチまでのいずれかに該当する者

　　　　ロ～ヘ　（略）

6　産業廃棄物の処分を業として行おうとする者は，当該業を行おうとする区域を管轄する都道府県知事の許可を受けなければならない。ただし，事業者（自らその産業廃棄物を処分する場合に限る。），専ら再生利用の目的となる産業廃棄物のみの処分を業として行う者その他環境省令で定める者については，この限りでない。

7～9　（略）

10　都道府県知事は，第6項の許可の申請が次の各号に適合していると認めるときでなければ，同項の許可をしてはならない。

　　一　その事業の用に供する施設及び申請者の能力がその事業を的確に，かつ，継続して行うに足りるものとして環境省令で定める基準に適合するものであること。

　　二　申請者が第5項第2号イからヘまでのいずれにも該当しないこと。

11　第1項又は第6項の許可には，生活環境の保全上必要な条件を付することができる。

12～17　（略）

（産業廃棄物処理施設）

第15条　産業廃棄物処理施設（廃プラスチック類処理施設，産業廃棄物の最終

処分場その他の産業廃棄物の処理施設で政令で定めるものをいう。以下同じ。）
を設置しようとする者は，当該産業廃棄物処理施設を設置しようとする地を管
轄する都道府県知事の許可を受けなければならない。

2～3　（略）

4　都道府県知事は，産業廃棄物処理施設（政令で定めるものに限る。）について
第1項の許可の申請があつた場合には，遅滞なく，第2項第1号から第4号ま
でに掲げる事項，申請年月日及び縦覧場所を告示するとともに，同項の申請書
及び前項の書類（同項ただし書に規定する場合にあっては，第2項の申請書）
を当該告示の日から1月間公衆の縦覧に供しなければならない。

5　都道府県知事は，前項の規定による告示をしたときは，遅滞なく，その旨を
当該産業廃棄物処理施設の設置に関し生活環境の保全上関係がある市町村の長
に通知し，期間を指定して当該市町村長の生活環境の保全上の見地からの意見
を聴かなければならない。

6　第4項の規定による告示があったときは，当該産業廃棄物処理施設の設置に
関し利害関係を有する者は，同項の縦覧期間満了の日の翌日から起算して2週
間を経過する日までに，当該都道府県知事に生活環境の保全上の見地からの意
見書を提出することができる。

（許可の基準等）

第15条の2　都道府県知事は，前条第1項の許可の申請が次の各号のいずれに
も適合していると認めるときでなければ，同項の許可をしてはならない。

　　一　その産業廃棄物処理施設の設置に関する計画が環境省令で定める技術上の
　　　基準に適合していること。

　　二　その産業廃棄物処理施設の設置に関する計画及び維持管理に関する計画が
　　　当該産業廃棄物処理施設に係る周辺地域の生活環境の保全及び環境省令で定
　　　める周辺の施設について適正な配慮がなされたものであること。

　　三　申請者の能力がその産業廃棄物処理施設の設置に関する計画及び維持管理
　　　に関する計画に従って当該産業廃棄物処理施設の設置及び維持管理を的確に，
　　　かつ，継続して行うに足りるものとして環境省令で定める基準に適合するも
　　　のであること。

　　四　申請者が第14条第5項第2号イからへまでのいずれにも該当しないこと。

2　都道府県知事は，前条第1項の許可の申請に係る産業廃棄物処理施設の設置
によって，ごみ処理施設又は産業廃棄物処理施設の過度の集中により大気環境
基準の確保が困難となると認めるときは，同項の許可をしないことができる。

3　都道府県知事は，前条第1項の許可（同条第4項に規定する産業廃棄物処理
施設に係るものに限る。）をする場合においては，あらかじめ，第1項第2号
に掲げる事項について，生活環境の保全に関し環境省令で定める事項について

専門的知識を有する者の意見を聴かなければならない。

4　前条第１項の許可には，生活環境の保全上必要な条件を付することができる。

5　（略）

（許可の取消し）

第15条の３　都道府県知事は，次の各号のいずれかに該当するときは，当該産業廃棄物処理施設に係る第15条第１項の許可を取り消さなければならない。

一　産業廃棄物処理施設の設置者が第14条第５項第２号イからへまでのいずれかに該当するに至ったとき。

二　（略）

三　不正の手段により第15条第１項の許可又は第15条の２の６第１項の変更の許可を受けたとき。

2　（略）

○P県廃棄物の適正処理等に関する条例（抄）

（産業廃棄物を処理する施設の設置等に係る計画内容の周知）

第22条　法第15条第１項又は法第15条の２の４第１項の規定により許可を受けようとする者及び第21条第１項，第２項又は第３項の規定による届出をしなければならない者（以下「産業廃棄物処理施設設置者等」という。）は，当該許可又は届出に係る産業廃棄物を処理する施設の設置等に伴い生活環境に影響を及ぼすおそれのある地域（以下「関係地域」という。）に住所を有する者（以下「関係住民」という。）に対し，説明会の開催等により，当該産業廃棄物を処理する施設の設置等に係る計画内容の周知を図らなければならない。

2　産業廃棄物処理施設設置者等は，関係地域を管轄する市町村長（以下「関係市町村長」という。）から関係住民に対する説明会の開催を求められたときは，誠実に対応しなければならない。

（環境保全協定等の締結）

第23条　産業廃棄物処理施設設置者等は，関係市町村長から産業廃棄物の処理に係る生活環境の保全に関する協定等の締結を求められたときは，これに応じるよう努めなければならない。

（勧告）

第24条　知事は，産業廃棄物処理施設設置者等が前２条に規定する義務を履行していないと認めるときは，当該産業廃棄物処理施設設置者等に対し，当該義務を履行すべきことを勧告することができる。

基礎知識の確認

　取消訴訟の主要な訴訟要件のひとつが原告適格である。処分性が，取消訴訟の対象となる行政活動の性格と関係しており，基本的には「処分は誰に対しても処分」であるのに対して，「誰が」訴えることができるのかを画するのが原告適格である。もっとも，申請に対する拒否処分の相手方や，不利益処分の名宛人は，当然に原告適格があるので，具体的に問題となるのは，これら処分の名宛人以外の第三者が訴訟を提起しようとする場合である。

　この点について，行政事件訴訟法9条1項は「法律上の利益」を有する者に限り提起することができると規定している。最高裁判例の理解によれば，第三者が「法律上の利益」を有すると言えるためには，問題となっている利益が公益として保護されているのみならず，個々人の個別的利益としても保護されていることが必要である。このうち，公益として保護されているかどうかは，処分の根拠規定や根拠法令の目的，さらにはこれと目的を共通にする関係法令の規定を解釈して，当該利益が保護されているかを判定することになる。これに対して，個々人の利益としても個別的に保護されているかを解釈によって判定することは，困難を伴う。法令のしくみから個別保護が認められてきた例としては，許認可数の限定，特定施設からの距離制限規定，（比較的強力な）行政手続参加権がある。もっとも，こうした規定が置かれていることはそれほど多くはなく，こうした規定だけに頼っていると，第三者の原告適格が認められる事案は極めて限定的なものとなる。そこで最高裁は，新潟空港訴訟判決やもんじゅ訴訟判決で，被侵害利益の性質に着目する考え方を採用した。これは，生命・身体・安全・健康（・財産権）のような法益について，仮に行政法規が上記のような手がかりを置いていないとしても，こうした絶対的に保護すべき利益を行政法規が個別的に保護していないはずはないと考えて，個別保護性を肯定するものである。

　以上のプロセスは，問題となっている利益がその事案で原告適格を基礎付けるものであるかを判定するものである。これが肯定された場合には，さらに，原告として訴訟を提起している具体的な人に着目して，その人に原告適格が認められるかを判断する具体的な範囲の切り出しの作業がある。その際には，個別保護性を認めた理由に応じて，具体的な原告適格の有無が判断される。

Milestone

■1 原告適格の判断はどのようになされますか。

■2 この事案で原告にはどのような不利益が想定されますか。また，その利益は行政法規によって公益として保護されていますか。

■3 その利益は個々人の個別的利益としても保護されていますか。

■4 具体的な原告適格の範囲はどこまで認められますか。

考え方

■1　原告適格の判断枠組

最高裁は，判百Ⅱ156/Ⅱ13/CB12-4 もんじゅ訴訟判決（最三小判 1992（平成 4)・9・22 民集 46 巻 6 号 571 頁）で，原告適格の判断基準を次のように定式化した。

> 「法律上の利益を有する者」とは，当該処分により自己の権利若しくは法律上保護された利益を侵害され又は必然的に侵害されるおそれのある者をいうのであり，当該処分を定めた行政法規が，不特定多数者の具体的利益を専ら一般的公益の中に吸収解消させるにとどめず，それが帰属する個々人の個別的利益としてもこれを保護すべきものとする趣旨を含むと解される場合には，かかる利益も右にいう法律上保護された利益に当たり，当該処分によりこれを侵害され又は必然的に侵害されるおそれのある者は，当該処分の取消訴訟における原告適格を有するものというべきである。

また，2004 年の改正行政事件訴訟法では，9 条 2 項が追加され，第三者の原告適格判断に関して考慮すべき内容が明確化された。これは，新潟空港訴訟・もんじゅ訴訟における最高裁判決の重要部分を条文化したものであり，改正前の最高裁判決の到達点を踏まえ，第三者の原告適格を漸進的に拡大することが意図されている。

第三者の原告適格の判断にあたっては，上記の定式を判断基準とし，おおむね次の 3 つの要素が具体的に検討されることが必要である。

　第1は，紛争の対象となっている処分によって，何らかの不利益が生じていることである（不利益）。これは，取消訴訟が主観訴訟であることに伴う当然の前提である。

　第2は，その不利益が，行政法規によって公益として保護されていることである（保護範囲）。その出発点は，紛争の対象となっている処分の要件・効果規定である。もし，処分の要件・効果規定からこうしたことが解釈上読み取れない場合には，問題となっている処分の埋め込まれた法的しくみを構成する諸規定や，根拠規定が置かれた根拠法の目的規定，さらにはこれと目的を共通にする関係規定の中から，こうした利益を公益として保護しているかを判定することになる。

　第3は，その不利益が，個々人の個別的利益としても保護されていることである（個別保護）。最高裁がこの要素まで要求している理由は，第三者といえども処分の名宛人と同程度の不利益があること，国民一般が立ちうる地位とは区別できる地位にあることを求めているからであり，その背景には，取消訴訟は主観訴訟であるから，国民一般が立ちうる地位に基づいて訴訟を提起することはできないはずだとの考え方がある。個別保護を充足する方法には，法令のしくみから解釈上導ける場合と，処分による被侵害利益の性格から導ける場合の2つがある。

　なお，こうした分け方ではなく，行政事件訴訟法9条2項が定めている2つの考慮事項ごとに検討し，不利益が現実にあるかは後述の具体的範囲の切り出しと統合して判断する方法もある。

■2　不利益・保護範囲

　本件の紛争の中心となっているのは，焼却施設である。許可手続の前提として必要になる生活環境影響調査の項目は「大気汚染・騒音・振動・悪臭」となっており，焼却施設の特性上，こうした要素のほか，土壌汚染や水質汚濁による健康・生活環境被害も想定しうる。そこで，不利益として観念できるのは，大気汚染・水質汚濁・土壌汚染・騒音・振動・悪臭による健康・生活環境被害である。このように複数の不利益が問題となり，こうした利益を保護する趣旨の規定が別建てになっている場合には，利益の性質ごとに保護範囲・個別保護を検討した方がよい，ただし今回は，これらの不利益が共通の利益保護規定で保護されていると見るので，これらをまとめて検討する。

　次に，こうした利益が公益として保護されているかを考える。その出発点となるのは処分の根拠規定であり，この事例では産業廃棄物処理施設の許可取消しに関する廃掃法15条の3である。そこでは，産業廃棄物処理業者に関する欠格要件の規定と，産業廃棄物処理施設の許可を不正の手段で得たことが挙げられているため，許可に関する規定及びその要件を定めた同法15条の2も処分の要件規定として位置づけうる。この事案との関係では，同条1項2号の「その産業廃棄物処理施設の設置に関する計画及び維持管理に関する計画が当該産業廃棄物処理施設に係る周辺地域の生活環境の保全及び環境省令で定める周辺の施設について適正な配慮がなされたものであること」が重要である（生活環境配慮要件）。この生活環境の保全に関しては，許可の申請書に環境影響評価報告書を添付しなければならず，また利害関係者が生活環境の保全の見地から意見書を提出することができることとされている（同法15条3項・6項）。こうした規定から，大気汚染・水質汚濁・土壌汚染・騒音・振動・悪臭による健康・生活環境被害を受けないという利益は公益として保護されていると考えられる。

■3　個別保護

　行政法規によって公益として保護されている利益が，個々人の個別的利益としても保護されると言うためには，法令のしくみに注目する方法と，利益の性質に注目する方法とがある。この事例では，産業廃棄物処理施設の設置許可の前に，公告縦覧・意見書提出の手続があり，これを行政手続参加権とみて原告適格肯定の手がかりとすることが考えられる。しかし，意見書提出ができる利害関係者は幅広く予定されていることと，意見書提出という参加権がそれほど強いものではないことから，法令のしくみを手がかりに個別保護性を充足すると考えるのは難しい。

　この事例では，施設に接近すればするほど被害が著しくなり，その被害を直接的に受けると不可逆的なものとなる可能性がある。こうした被害（被侵害利益）の性質に着目すれば，こうした利益は公益としてのみならず，個々人の個別的利益としても保護されていると考えられる。

■4　具体的な範囲の切り出し

　具体的な範囲の切り出しの際は，どのような手がかりで個別保護性を認め

たかが重要である。法令のしくみによって個別保護性を認めた場合には，許認可数の限定であれば許認可の既得者，特定施設からの距離制限であれば特定施設の運営者，行政手続参加権であれば参加権者に原告適格が認められる。

　これに対して，利益の性質から認めた場合には，距離関係を中心に社会通念に照らして判断されることが多い（水質汚濁が問題となる場合には，単に距離だけではなく，土地の高低（施設の下流域のみ）が問題となる）。このとき，環境アセスメント（環境影響評価法の環境影響評価や，廃掃法の生活環境影響調査）が実施されている場合には，その調査対象地域が具体的な範囲の切り出しに使われる。生活環境影響調査は事業者によって実施され，その対象地域は通達である廃棄物処理施設生活環境影響調査指針が定めている。この事例では，指針よりも広い範囲を事業者側が調査対象地域としていた。これは，その範囲について生活環境影響が生じうると事業者が考えていることを意味しており，この範囲内に居住する者については原告適格を認めてよいと考えられる。

　この事案でXらは，対象地域の外側にある 2.1 km のところに居住しており，著しい被害を受ける可能性があると言えず，原告適格は認められない。

ステップアップ

　この事例ではさらに，P県廃棄物の適正処理等に関する条例（行政契約との関係につき，I 論点別演習［行政過程論］⓬）があり，目的を共通にする関係法令とみて，保護範囲・個別保護の手がかりに加える余地がある。しかし，条例の具体的な定めは周知を求めることにとどまっており，行政手続参加権としては意見書提出よりも弱い。このため，利益の性格とは別に法令のしくみから個別保護性を充足すると考えるのは難しいだろう。

4 ── 訴えの利益

　Y県の中心市街地の周縁部にあるP地域は，幹線道路が狭く，狭隘な住宅地が広がっていた。そこで施行区域内にあるP地域の土地所有者等はP土地区画整理組合を設立して土地区画整理事業を実施することとし，Y県知事はこれに認可を与えた。これに対して，区画整理の施行地区に隣接する土地を所有し，そこに居住しているXは，本件土地区画整理事業によって幹線道路が拡幅されると，騒音や振動がこれまでよりもひどくなり，健康に悪影響が出ることを恐れている。

　Xが土地区画整理組合認可の取消訴訟を提起しようとする場合，問題となりうる訴訟要件について，その充足可能性を論じて下さい。

【資料≫参照条文】

○土地区画整理法（抄）

（この法律の目的）

第1条　この法律は，土地区画整理事業に関し，その施行者，施行方法，費用の負担等必要な事項を規定することにより，健全な市街地の造成を図り，もって公共の福祉の増進に資することを目的とする。

（定義）

第2条　この法律において「土地区画整理事業」とは，都市計画区域内の土地について，公共施設の整備改善及び宅地の利用の増進を図るため，この法律で定めるところに従って行われる土地の区画形質の変更及び公共施設の新設又は変更に関する事業をいう。

2〜3　（略）

4　この法律において「施行地区」とは，土地区画整理事業を施行する土地の区域をいう。

5〜7　（略）

8　この法律において「施行区域」とは，都市計画法（昭和43年法律第100号）第12条第2項の規定により土地区画整理事業について都市計画に定められた施行区域をいう。

（土地区画整理事業の施行）

第3条　（略）

2　宅地について所有権又は借地権を有する者が設立する土地区画整理組合は，当該権利の目的である宅地を含む一定の区域の土地について土地区画整理事業を施行することができる。

3〜5　（略）

（都市計画事業として施行する土地区画整理事業）

第3条の4　施行区域の土地についての土地区画整理事業は，都市計画事業として施行する。

（設立の認可）

第14条　第3条第2項に規定する土地区画整理組合（以下「組合」という。）を設立しようとする者は，7人以上共同して，定款及び事業計画を定め，その組合の設立について都道府県知事の認可を受けなければならない。この場合において，組合を設立しようとする者がその申請をしようとするときは，国土交通省令で定めるところにより，施行地区となるべき区域を管轄する市町村長を経由して行わなければならない。

2〜4　（略）

（組合員）

第25条　組合が施行する土地区画整理事業に係る施行地区内の宅地について所有権又は借地権を有する者は，すべてその組合の組合員とする。

2　（略）

（総会の組織）

第30条　組合の総会は，総組合員で組織する。

（総会の議決事項）

第31条　次に掲げる事項は，総会の議決を経なければならない。

　一　定款の変更

　二　事業計画の決定

　三〜七　（略）

　八　換地計画

　九　仮換地の指定

　十　保留地の処分方法

　十一〜十二　（略）

（経費の賦課徴収）

第40条 組合は，その事業に要する経費に充てるため，賦課金として参加組合員以外の組合員に対して金銭を賦課徴収することができる。

2〜4 （略）

（解散）

第45条 組合は，左の各号に掲げる事由に因り解散する。

一〜三 （略）

四 事業の完成又はその完成の不能

五〜六 （略）

2 組合は，前項第2号から第4号までの一に掲げる事由により解散しようとする場合においては，その解散について都道府県知事の認可を受けなければならない。この場合において，組合がその申請をしようとするときは，国土交通省令で定めるところにより，施行地区を管轄する市町村長を経由して行わなければならない。

○都市計画法（抄）

（目的）

第1条 この法律は，都市計画の内容及びその決定手続，都市計画制限，都市計画事業その他都市計画に関し必要な事項を定めることにより，都市の健全な発展と秩序ある整備を図り，もって国土の均衡ある発展と公共の福祉の増進に寄与することを目的とする。

（都市計画の基本理念）

第2条 都市計画は，農林漁業との健全な調和を図りつつ，健康で文化的な都市生活及び機能的な都市活動を確保すべきこと並びにこのためには適正な制限のもとに土地の合理的な利用が図られるべきことを基本理念として定めるものとする。

（市街地開発事業）

第12条 都市計画区域については，都市計画に，次に掲げる事業を定めることができる。

一 土地区画整理法（昭和29年法律第119号）による土地区画整理事業

二〜七 （略）

（都市計画基準）

第13条 都市計画区域について定められる都市計画（区域外都市施設に関するものを含む。次項において同じ。）は，国土形成計画，首都圏整備計画，近畿圏整備計画，中部圏開発整備計画，北海道総合開発計画，沖縄振興計画その他の国土計画又は地方計画に関する法律に基づく計画（当該都市について公害防

止計画が定められているときは，当該公害防止計画を含む。第3項において同じ。）及び道路，河川，鉄道，港湾，空港等の施設に関する国の計画に適合するとともに，当該都市の特質を考慮して，次に掲げるところに従って，土地利用，都市施設の整備及び市街地開発事業に関する事項で当該都市の健全な発展と秩序ある整備を図るため必要なものを，一体的かつ総合的に定めなければならない。この場合においては，当該都市における自然的環境の整備又は保全に配慮しなければならない。

一～十二　（略）

十三　市街地開発事業は，市街化区域又は区域区分が定められていない都市計画区域内において，一体的に開発し，又は整備する必要がある土地の区域について定めること。

十四～二十　（略）

2～6　（略）

基礎知識の確認

　民事訴訟において「訴えの利益」は，本案判決を下すことで争いが解決されるかを検討する場であり，訴えの利益がなければ，訴えは却下される。取消訴訟においても，この意味で訴えの利益の語が使われることがある（広義の訴えの利益）。この中にはすでに取り上げた処分性・原告適格が含まれており，この2つが充足されれば，取消訴訟の訴訟要件が満たされる可能性が高い。しかし，訴訟の対象となっている処分がすでに失効した，あるいは行政機関によって処分が事後的に取り消されたような場合には，もはや取消判決を下しても紛争を解決する意味を持たない。このような，広義の訴えの利益の中から処分性・原告適格を差し引いたものを狭義の訴えの利益と呼び，主として処分の法的効果の時的限界の問題や，処分の効果が失われてもなお残存する回復の利益の問題が扱われる。ここでは，処分性・原告適格の復習も兼ねて，広義の訴えの利益を含む事例を設定している。

　この事例で取り上げている土地区画整理事業は，都市計画の中でも，道路・公園等の施設と宅地を同時に（面的に）整備する市街地開発事業に含まれるものである。狭隘な道路や整理されていない宅地がある地区を対象に，区画を整形し，道路や公園等の公共施設を整備し，事業のための費用を捻出するための保留地を確保し，保留地を売却したり道路・公園の用地取得費相当の公費を得たりする手法である。各所有者の土地の面積は，事業の前後で減少するものの，公共施設が整備されることによって地価が上がることから，損失は生じないものと考えられており，原則として補償は予定されていない。土地区画整理事業の実施主体として代表的なものは，対象となる地区の土地所有者等が強制加入する土地区画整理組合と，市町村である。いずれの場合も，事業実施の大枠を確定させる段階（土地区画整理組合の設立，土地区画整理事業計画）と，個々の所有権を変動・確定させる段階（仮換地指定，換地処分）の2つの段階に分かれており，その間に実際の工事が行われる。

Milestone

■1　取消訴訟における「訴えの利益」にはどのような意味がありますか。

■2　組合認可に処分性は認められますか。

■3　組合員以外の第三者が組合認可の取消訴訟を提起することはできますか。

■4　工事の完了によって組合認可の取消訴訟の狭義の訴えの利益はなくなりますか。

考え方

■1　訴えの利益の概念

　取消訴訟の訴訟要件のうち主要な3つは，処分性・原告適格・（狭義の）訴えの利益である。これらは広い意味での「訴えの利益」を構成するものであり，いずれも判決を下すことで紛争を解決できるかを問題としている。そして，紛争の対象として処分性がある行政活動の違法性が問題とされ，それによって自己の権利・利益が侵害されている者が訴訟を提起している場合には，訴訟要件は通常は充足される。しかし，紛争の対象となっている処分の法的効果が何らかの理由で消滅していたり，法的効果がなくなってもなお回復すべき利益もなくなったりしている場合には，もはや取消判決を下す意味がないことから，訴えが却下される。このように，処分性・原告適格によって定型的に判断された訴えの利益の存在を否定する方向で働くのが，狭義の訴えの利益である。

■2　処分性

　処分性の定式は，「公権力の主体たる国または公共団体が行う行為のうち，その行為によって，直接国民の権利義務を形成しまたはその範囲を確定することが法律上認められているもの」である。

　この事例で問題となっている土地区画整理組合の認可は，すでに最高裁により，その処分性が肯定されている（判Ⅱ33 最三小判 1985（昭和 60）・12・17 民集 39 巻 8 号 1821 頁）。その理由は，強制加入の団体である土地区画整理組合を設立し，これに土地区画整理事業を施行する権限を付与する効力を有するからとされる。この時点においては，市町村等が施行する場合の土地区画整理事業計画の処分性を最高裁が否定していたため，法的効果の力点は事業計画の確定ではなく，土地区画整理事業の施行権の付与にある。そして，施行権

の付与に着目すれば，行政機関相互間の問題ではなくなり（外部性），施行権に関しては後続の処分等もないことから（成熟性），処分性を肯定することは容易である。

■3　原告適格

　原告適格の定式は，「行政事件訴訟法9条1項にいう『法律上の利益を有する者』とは，当該処分により自己の権利若しくは法律上保護された利益を侵害され，又は必然的に侵害されるおそれのある者をいうのであり，当該処分を定めた行政法規が，不特定多数者の具体的利益を専ら一般的公益の中に吸収解消させるにとどめず，それが帰属する個々人の個別的利益としてもこれを保護すべきものとする趣旨を含むと解される場合には，このような利益もここにいう法律上保護された利益に当たり，当該処分によりこれを侵害され又は必然的に侵害されるおそれのある者は，当該処分の取消訴訟における原告適格を有するものというべきである」である。前述の最高裁判決は，施行地区内の所有権者が訴訟を提起しており，いわば名宛人が問題となっているから，第三者の原告適格に関する判断は示されていない。

　この事案では，施行地区の外に居住する住民から訴訟が提起されており，事業によって道路が拡幅されることで騒音・振動による健康被害が増大するおそれがある。

　こうした利益を公益として保護している規定は，認可に関する要件規定や土地区画整理法には特には見当たらない。しかし，問題文によると，この地域は施行区域に含まれており，都市計画法の規定に基づいて土地区画整理事業の都市計画決定がなされている。そこで，問題となっている認可に基づく事業は，都市計画事業としての性格を持つことから，都市計画法を関係法令として参照することができる。

　都市計画法13条は，都市計画決定の際の基準を挙げており，その中に公害防止計画との適合性の確保が含まれている。公害防止計画の策定は，環境基本法17条に基づくものであり，こうした規定から考えて，都市計画決定の際には環境影響を小さくし，健康で文化的な都市生活を実現できるようにすることが求められていると考えられる。そこで，都市計画決定を前提とする組合設立認可についても，こうした環境利益を公益として保護していると考えることができる。

騒音・振動被害は施行地区（とりわけ拡幅される道路）に接近すればするほど大きくなり，また蓄積されると健康に対して不可逆的な悪影響を及ぼすおそれもあることから，こうした利益は公益としてのみならず，個々人の個別的利益としても保護されていると考えられる。

■4 狭義の訴えの利益

土地区画整理事業が完了した場合に，認可取消訴訟の狭義の訴えの利益は消滅すると言えるだろうか。類似の事案である土地改良事業に関する施行認可について最高裁 判百Ⅱ178/Ⅱ51/判19-2/CB13-6 最二小判1992（平成4）・1・24民集46巻1号54頁）は，土地改良事業施行認可が土地改良事業施行権を付与するもので，換地処分等の一連の手続の前提となっているものであるからという理由で，工事完了後の訴えの利益が失われないとした。

他方で，この事案の土地区画整理組合は，土地区画整理法45条1項4号の規定により，事業の完成後に解散することとされており，解散後に認可取消判決を出すことにどのような意味があるのかを明確にする必要があるように思われる。

そこで，土地改良事業に関する最高裁判決は，町営の事業であって，土地改良区が設立されていたわけではないこと，また仮に土地改良区が設立された場合でも，土地改良区には灌漑施設の管理の業務があることから，土地改良事業終了後も解散しないことが通例であることからすると，土地区画整理組合の事案にまで判決の射程を及ぼすことはできず，土地区画整理組合が解散した後は狭義の訴えの利益が消滅すると考えることもできる。他方で，土地改良事業に関する最高裁判決が法的効果として挙げている事業施行権の付与という性格は土地区画整理組合にもあてはまること，同判決が取消判決の効果として原状回復に言及していることを重視すると，土地区画整理組合の事案にも判決の射程が及び，解散後も原状回復義務が残っていると考えて，狭義の訴えの利益が失われないと考える可能性もある。

ステップアップ

この事案の原告適格の判断の際には，土地区画整理事業が都市計画事業として行われていることが重視され，判百Ⅱ159/Ⅱ38/判18-1/CB12-9 小田急

事件最高裁判決（最大判 2005（平成 17)・12・7 民集 59 巻 10 号 2645 頁）と同じ論理で原告適格が肯定された。このこととの関係で注意が必要なのが，「施行地区」と「施行区域」の区別である。参照条文にもあるように，これらは土地区画整理法 2 条の定義規定の中で定義されており，「施行区域」は都市計画法に基づく土地区画整理事業について都市計画に定められた区域のこと，「施行地区」とは土地区画整理事業を施行する土地の区域のことである。土地区画整理事業は，必ずしも都市計画決定を経由して（都市計画事業として）実施される必要はないものの，多くの事例では（補助金等の便宜を考慮して）都市計画決定がなされている。この事案で「施行区域内にある P 地域」という問題文は，すでに都市計画決定がされていることを示しており，都市計画法を関係法令に取り込んで原告適格を考えることができることは，ここから判明する。

5 — 自己の利益と関係ない違法主張制限

事 例

　株式会社 P が Y 県 A 町に産業廃棄物処理施設の建設を計画し，P は Y 県知事から施設設置の許可を得た。これに対して処理施設の近隣に居住する住民 X らは，株式会社 P が赤字経営を続け，5 億円以上の債務を抱えていることから，経理的基礎を欠く（廃掃法 15 条の 2 第 1 項 3 号）と主張している。

　取消訴訟の中でこのような主張をすることは許容されますか。

【資料≫参照条文】

○廃棄物の処理及び清掃に関する法律（抄）

（目的）

第 1 条　この法律は，廃棄物の排出を抑制し，及び廃棄物の適正な分別，保管，収集，運搬，再生，処分等の処理をし，並びに生活環境を清潔にすることにより，生活環境の保全及び公衆衛生の向上を図ることを目的とする。

（産業廃棄物処理施設）

第 15 条　産業廃棄物処理施設（廃プラスチック類処理施設，産業廃棄物の最終処分場その他の産業廃棄物の処理施設で政令で定めるものをいう。以下同じ。）を設置しようとする者は，当該産業廃棄物処理施設を設置しようとする地を管轄する都道府県知事の許可を受けなければならない。

2～6　（略）

（許可の基準等）

第 15 条の 2　都道府県知事は，前条第 1 項の許可の申請が次の各号のいずれにも適合していると認めるときでなければ，同項の許可をしてはならない。

　一　その産業廃棄物処理施設の設置に関する計画が環境省令で定める技術上の基準に適合していること。

　二　その産業廃棄物処理施設の設置に関する計画及び維持管理に関する計画が当該産業廃棄物処理施設に係る周辺地域の生活環境の保全及び環境省令で定める周辺の施設について適正な配慮がなされたものであること。

三 申請者の能力がその産業廃棄物処理施設の設置に関する計画及び維持管理に関する計画に従って当該産業廃棄物処理施設の設置及び維持管理を的確に，かつ，継続して行うに足りるものとして環境省令で定める基準に適合するものであること。

2〜5 （略）

○廃棄物の処理及び清掃に関する法律施行規則（抄）

（産業廃棄物処理施設を設置しようとする者の能力の基準）

第12条の2の3 法第15条の2第1項第3号（……）の環境省令で定める基準は，次のとおりとする。

一 産業廃棄物処理施設の設置及び維持管理を的確に行うに足りる知識及び技能を有すること。

二 産業廃棄物処理施設の設置及び維持管理を的確に，かつ，継続して行うに足りる経理的基礎を有すること。

基礎知識の確認

　取消訴訟の訴訟物は，処分の違法性一般とされる。取消訴訟においては，処分の適法性（違法性）を基礎付けるあらゆる事実が審査の対象となる。しかし，いくつかの違法主張制限が設定されている。原告側の違法主張制限として，行政事件訴訟法10条1項は，「自己の法律上の利益に関係ない違法を理由として取消しを求めることができない」と規定している。原告側の違法主張制限のその他の内容として違法性の承継があり，被告行政側の違法主張制限として理由の差替えがある。

　行政事件訴訟法10条1項の規定の意味をめぐっては，取消訴訟が主観訴訟として位置づけられていることに伴う当然の主張制限を確認したにとどまり，処分の名宛人が取消訴訟を提起している場合には，明らかに原告以外の第三者の利益を保護する趣旨の規定を除くあらゆる違法事由の主張ができるとする理解が一般的である。これに対して，第三者が取消訴訟を提起している場合には，原告適格を基礎付ける際に用いられた法律上の利益に関してしか違法主張ができないとする見方と，処分の名宛人と同様に第三者の利益を明らかに保護している規定以外のあらゆる違法主張ができるとする見方があり，中間的な見解として原告の不利益が公益として保護されている場合には原則として違法主張できるとする立場がある。

　処分の名宛人以外の第三者が行政事件訴訟法9条1項の規定する原告適格を有するには，一定の条件（公益としてのみならず個々人の個別的利益が充足されなければならない）を充足しなければならない。さらに，自己の利益と関係ない違法主張制限を厳しく解するとすれば，原告適格がようやく充足されたとしても，本案主張すべき違法事由がなく，訴え却下が請求棄却になるだけである。かつては，こうした事情も，原告適格を拡張することに対する消極的な見解の根拠のひとつとされていた。現在の判例実務は，新潟空港訴訟・もんじゅ訴訟が示した水準を前提に，第三者の原告適格が認められる水準をある程度平準化させつつあるものの，自己の利益と関係ない違法主張制限については，これを直接の争点とする最高裁判決がないこともあり，学説・実務ともに見解が分かれ，確たる正解があるわけではない。そうした事情がかえって，論理的な思考力を確認するためにこの論点を事例問題で問う理由にもなっているように思われる。

Milestone

■1　自己の利益と関係ない違法主張制限はどのような場合に意味を持ちますか。

■2　最も厳格な立場は，主張制限をどのようなものと理解していますか。

■3　最も緩やかな立場は，主張制限をどのようなものと理解していますか。

■4　中間的な立場は，主張制限をどのようなものと理解していますか。

考え方

■1　自己の利益と関係ない違法主張制限

　自己の利益と関係ない違法主張制限として，争いなく認められる制限の事例は，原告以外の第三者の利益を保護していることが明らかな規定に違反していることの主張である。例えば，差押処分の取消訴訟を提起した原告が，第三者の物件の差押えを行ったことが違法であると主張することは，自己の利益と関係ない違法主張として排斥される。

　これに対して，争いがあるのは，第三者が取消訴訟の原告適格を有する場合の主張制限である。最も厳格な立場は，取消訴訟の原告適格に関する9条1項の「法律上の利益」と主張制限に関する10条1項の「法律上の利益」が共通の文言であることに着目し，両者は同じものであると理解する。そうすると，原告適格を基礎付けるときに用いられた利益である，公益としてのみならず個々人の個別的利益としても保護されている利益に関するもののみ，原告は主張できると理解することになる。他方で，これと異なる立場は，9条1項が訴訟要件の規定で，10条1項は本案に関する規定であるから，両者が指すものと一致させる必要はないと解する。そうすると，第三者に原告適格が認められるとしても，その際の原告適格の基礎付けに用いられた利益に関する主張のみに限定される必要はないと考えることになる。

■2　原告適格判断（個別保護性）と一致させる考え方

　取消訴訟の原告適格に関する法律上の利益と，主張制限の範囲を一致させる考え方に立つと，この事案で主張できる違法の内容は，原告適格を肯定す

る際に用いられた生活環境利益（廃掃法15条の2第1項2号）に関するもの，具体的には処理施設から生じる大気汚染・水質汚濁・土壌汚染・騒音・振動等に起因する生命・安全・健康被害に関するものに限定されることになる。そうすると，この事案で原告が主張しようとしている経理的基礎は，こうした利益とは関係がないことになるため，自己の利益と関係ない違法主張として扱われ，主張自体が排斥されることになる。

■3　名宛人と第三者を区別しない考え方

　取消訴訟の原告適格と主張制限を切り離す見解のうち，最も制限を緩やかに解する見方は，処分の名宛人と第三者の場合を区別せず，明らかに第三者の利益を保護しているとみられる場合を除いて，全ての違法事由が主張できると考えている。その理由は，取消訴訟の構造は処分に関する違法性一般の有無を争点とするものであって，仮に処分が違法でないとすれば，原告は処分によって生じる不利益を甘受しなければならなくなる点は名宛人も第三者も変わらないことに求められる。

　この事例について言えば，第三者を保護することが明らかな規定はないので，廃掃法に規定されている廃棄物処理施設の要件については，あらゆる違法を主張できることになり，この事案で原告が主張しようとしている経理的基礎についても主張可能と考えられる。さらに，この事例の参照条文には挙げられていないものの，暴力団員であったことや過去に環境関係の法令で違反の前歴がある等の欠格要件該当性についても，原告は主張できる。

■4　中間的な考え方

　この2つの考え方の間に，中間的な見解がいくつか存在する。ここでは，違法主張制限の幅が緩い順に3つ紹介する。

　第1は，原告適格を判断する際に不利益・保護範囲までが認定された利益（個別保護性を求めない）についての主張を許容する見解である。これは，訴訟要件に関する9条1項と，本案に関する10条1項を区別しつつ，10条1項にいう「自己の」法律上の利益との関係について，自らに処分に起因する不利益が生じており，かつその利益が公益として保護されている＝行政機関にその利益の保護が法律上義務付けられている内容について，違法主張を肯定する。この立場では，廃掃法15条の2第1項に規定されている3つの要

素（技術的基礎，生活環境配慮，経理的基礎）については違法主張が可能と考えられ，他方で保護範囲の議論でも登場しない欠格要件（特に暴力団員との関係）については，違法主張ができないと思われる。

第2は，原則として第1の考え方に依りつつ，要件構造上，第三者である原告の利益に関する内容だけが切り出され，その要件が充足されなければ第三者が不利益を受けるおそれが否定される場合には，第三者である原告にそれ以外の違法主張制限を認めない見解である。例えば，原子炉等規制法では，発電用原子炉の設置許可の要件の中に，「災害の防止上支障がない」（原子炉等規制法43条の3の6第1項4号）が規定されており，これ以外の要件（例えば「平和の目的以外に利用されるおそれがない」（同項1号））により生じる不利益は，4号が規定している要件の充足・不充足の問題に吸収されるので，原告はこれ以外の違法主張が制限されるとされる。この事例では，生活環境配慮要件をこれと同様の要件と考えれば，それ以外の違法主張が制限される。

第3は，9条1項と10条1項の「法律上の利益」を同一のものと捉えつつ，原告適格を漸進的に拡大しようとする9条2項の趣旨を10条1項にもあてはめ，主張制限の範囲を緩やかに拡大させる立場である。この事例では，経理的基礎についての違法主張は，そのことだけでは許容されないものの，周辺住民が生命・安全・健康面で重大な被害を受けるおそれがある災害が想定される程度に至るような経理的基礎を欠く場合には，違法主張が可能と考えられる（千葉地判平成19・8・21）。

ステップアップ

最高裁が行政事件訴訟法10条1項を根拠に原告の主張を排斥したのは 判Ⅱ40/CB12-2 新潟空港訴訟（最二小判1989(平成元)・2・17民集43巻2号56頁）の際であり，そこでは，①供用開始日以前からの着陸帯・滑走路の供用，②非計器用の着陸帯の計器用への供用，③免許を受けた便の利用客の大部分が遊興目的でありかつ輸送力が著しく供給過剰となる，の3つの違法主張について，いずれも自己の法律上の利益に関係のない違法をいうものであることは明らかとしている。これらの主張は，原告適格における個別保護性を満たす利益に関する主張でないことはもとより，原告以外の第三者を保護しているとも読める内容であり，最高裁が一定の判断を示したとは言いがたい。

6 ── 違法性の承継

　特定行政庁である Y 市長は，建築基準法 46 条に基づき，Y 市の著名な観光地である A 地区のメインストリートに接する道路に対して，「道路の境界線から水平距離 2 m 後退した位置において地盤面から 5 m の部分に壁面線を指定する」壁面線の指定を行い，Y 市の市報に掲載した。当該道路に接する土地を所有し，商店を営む X は，壁面線の指定に気づかず，指定から 8 ヶ月後に店舗を改築するため建築確認を申請したところ，壁面線を越えた建築計画は認められないとして拒否処分を受けた。

　X が店舗の改築を実現するためには，どのような訴訟を提起することが考えられますか。

【資料≫参照条文】

○建築基準法（抄）

（目的）

第 1 条　この法律は，建築物の敷地，構造，設備及び用途に関する最低の基準を定めて，国民の生命，健康及び財産の保護を図り，もって公共の福祉の増進に資することを目的とする。

（敷地等と道路との関係）

第 43 条　建築物の敷地は，道路（……）に 2 メートル以上接しなければならない。

　　一～二　（略）

2～3　（略）

（道路内の建築制限）

第 44 条　建築物又は敷地を造成するための擁壁は，道路内に，又は道路に突き出して建築し，又は築造してはならない。ただし，次の各号のいずれかに該当する建築物については，この限りでない。

　一～四　（略）

2　（略）

（私道の変更又は廃止の制限）

第45条　私道の変更又は廃止によって，その道路に接する敷地が第43条第1項
　　の規定又は同条第3項の規定に基づく条例の規定に抵触することとなる場合に
　　おいては，特定行政庁は，その私道の変更又は廃止を禁止し，又は制限するこ
　　とができる。

2　（略）

（壁面線の指定）

第46条　特定行政庁は，街区内における建築物の位置を整えその環境の向上を
　　図るために必要があると認める場合においては，建築審査会の同意を得て，壁
　　面線を指定することができる。この場合においては，あらかじめ，その指定に
　　利害関係を有する者の出頭を求めて公開による意見の聴取を行わなければなら
　　ない。

2　前項の規定による意見の聴取を行う場合においては，同項の規定による指定
　　の計画並びに意見の聴取の期日及び場所を期日の3日前までに公告しなければ
　　ならない。

3　特定行政庁は，第1項の規定による指定をした場合においては，遅滞なく，
　　その旨を公告しなければならない。

（壁面線による建築制限）

第47条　建築物の壁若しくはこれに代る柱又は高さ2メートルをこえる門若し
　　くはへいは，壁面線を越えて建築してはならない。ただし，地盤面下の部分又
　　は特定行政庁が建築審査会の同意を得て許可した歩廊の柱その他これに類する
　　ものについては，この限りでない。

基礎知識の確認

　自己の利益と関係ない違法主張制限と並ぶ原告側の主張制限として，違法性の承継がある。違法性の承継が問題になるのは，処分性がある行為が行政過程において複数存在する場合に限られる。処分性の定義要素の中に成熟性が含まれていることから分かるように，処分とされる行政活動には，それを対象として訴訟手続を進めることが紛争の解決にとって適切なタイミングであるという判断が内包されている。そして，処分の取消訴訟において原告側は，処分に至るその適法性を支えるあらゆる国家活動（法律・行政基準・行政計画・行政指導等）についてその違法性を主張しうる。

　これに対して，行政過程において複数の処分性がある行為が存在する場合（全体として見ればレアケースである）には，当該処分の違法性はその処分の取消訴訟において主張しなければならない。これは，行政行為（処分）の違法性を主張してその効力を奪う訴訟方法が取消訴訟に限定されていること，処分ごとに出訴期間制限がかかっていることを前提とすれば，処分の違法性はそれぞれの取消訴訟において判断され，その効力の存続が裁判所によって決定される構造が予定されているからである。

　この考え方の例外にあたるのが，違法性の承継である。仮に違法性の承継が認められれば，後続の処分の取消訴訟の中で，先行する処分の違法性も主張できることになる。そして，そのことに訴訟戦略上の意味があるのは，先行の処分の取消訴訟の出訴期間制限が経過した場合である（出訴期間制限前であれば，先行する処分の取消訴訟と後続の処分の取消訴訟を併せて提起するか，先行処分の取消訴訟のみを提起すればよい）。違法性の承継が認められなければ，先行する処分の取消訴訟は使えないため，無効等確認訴訟を利用せざるを得なくなる。そうすると，違法性の主張にあたって，通常の取消しうべき瑕疵でなく，無効の瑕疵（判例・通説の理解では重大明白な瑕疵）を主張立証する必要があり，原告が勝訴する可能性はかなり低くなる。違法性の承継が認められれば，後続の取消訴訟の中で先行する処分の取消しうべき瑕疵を主張すればよく，勝訴判決のハードルは下がることになる。

　違法性の承継が認められるためには，先行する処分と後続する処分が一体となって同一の地位を設定する要素を伴うことと，先行する処分を争う手続的保障が十分ではないことが必要とされている。

Milestone

■1　壁面線の指定はどのような内容の規制ですか。

■2　壁面線の指定に処分性は認められますか。

■3　違法性の承継はどのような場合に認められますか。

■4　壁面線の指定と建築確認との間に違法性の承継は認められますか。

考え方

■1　壁面線の指定による規制

　建築基準法は，建物の建築に関する規制を予定しており，それらは建築物そのものの安全性に関する規定（単体規定）と，まちづくりの観点から必要な建築物に関する規定（集団規定）とに分けられる。道路に関する規制は集団規定の一種で，建築物は一定の幅以上の道路に一定程度接していなければならず（接道義務），道路敷地内での建築が禁止されている（建築基準法43条〜45条）。このうち，道路敷地内の建築の禁止を道路外にも及ぼす方法が，壁面線の指定である。

　壁面線の指定は，道路の範囲を道路外にまで拡張し，壁面線を越えて建築物の壁を設置することができなくなる（同法47条）。そうすると，建築物が道路との境界線ではなく，壁面線で並ぶことになり，セットバックによって人々が通行できる部分が広がることになる。このことによって，商店街等のにぎわいを確保したり，美観を整えたりすることができることから，まちづくりのツールのひとつとなっている。

■2　壁面線の指定の処分性

　壁面線の指定は，道路に関する指定と法的性質が類似しており，その処分性についてもこれと同様に考えることができると思われる。判百Ⅱ149/Ⅰ164/CB11-9 二項道路指定最高裁判決（最一小判2002(平成14)・1・17民集56巻1号1頁）は，法規命令や都市計画決定のようにも見える二項道路の一括指定について，指定の告示によって個々の道が二項道路とされ，道路内の建築制限や私道の変更・廃止制限などの具体的な私権制限が及ぶことに着目して，

処分と判断している。

　壁面線の指定については，最高裁は処分性の有無を明示していないものの，処分性が認められることを前提に不服申立期間に関する教示の必要性を判断している（判百II136/II120 最一小判 1986（昭和 61）・6・19 判時 1206 号 21 頁）。最高裁は，壁面線の指定が，特定の街区を対象として行う「対物的な処分」とし，特定の名宛人がいないことから，教示に関する不服申立期間の進行を停止する扱い（行政不服審査法 82 条 1 項［当時は 57 条 1 項］）をとらないものと理解している。

■3　違法性の承継

　壁面線の指定が処分であるとすると，この事件では壁面線の指定と建築確認（拒否処分）の 2 つの処分が連続して存在する。そこで，違法性の承継を論じる前提条件は整っている。

　建築確認申請に対して拒否処分がなされた理由が壁面線の指定にあり，また壁面線の指定が処分であるとすると，原則としては壁面線の指定に対する取消訴訟を提起してその違法性を主張しなければならない。ただし，この事案では指定からすでに 8 ヶ月が経過しているので，取消訴訟の提起ができず，処分の無効等確認訴訟を提起するとすれば，壁面線の指定が無効であることを主張・立証しなければならなくなる。ここで，壁面線の指定と建築確認の間に違法性の承継が認められれば，建築確認拒否処分取消訴訟の中で，壁面線の指定の違法を主張できる。

　違法性の承継が認められる具体的な判断基準として，判II76/判9-1/CB2-8 たぬきの森事件最高裁判決（最一小判 2009（平成 21）・12・17 民集 63 巻 10 号 2361 頁）は，①先行処分と後続処分とが同一の目的を達成するために行われ，両者が結合して初めてその効果を発揮すること，②先行処分を争う手続的な保障が十分でないこと，を挙げている。①は，2 つの処分が実体法的に見て密接な関係にあることを求めるもので，学説や裁判例が伝統的に着目してきた要素である。これに対して②は，同事件判決で最高裁が明示した要素で，先行処分取消訴訟を提起できなかったことがやむを得ないという事情を要求するものと考えられる。そして，違法性の承継は，行政過程を形成する法的なしくみの特色から考えて，複数の処分を訴訟上一体的に捉えることができることを判断基準としていると考えられるため，②で原告の個人的な事

情（例えば法令上は告示の手続がなかったものの，たまたま知っていた等の事情）は考慮する必要がないと思われる。

■4 壁面線の指定と建築確認との関係

本件の壁面線の指定と建築確認との関係にあてはめて考えてみると，①の実体法的な結びつきについては，壁面線の指定と建築確認により，新築・改築のタイミングで壁面線の指定が予定するセットバックを段階的に実現し，一定のまちなみの形成を図ることを目的とするものと考えることができる。

これに対して②の手続法的な観点については，先行処分を知ることができたかという点に着目すると，壁面線の指定の際には利害関係者の意見聴取手続や，指定時の公告（建築基準法 46 条）が規定されていることからすると，土地所有者が気づかないうちに壁面線の指定がなされることは考えにくい。他方で，不利益が現実化するタイミングに着目すると，壁面線の指定がなされても，既存不適格が建築基準法の基本ルールとして存在するため，建築確認が必要となる改築行為があるまでは適法な建築物として存続することができることから，壁面線の指定による不利益が現実のものとなるのは建築確認の段階であって，この時点まで訴訟を提起しないことにはそれほど不合理はないとも言いうる。

ステップアップ

この問題では，X が提起しうる訴訟の種類が問われており，上記の検討からすると，①壁面線の指定の無効等確認訴訟，②建築確認の取消訴訟（＋違法性の承継）の 2 つが考えられるところである。このほか，壁面線の指定処分を知らなかったとして③壁面線の指定の取消訴訟を提起し，その客観的出訴期間内であると主張することも考えられなくはない。しかし，一般的に，出訴期間の経過の判断は，処分を現実に知った日または知ることができた日を基準とし，この事案のように公示がある場合には，公示日に知ることができたと考えて出訴期間の計算をすることになる。そこで，出訴期間の経過に気づかなかった正当な理由が認められない限り，こうした方法をとることは難しいだろう。

7 ── 理由の差替え

事 例

　国有財産の管理に関心を持つＸは，Ｐ県内の国有財産（普通財産）が近傍同種の土地の取引価格の半分以下で株式会社Ａに売却されていることに気がついた。そこでＸは，この取引に関する事務を担当したＢ財務局長に対して，行政機関の保有する情報の公開に関する法律（以下「情報公開法」という）に基づいて，Ａとの売買契約書（以下「本件文書」という）の開示を請求した。これに対してＢ財務局長は，情報公開法5条2号イに該当するとの理由で，拒否処分を行った。Ｘが拒否処分取消訴訟と開示決定の義務付け訴訟を併合提起したところ，国側は訴訟の中で次のような主張を行った。これらの理由の差替えは許されますか。

　①株式会社Ａは，アメリカに本社があるグローバル企業の傘下にあり，本件契約はアメリカ政府との合意に基づいてなされたものでもあり，本件文書を開示するとアメリカ政府との信頼関係が損なわれるおそれが生じる（情報公開法5条3号該当）。

　②株式会社Ａとの間では，不開示決定が出された後に，売買契約に関する紛争が生じており，まもなく国側から訴訟を提起する準備が行われている。そこで，本件文書を開示すると，争訟に係る事務に関し，国の財産上の利益・当事者としての地位を不当に害するおそれがある（情報公開法5条6号ロ該当）。

【資料≫参照条文】
○行政機関の保有する情報の公開に関する法律（抄）

（目的）
第1条　この法律は，国民主権の理念にのっとり，行政文書の開示を請求する権利につき定めること等により，行政機関の保有する情報の一層の公開を図り，

もって政府の有するその諸活動を国民に説明する責務が全うされるようにするとともに，国民の的確な理解と批判の下にある公正で民主的な行政の推進に資することを目的とする。

（開示請求権）

第3条　何人も，この法律の定めるところにより，行政機関の長（……）に対し，当該行政機関の保有する行政文書の開示を請求することができる。

（行政文書の開示義務）

第5条　行政機関の長は，開示請求があったときは，開示請求に係る行政文書に次の各号に掲げる情報（以下「不開示情報」という。）のいずれかが記録されている場合を除き，開示請求者に対し，当該行政文書を開示しなければならない。

　一～一の二　（略）

　二　法人その他の団体（国，独立行政法人等，地方公共団体及び地方独立行政法人を除く。以下「法人等」という。）に関する情報又は事業を営む個人の当該事業に関する情報であって，次に掲げるもの。ただし，人の生命，健康，生活又は財産を保護するため，公にすることが必要であると認められる情報を除く。

　　イ　公にすることにより，当該法人等又は当該個人の権利，競争上の地位その他正当な利益を害するおそれがあるもの

　　ロ　（略）

　三　公にすることにより，国の安全が害されるおそれ，他国若しくは国際機関との信頼関係が損なわれるおそれ又は他国若しくは国際機関との交渉上不利益を被るおそれがあると行政機関の長が認めることにつき相当の理由がある情報

　四～五　（略）

　六　国の機関，独立行政法人等，地方公共団体又は地方独立行政法人が行う事務又は事業に関する情報であって，公にすることにより，次に掲げるおそれその他当該事務又は事業の性質上，当該事務又は事業の適正な遂行に支障を及ぼすおそれがあるもの

　　イ　（略）

　　ロ　契約，交渉又は争訟に係る事務に関し，国，独立行政法人等，地方公共団体又は地方独立行政法人の財産上の利益又は当事者としての地位を不当に害するおそれ

　　ハ～ホ　（略）

基礎知識の確認

行政行為（処分）は，法令上定められた要件の充足を行政機関が認定判断し，それによる法的効果として国民の権利・義務を変動・確定する。さらに，行政行為の中には，法令の定めが一義的でないものもあり，この場合には行政機関の判断の余地（行政裁量）が認められる。こうした行政機関の判断過程が慎重かつ合理的なものとなるようにし，また後続の裁判所による救済の過程において審理を行いやすくするために，行政手続法は理由提示を定めている。そして，理由提示義務に違反すると，内容上の違法性の有無を問わず，処分は取り消されなければならない。

他方で，行政機関には，法律を誠実に執行し，行政行為（処分）に関する事実の調査や評価について，絶えず見直しを行う義務（行政の調査義務）があり，こうした活動は処分が終わってもなお継続すべきである。また，訴訟の決着にはそれなりに時間がかかるため，裁判所は紛争を終局的に解決すべく，事実の調査や法解釈・適用の作業を行わなければならない。こうした2つの要請がぶつかり合うのが，理由の差替えに関する議論であり，この論点が行政過程論と行政救済論の2回にわたって登場するのも，このような背景事情があるからである。

この事案では，情報公開制度が登場するため，情報公開請求に関する基本的な構造も併せて簡単に確認する。情報公開制度は，国民に対する説明責任の実現の観点から，国民と情報との利害関係を前提とせず，全ての国民があらゆる（不開示情報以外の）情報の開示を求めることができる制度である。不開示情報には，個人情報・法人情報・安全情報・行政運営情報の4種類があり，これらのいずれかに該当する場合には，（公益上の理由から例外的に開示できることが定められている類型を除き）開示することができない。

Milestone

■1 理由の差替えと行政手続法の理由提示義務とはいかなる関係にありますか。

■2 理由の差替えが認められるためにどのような条件の充足が必要ですか。

■3 取消訴訟における違法判断の基準時は，どのようなものと理解されて

いますか。

■4　申請型義務付け訴訟が併合提起された場合，違法判断の基準時はどう
なりますか。

考え方

■1　理由の差替えと理由提示

　この事案では，処分時に法人情報に該当する（公にすることにより，当該法
人等又は当該個人の権利，競争上の地位その他正当な利益を害するおそれがある）と
の理由が示されており，①ではこれを安全情報に該当する（公にすることによ
り，国の安全が害されるおそれ，他国若しくは国際機関との信頼関係が損なわれるお
それ又は他国若しくは国際機関との交渉上不利益を被るおそれがあると行政機関の長
が認めることにつき相当の理由がある）と訴訟時に差し替えることの可否が問わ
れている。

　行政手続法が要請する理由提示との関係では，処分時に提示された理由と
異なる理由が訴訟時に主張されることを認めれば，処分時に熟考せずに暫定
的な理由を挙げておき，訴訟になってから慎重な検討をすることを許容する
可能性がある。しかし，行政機関には処分後にも事案の調査や法的判断・評
価を検証する調査義務が存続すると考えると，処分後に新たに明らかになっ
た事情等を訴訟時に完全に排斥することも適切ではない。そもそも，最高裁
が理由提示に単独の取消事由とする意味を持たせている背景には，行政機関
の判断の慎重・合理性確保と，後続の争訟手続における便宜の2つの根拠が
あるのだから，これらの機能が確保されているのであれば，理由の差替えを
許容することは問題がないと考えられる。それゆえ 判百Ⅱ180/Ⅱ79/判20-3/
CB10-1 逗子市情報公開事件最高裁判決（最二小判1999（平成11）・11・19民集53
巻8号1862頁）は，「非公開の理由を具体的に記載して通知すること」によ
って理由提示の2つの機能が確保できているのだから，情報公開条例の条文
に照らしても差替えを認めないとする根拠がないと判断した。

■2　理由の差替えが認められる条件

　そこで，理由の差替えが認められる条件との関係では，理由提示が決定的

な役割を果たすわけではなく，取消訴訟の訴訟物である処分の違法性一般，あるいは義務付け訴訟の訴訟物である処分請求権（義務付け訴訟を給付訴訟と理解する場合）の範囲内にあるかが，まずは重要である。その上で，行政過程と裁判過程の役割分担の観点から，行政手続に固有の役割が認められる場合（例えば聴聞手続を経た事実認定）には裁判手続での差替えを認めず，取消判決を出した上で行政手続に言わば差し戻し，改めて行政手続をとった上で判断を行わせることがありうる。

　この事案では，情報公開における開示決定が，不開示事由の全てに該当しない場合でしか出せないことから，訴訟法的に見れば個々の攻撃防御方法にあたる処分要件を差し替えることは，取消訴訟で言えば処分の違法性一般の範囲内であり，義務付け訴訟で言えば処分請求権の範囲内であって，禁止はされていないと考えられる。また，開示までの行政手続で聴聞等の手続がとられているわけではなく，開示・不開示の判断は（一部の例外を除いて）基本的に法解釈・適用の問題であり，行政手続に固有の役割が認められるわけではないから，理由の差替えは認められる。

■3　違法判断の基準時

　処分時に法人情報に該当するとしたのに対して，②の事例では，行政運営情報（争訟関連情報）への理由の差替えに加えて，不開示決定が出された後の事情を考慮することができるのかも問題となる。国と株式会社Ａとの間の訴訟は，不開示決定時には問題となっていなかった事情だからである。

　取消訴訟の違法判断の基準時に関しては，行政処分に対する事後審査としての性格を重視して，処分時の法令・事実を基準とする考え方（処分時説）が一般的なものとされてきた。これに対して，義務付け訴訟については，これを給付訴訟と理解することを前提に，民事訴訟における既判力の時的限界と同様に，事実審の口頭弁論終結時の法令・事実を基準とする考え方（判決時説）がとられている。

　もっとも，こうした説明に対しては，近時（改めて）異論が示されている。取消訴訟が行政処分に対する事後審査としての性格を持つ場合があることは，確かに否定できない。しかし，取消訴訟の（狭義の）訴えの利益（＝本案判決を出すことで紛争が解決するか）の判断にあたっては，処分時ではなく判決時の事情が考慮されており，それにもかかわらず本案判断で処分時から判決時

までの事情の変化を一切排斥することは均衡を欠いている。また，取消訴訟が違法な処分によって生じている状態を排除する意味を持つ場合もあり，このときにはむしろ判決時を基準に紛争の解決の可能性を考慮すべきとも考えられる。こうした違法判断の基準時の問題が深刻化するのが，取消訴訟と申請型義務付け訴訟が併合提起された場合である。

■4　申請型義務付け訴訟が併合提起された取消訴訟と違法判断の基準時

　拒否処分に対する救済手段として 2004 年の行政事件訴訟法改正で導入された申請型義務付け訴訟は，拒否処分取消訴訟との併合提起強制を伴っている。そして，申請型義務付け訴訟の本案勝訴要件（訴訟要件と解する立場もある）として，併合提起されている取消訴訟に理由があることが求められている。ここで，取消訴訟の違法判断の基準時が処分時であり，申請型義務付け訴訟の違法判断の基準時が判決時であるという一般的な理解を前提とすると，原告が勝訴するためには，処分時にも判決時にも処分が違法であることが求められることになる。

　②の事案で考えると，取消訴訟の違法判断の基準時を処分時とすれば，処分後の訴訟可能性を考慮することはできず，他方で義務付け訴訟の違法判断基準時は判決時なので，処分後の事情を考慮できることになる。もっとも，義務付け訴訟で勝訴するためには，取消訴訟でも勝訴しなければならないから，裁判所が当該文書を法人情報にも行政運営情報にも該当しないと判断した場合に限って，義務付け判決が出せることになる。これに対して，法人情報には該当しないものの行政運営情報には該当すると裁判所が判断するとすれば，取消判決を出すことまではできても，義務付け判決は出せなくなる。

　しかし，違法な開示拒否処分がなされていなければ，処分後の事情変更（国が訴訟を提起することに伴う行政運営情報該当性）の影響を受けなかったと考えることもでき，この場合に違法判断の基準時を，義務付け訴訟についても（取消訴訟と同じく）処分時と変更し，義務付け判決まで出すと考える可能性はある。

ステップアップ

　この事例とは逆に，処分時から判決時までの間に原告有利の状況が生じた

（例：法令の改正により，処分時に適法であった拒否処分が判決時には違法になった）場合には，違法判断の基準時を取消訴訟＝処分時，義務付け訴訟＝判決時と考えると，義務付け判決が出せる事案であるにもかかわらず，併合提起された取消訴訟の違法判断の基準時が処分時であるために取消判決が出せず，結果として義務付け判決も出せなくなる。そこで，こうした場合には，メインの手続が義務付け訴訟であることを重視して，取消訴訟の違法判断の基準時を義務付け訴訟の方に合わせて判決時に変更すべきとする見解が有力である。

8 — 義務付け訴訟

事 例

　Ａ株式会社は産業廃棄物処理施設を設置することを企図し，Ｙ県知事は
これに対して許可を与えた（以下「本件許可」という）。しかし，Ａの運営す
る施設の管理がずさんで，人体に有害な物質を含む排ガスや浸出水が継続的
に排出されていることが判明した。また，本件許可から半年後に，Ａ株式会
社の取締役となったＢは，法人税法違反で懲役１年の判決の言い渡しを
受け，同判決が確定していた（なお参照，廃掃法15条の３第１項１号，14条5
項２号ニ，７条５項４号ハ）。そこでＡの施設から半径１km以内に居住する住
民Ｘらはｙ県に対して，主位的に本件許可の無効確認訴訟，予備的に県知
事が本件許可を取り消すことを義務付けるよう求める義務付け訴訟を提起し
た。

　Ｘらの請求は認められるか，検討して下さい。

【資料≫参照条文】
○廃棄物の処理及び清掃に関する法律（抄）

（目的）

第１条　この法律は，廃棄物の排出を抑制し，及び廃棄物の適正な分別，保管，
　収集，運搬，再生，処分等の処理をし，並びに生活環境を清潔にすることによ
　り，生活環境の保全及び公衆衛生の向上を図ることを目的とする。

（一般廃棄物処理業）

第７条　一般廃棄物の収集又は運搬を業として行おうとする者は，当該業を行お
　うとする区域（運搬のみを業として行う場合にあっては，一般廃棄物の積卸し
　を行う区域に限る。）を管轄する市町村長の許可を受けなければならない。た
　だし，事業者（自らその一般廃棄物を運搬する場合に限る。），専ら再生利用の
　目的となる一般廃棄物のみの収集又は運搬を業として行う者その他環境省令で
　定める者については，この限りでない。

2〜4　（略）

5　市町村長は，第1項の許可の申請が次の各号のいずれにも適合していると認めるときでなければ，同項の許可をしてはならない。

　一〜三　（略）

　四　申請者が次のいずれにも該当しないこと。

　　イ〜ロ　（略）

　　ハ　禁錮以上の刑に処せられ，その執行を終わり，又は執行を受けることがなくなった日から5年を経過しない者

　　ニ〜ル　（略）

6〜16　（略）

（産業廃棄物処理業）

第14条　産業廃棄物（……）の収集又は運搬を業として行おうとする者は，当該業を行おうとする区域（運搬のみを業として行う場合にあっては，産業廃棄物の積卸しを行う区域に限る。）を管轄する都道府県知事の許可を受けなければならない。ただし，事業者（自らその産業廃棄物を運搬する場合に限る。），専ら再生利用の目的となる産業廃棄物のみの収集又は運搬を業として行う者その他環境省令で定める者については，この限りでない。

2〜4　（略）

5　都道府県知事は，第1項の許可の申請が次の各号のいずれにも適合していると認めるときでなければ，同項の許可をしてはならない。

　一　その事業の用に供する施設及び申請者の能力がその事業を的確に，かつ，継続して行うに足りるものとして環境省令で定める基準に適合するものであること。

　二　申請者が次のいずれにも該当しないこと。

　　イ　第7条第5項第4号イからチまでのいずれかに該当する者

　　ロ〜ヘ　（略）

6　産業廃棄物の処分を業として行おうとする者は，当該業を行おうとする区域を管轄する都道府県知事の許可を受けなければならない。ただし，事業者（自らその産業廃棄物を処分する場合に限る。），専ら再生利用の目的となる産業廃棄物のみの処分を業として行う者その他環境省令で定める者については，この限りでない。

7〜9　（略）

10　都道府県知事は，第6項の許可の申請が次の各号に適合していると認めるときでなければ，同項の許可をしてはならない。

　一　その事業の用に供する施設及び申請者の能力がその事業を的確に，かつ，継続して行うに足りるものとして環境省令で定める基準に適合するものであ

ること。

　二　申請者が第5項第2号イからへまでのいずれにも該当しないこと。

11　第1項又は第6項の許可には，生活環境の保全上必要な条件を付することができる。

12～17　（略）

（産業廃棄物処理施設）

第15条　産業廃棄物処理施設（廃プラスチック類処理施設，産業廃棄物の最終処分場その他の産業廃棄物の処理施設で政令で定めるものをいう。以下同じ。）を設置しようとする者は，当該産業廃棄物処理施設を設置しようとする地を管轄する都道府県知事の許可を受けなければならない。

2～3　（略）

4　都道府県知事は，産業廃棄物処理施設（政令で定めるものに限る。）について第1項の許可の申請があった場合には，遅滞なく，第2項第1号から第4号までに掲げる事項，申請年月日及び縦覧場所を告示するとともに，同項の申請書及び前項の書類（同項ただし書に規定する場合にあっては，第2項の申請書）を当該告示の日から1月間公衆の縦覧に供しなければならない。

5　都道府県知事は，前項の規定による告示をしたときは，遅滞なく，その旨を当該産業廃棄物処理施設の設置に関し生活環境の保全上関係がある市町村の長に通知し，期間を指定して当該市町村長の生活環境の保全上の見地からの意見を聴かなければならない。

6　第4項の規定による告示があったときは，当該産業廃棄物処理施設の設置に関し利害関係を有する者は，同項の縦覧期間満了の日の翌日から起算して2週間を経過する日までに，当該都道府県知事に生活環境の保全上の見地からの意見書を提出することができる。

（許可の基準等）

第15条の2　都道府県知事は，前条第1項の許可の申請が次の各号のいずれにも適合していると認めるときでなければ，同項の許可をしてはならない。

　一　その産業廃棄物処理施設の設置に関する計画が環境省令で定める技術上の基準に適合していること。

　二　その産業廃棄物処理施設の設置に関する計画及び維持管理に関する計画が当該産業廃棄物処理施設に係る周辺地域の生活環境の保全及び環境省令で定める周辺の施設について適正な配慮がなされたものであること。

　三　申請者の能力がその産業廃棄物処理施設の設置に関する計画及び維持管理に関する計画に従って当該産業廃棄物処理施設の設置及び維持管理を的確に，かつ，継続して行うに足りるものとして環境省令で定める基準に適合するものであること。

　　四　申請者が第14条第5項第2号イからへまでのいずれにも該当しないこと。

2　（略）

3　都道府県知事は，前条第1項の許可（同条第4項に規定する産業廃棄物処理施設に係るものに限る。）をする場合においては，あらかじめ，第1項第2号に掲げる事項について，生活環境の保全に関し環境省令で定める事項について専門的知識を有する者の意見を聴かなければならない。

4　前条第1項の許可には，生活環境の保全上必要な条件を付することができる。

5　（略）

（許可の取消し）

第15条の3　都道府県知事は，次の各号のいずれかに該当するときは，当該産業廃棄物処理施設に係る第15条第1項の許可を取り消さなければならない。

　　一　産業廃棄物処理施設の設置者が第14条第5項第2号イからへまでのいずれかに該当するに至ったとき。

　　二　（略）

　　三　不正の手段により第15条第1項の許可又は第15条の2の6第1項の変更の許可を受けたとき。

2　（略）

基礎知識の確認

　2004年の行政事件訴訟法改正によって，それまでの取消訴訟のみに頼った救済によって生じていた空隙を埋めるため，義務付け訴訟と差止訴訟が法定化された。これらはいずれも，処分がまだ出される前に用いる訴訟類型である。

　このうち，申請型義務付け訴訟については，原告側による申請行為が存在し，行政側としては法令に従って適法に応諾すべき義務が生じているにもかかわらず，違法な拒否処分がなされている状況にあるから，取消訴訟と事案の成熟性に大差はなく，また取消訴訟との併合提起が強制されているため，申請型義務付け訴訟固有の訴訟要件は予定されていない。

　これに対して，直接型（非申請型）義務付け訴訟と差止訴訟については，いずれもまだ処分が出されておらず，その時点で裁判所による行政過程への判断が示されることから，（取消訴訟とは異なり）そのような救済を必要とする特別な事情が求められている。それが，重大な損害（重大性）要件と補充性要件である。直接型義務付け訴訟と差止訴訟で，その正確な意味内容は微妙に異なっているものの，重大な損害（重大性）とは処分がなされない（なされる）ことによって原告に大きな損害が生じることを，また補充性とは他に適当な救済手段が用意されていないことをいう。取消訴訟においては，処分の違法性のみが争点となり，それによって生じうる損害の大きさや性格は（第三者の原告適格や仮の権利救済を除く）問題とならないのに対して，直接型義務付け訴訟と差止訴訟では，処分と連動する不利益の内容や程度が訴訟要件として位置づけられている。

　また，義務付け訴訟・差止訴訟については，取消訴訟と異なり，本案勝訴要件が条文上明確に規定されている。その内容は，処分の覊束性であり，処分をしない（する）ことが違法であることが法令の規定から明らかであるか，処分をしない（する）ことが裁量権の逸脱・濫用になると認められることである。

Milestone

■1　この事案では，訴訟類型として何を選択すべきですか。

- ■2　この事案で，Xらの原告適格は認められますか。
- ■3　この事案で，重大な損害（重大性）と補充性は認められますか。
- ■4　この事案では，本案勝訴要件を充足しますか。

考え方

■1　訴訟類型の選択

　この事案でXらは，主位的に産業廃棄物処理施設の許可の無効確認訴訟を提起している。これは，すでに許可から半年以上経過しており，取消訴訟の提起ができないからである。他方で，予備的に許可の取消しの義務付け訴訟を提起しており，この直接型義務付け訴訟と無効確認訴訟との関係を整理しておく必要がある。

　行政事件訴訟法36条は，無効確認訴訟の訴えの利益（原告適格）について，予防訴訟・補充訴訟の2つの場合を想定した規定を置いている。この事案での無効確認訴訟は，後続の処分を予防する意味を持たないので，現在の法律関係に関する訴えでは目的を達成することができないかが問題となる（補充訴訟）。ここで，現在の法律関係に関する訴えとは，処分の無効を前提とする争点訴訟（民事訴訟）や公法上の当事者訴訟のことであり，義務付け訴訟・差止訴訟のような抗告訴訟は含まれていない。そこで，無効確認訴訟と直接型義務付け訴訟の優劣関係に関しては，行政事件訴訟法36条は関係がなく，■3で扱う補充性の問題として整理される。結論のみを先取りすると，職権取消しの義務付け訴訟は補充性要件との関係で否定されるものの，後発的な事情の変化に基づく撤回の義務付けは可能と考えられる。

　また，処分の無効等確認訴訟では，処分後の事情（この事案では欠格要件該当）を考慮することができないので，本案における主張可能性の観点から考えても，直接型義務付け訴訟を選択する方が適切であろう。この場合，義務付けを求める「一定の処分」は，産業廃棄物処理施設の許可の撤回であり，処分性・内容の特定性ともに問題なく認められる。

■2　原告適格

　直接型義務付け訴訟は，申請型義務付け訴訟のように申請権がない場面で

用いられる訴訟なので，定型的に原告適格が認められる拒否処分の名宛人とは異なり，一般的には第三者の原告適格を論じる必要がある。行政事件訴訟法37条の2第3項は，こうしたことを前提とする規定であり，同条4項では取消訴訟の原告適格に関する同法9条2項を準用することが明示されている。そこで，原告適格に関する判断基準は，取消訴訟の場合と同様に，

> 行政事件訴訟法9条1項にいう「法律上の利益を有する者」とは，当該処分により自己の権利若しくは法律上保護された利益を侵害され，又は必然的に侵害されるおそれのある者をいうのであり，当該処分を定めた行政法規が，不特定多数者の具体的利益を専ら一般的公益の中に吸収解消させるにとどめず，それが帰属する個々人の個別的利益としてもこれを保護すべきものとする趣旨を含むと解される場合には，このような利益もここにいう法律上保護された利益に当たり，当該処分によりこれを侵害され又は必然的に侵害されるおそれのある者は，当該処分の取消訴訟における原告適格を有するものというべきである

となる。

　この事案では，人体に有害な物質を含む排ガスや浸出水によって，周辺住民の生命・健康に被害が生じることが不利益として考えられる。

　こうした不利益が生じないように，廃棄物の処理及び清掃に関する法律（以下「廃掃法」という）は，産業廃棄物処理施設について許可がなければ設置できないこととし，その許可要件である同法15条の2第1項には，生活環境への配慮が規定されている。許可の申請書に添付しなければならない生活環境影響調査の結果は，公告縦覧されて利害関係者からの意見書提出が認められている。さらに，許可に際しては生活環境への配慮の観点から，条件を付すこともできる（同法14条11項）。これらの規定からすると，産業廃棄物処理施設の周辺地域に居住する住民に健康または生活環境の被害が発生することを防止し，もってこれらの住民の健康で文化的な生活を確保し，良好な生活環境を保全することも，趣旨及び目的とするものと考えられる。

　さらに，生命・健康被害という性質に着目すると，人体に有害な物質を含む排ガスや浸出水によって周辺地域に居住する住民が直接的に受ける被害の程度は，その居住地と当該最終処分場との近接の度合いによっては，その健康または生活環境に係る著しい被害を受ける事態にも至りかねないものであ

り，こうした被侵害利益の性質から，個々人の個別的利益としても保護され
ていると考えられる。

　具体的に原告適格を有する者は，有害物質が排出された際に生命・健康被
害を直接的に受けるおそれがある者である。この事案では大気汚染と水質汚
濁が問題となっており，水質汚濁については主として下流域の周辺住民が，
また大気汚染は（風向きが一年を通して固定されているような特殊な場合でない限
り）施設から一定の距離に居住する周辺住民がこれに該当すると考えられ，
生活環境影響調査の調査対象地域になっているかどうかが，判断の手がかり
として参照される。

■3　重大な損害（重大性）要件と補充性要件

　取消訴訟では要求されていない直接型義務付け訴訟の訴訟要件として，重
大な損害を生ずるおそれ（重大な損害（重大性）要件）と，損害を避けるため
他に適当な方法がない（補充性）がある（行政事件訴訟法 37 条の 2 第 1 項）。

　直接型義務付け訴訟における「重大な損害」は，行政過程を経由せずに裁
判所が直接救済を与えるべき必要性が高いこと，あるいは行政機関が処分を
しないことの適法性を疑わせる事情があることを意味する。この事案につい
て言えば，許可の撤回がなされずにこのまま有害物質が継続的に排出されれ
ば，大気汚染・水質汚濁が進み，周辺住民の生命・健康に不可逆的な被害が
生じるおそれがある。また，継続的な有害物質の排出を疑わせる事情が認め
られるならば，行政機関の側に撤回を検討する必要が生じている。こうした
ことから，重大な損害が認められる。

　直接型義務付け訴訟における「補充性」は，義務付け判決と同程度の救済
を与える手続が行政過程に設定されていないことを主として意味する。また，
民事上の請求（例：民事差止訴訟）の可能性は，訴訟の相手方・要件・効果が
直接型義務付け訴訟と全く異なるものであって，それができることで補充性
要件の充足が否定されることにはならない。

　この事案では，仮に処分の職権取消しを求めるとすれば，行政不服審査法
に基づく審査請求や行政事件訴訟法が定める取消訴訟という他の適当な方法
があるので，補充性要件との関係で直接型義務付け訴訟の利用が否定される
（取消訴訟の出訴期間経過後についても，行政法関係の早期安定の観点から取消訴訟
の排他性が設定されていることを重視する立場をとるのであれば，同様に利用が否定

されるものと考えられる）。しかし，処分の撤回であれば，処分後の事情の変化を前提とすることになるので，審査請求・取消訴訟を利用することはできず，補充性要件が問題となることはない。このほか，この事案では租税法における更正の請求のような特別な行政手続は設定されておらず，また民事差止訴訟が提起できるとしても，補充性の判断には影響を与えないから，補充性要件の充足を否定するような他の適当な方法はないと考えられる。

■4　本案勝訴要件

　直接型義務付け訴訟の本案勝訴要件は，処分の覊束性，つまり「行政庁がその処分をすべきであることがその処分の根拠となる法令の規定から明らかであると認められ又は行政庁がその処分をしないことがその裁量権の範囲を超え若しくはその濫用となると認められる」ことである。

　この事案については，廃掃法上，施設の設置者の欠格要件に該当すると撤回が義務付けられており（廃掃法15条の3第1項1号，14条5項2号ニ，7条5項4号ロ），撤回に関して行政裁量の余地は認められていない。

　この事例では，取締役Bが法人税法違反で懲役1年の判決を受けて判決が確定しているから，廃掃法7条5項4号ハにいう「禁錮以上の刑」に該当し，処分を撤回する義務が生じているから，覊束性が充足される。

ステップアップ

　直接型義務付け訴訟が条文化される前には，この事案で見られるように，もとの許認可の無効確認訴訟を提起する方法がよく用いられていた。しかし，無効確認訴訟では無効の瑕疵の主張・立証が必要になる点で原告には不利になるほか，処分後の事情について考慮することができない点にも限界があった。もっとも，原子力発電所の原子炉設置許可に関しては，伊方原発訴訟最高裁判決が，科学技術に関する知見について，処分時ではなく現在の知見を前提として判断する姿勢を示していた。これは，短期間に新たな科学的知見が蓄積される領域においては，判決時に知られていることを前提に判断すべきとの考え方であり，事実状態そのものというより，その評価・判断基準に関する基準時を処分時から動かしたものと言える。

⑨ ── 差止訴訟と当事者訴訟の関係

事 例

　Xは河川法に基づく河川区域の指定が行われているA川の流域の所有地にキャンプ場を設置し，その中に建築物を建築した。その際Xは，その敷地が河川区域の指定外と判断して，河川法に基づく許可を受けなかった。しかしその後，キャンプ場での河川の急激な増水による死亡事故が発生したことから，Y県はA川の流域の調査を改めて行い，当該建築物が河川区域に含まれていると判断して，Xに対して河川法75条に基づく除却命令を出し，さらに行政代執行法に基づいて当該建築物を除却した。XはY県の河川法の解釈が誤っていると考えており，もう一度同じ場所にキャンプ場施設を建設したいと考えている。

　この場合にXが提起すべき訴訟類型を挙げ，その訴訟要件が充足されるかどうか説明して下さい。

【資料≫参照条文】

○河川法（抄）

（目的）

第1条　この法律は，河川について，洪水，津波，高潮等による災害の発生が防止され，河川が適正に利用され，流水の正常な機能が維持され，及び河川環境の整備と保全がされるようにこれを総合的に管理することにより，国土の保全と開発に寄与し，もって公共の安全を保持し，かつ，公共の福祉を増進することを目的とする。

（河川区域）

第6条　この法律において「河川区域」とは，次の各号に掲げる区域をいう。

　一　河川の流水が継続して存する土地及び地形，草木の生茂の状況その他その状況が河川の流水が継続して存する土地に類する状況を呈している土地（河岸の土地を含み，洪水その他異常な天然現象により一時的に当該状況を呈し

ている土地を除く。）の区域

二　河川管理施設の敷地である土地の区域

三　堤外の土地（政令で定めるこれに類する土地及び政令で定める遊水地を含む。第3項において同じ。）の区域のうち，第1号に掲げる区域と一体として管理を行う必要があるものとして河川管理者が指定した区域

2〜6　（略）

（工作物の新築等の許可）

第26条　河川区域内の土地において工作物を新築し，改築し，又は除却しようとする者は，国土交通省令で定めるところにより，河川管理者の許可を受けなければならない。河川の河口附近の海面において河川の流水を貯留し，又は停滞させるための工作物を新築し，改築し，又は除却しようとする者も，同様とする。

2〜5　（略）

（河川管理者の監督処分）

第75条　河川管理者は，次の各号のいずれかに該当する者に対して，この法律若しくはこの法律に基づく政令若しくは都道府県の条例の規定によって与えた許可，登録若しくは承認を取り消し，変更し，その効力を停止し，その条件を変更し，若しくは新たに条件を付し，又は工事その他の行為の中止，工作物の改築若しくは除却（第24条の規定に違反する係留施設に係留されている船舶の除却を含む。），工事その他の行為若しくは工作物により生じた若しくは生ずべき損害を除去し，若しくは予防するために必要な施設の設置その他の措置をとること若しくは河川を原状に回復することを命ずることができる。

一　この法律若しくはこの法律に基づく政令若しくは都道府県の条例の規定若しくはこれらの規定に基づく処分に違反した者，その者の一般承継人若しくはその者から当該違反に係る工作物（除却を命じた船舶を含む。以下この条において同じ。）若しくは土地を譲り受けた者又は当該違反した者から賃貸借その他により当該違反に係る工作物若しくは土地を使用する権利を取得した者

二〜三　（略）

2〜10　（略）

第102条　次の各号のいずれかに該当する者は，1年以下の懲役又は50万円以下の罰金に処する。

一　（略）

二　第26条第1項の規定に違反して，工作物の新築，改築又は除却をした者

三　（略）

基礎知識の確認

　2004 年の行政事件訴訟法改正では，義務付け訴訟・差止訴訟の法定と並んで，当事者訴訟（特に確認訴訟）の活用が盛り込まれていた。当事者訴訟は，処分性が認められない多様な行政の行為形式に関係する訴訟の受け皿として想定され，行政過程の早期段階（処分がまだ迫っていない時点）での活用が期待された。そうすると，自己に不利益な処分を回避するための手段としては，処分の差止訴訟と当事者訴訟（不利益な処分の前提となる義務の存否を確認する訴訟）とが重複することになる。なお，同様の問題は，義務付け訴訟の場合にも起こりうるものの，義務付け訴訟は「処分」そのものを求めていることから，当事者訴訟との競合はあまり問題とならない（法定外抗告訴訟である処分義務確認訴訟との競合は問題となりうる）。

　差止訴訟の訴訟要件は，直接型義務付け訴訟と類似している。具体的には，一定の処分・蓋然性・原告適格・狭義の訴えの利益（処分前であること）・重大な損害（重大性）・補充性である。これに対して，当事者訴訟の訴訟要件は「公法上の法律関係に関する訴訟」であり，伝統的に公法関係と考えられてきた領域（損失補償・国籍・公務員勤務関係等）のほか，行政法令に基づく一定の判断・行動の権限が行政機関に与えられている場合の権利・義務・地位に関する訴訟もこれに該当する。当事者訴訟の中でも給付訴訟は，請求権の存否が本案の問題となるため，これ以上に訴訟要件として検討されるべきことはない。これに対して確認訴訟では，民事訴訟と同様に，確認の利益が肯定される必要がある。これは，確認訴訟の確認の対象が請求権に限られず，幅広い対象での訴訟提起が考えられることから，確認訴訟によって権利救済が本当に実現できるのかをチェックする必要性が高いからとされる。当事者訴訟としての確認訴訟の確認の利益についても，民事訴訟と同様に，対象選択の適否・即時確定の利益・方法選択の適否の 3 つの要素から検討されることが一般的である。

Milestone

■ 1　河川法の行政過程にはどのような特色がありますか。

■ 2　抗告訴訟を利用する場合には，どのような訴訟を提起することが考え

られますか。

■3　当事者訴訟を利用する場合には，どのような訴訟を提起することが考えられますか。

■4　抗告訴訟（差止訴訟）と当事者訴訟の関係はどう考えるべきですか。

考え方

■1　河川法の行政過程

　河川法は，河川管理に関する行政上の権限を定めることを中心とする法律で，公物法と呼ばれるグループに含まれている。河川法の基本的な行政過程は，河川区域を定め，河川の使用に関する調整・規制のルールを定め，河川の改修に関する計画を策定して河川工事を実現することを中心とする。ここでは，河川区域に関する規制のしくみに着目する。

　河川法2条2項は「河川の流水は，私権の目的となることができない」と規定しており，流水について民事上の所有権の成立を否定している。しかし，河川の流水が流れている土地である河川区域についてはこうした規定がないことから，民事上の所有権の成立は否定されていない。河川区域の多くは，国・地方公共団体の所有地であるものの，それ以外の私人が土地を所有していることもありうる。この事案でも，Xは所有権を持っている。この場合に河川法は，私人の土地所有権の存在を前提としつつ，その行使に対して規制を行っている。具体的には，河川区域において工作物を新築・改築・除却しようとする場合には，河川管理者の許可が必要であり（河川法26条1項），許可を得ずにこうした行為を行った場合には，河川法に違反していることを理由に除却命令（同法75条1項1号）を出すことができ，これに応じない場合には行政代執行法に基づいて代執行がなされうる。また，許可を得ずにこうした行為を行った場合には，1年以下の懲役または50万円以下の罰金が科されうる（同法102条）。

　そこで，こうした規制の前提となる河川区域の確定が重要である。河川法6条1項は，3種類の区域を想定している。堤防等の河川管理施設の敷地である土地の区域（2号）は，河川管理施設を置いているため，河川区域かどうかが争われることはない。通常時に水が流れていない高水地（3号）は，

河川管理者の指定が必要なため（認定主義），河川区域該当性をめぐる紛争は起きにくい。これに対して，河川の流水が継続して存する土地やこれに類する状況を呈している土地である低水地（1号地）は，河川管理者の指定等を予定せず，現に流水が存するかが決定的である（現状主義）。そのため，河川区域の該当性をめぐる争いが最も起きやすい類型である。

■2　抗告訴訟

　Xは，再度除却命令が出されることを避けたいと考えており，この点に着目して，除却命令の差止訴訟を提起することが考えられる。

　差止めを求める対象は除却命令であるから，一定の処分と言える。同様の工作物で一度除却命令が出ていることから，処分の蓋然性も認められる。また，Xはその処分の名宛人であるから，原告適格が認められる。そこで，訴訟要件との関係で重要なのは，重大な損害（重大性）と補充性である。

　差止訴訟における重大な損害（重大性）の要件は，取消訴訟を提起して執行停止の申立てをしたのでは救済することができない損害を意味する。これまでの判例・裁判例で認められたものとしては，短期間のうちに処分が累積して不利益が増大するもの（反復継続・累積加重）や，名誉・信用等の一度失われると回復が困難な損害などである。河川法の場合には，除却命令の取消訴訟を提起して，処分の執行の停止を求める執行停止の申立てをしても，一般的には救済が可能であるように見える。しかし，この事案ではすでに行政代執行までなされていることからすると，同様の工作物を設置した場合には迅速に執行がなされる可能性が高く，それゆえ重大な損害が認められると考えられる。

　差止訴訟における補充性の要件は，差止訴訟と同程度の救済を実現できる行政手続・訴訟手続が存在しないことであり，典型的には，差し止めたい処分に先行する処分がある場合に，先行処分の取消訴訟を使えばよいことを理由に，補充性が否定されることがある。この事案では，河川法26条1項の許可を申請し，その拒否処分を待って，拒否処分取消訴訟と許可の申請型義務付け訴訟を併合提起することが考えられる。しかし，Xとしては，自己の所有地が河川区域にあたらないと考えているから，それにもかかわらず許可を申請することを求めることは，原告に首尾一貫しない行動を強制することとなって，適切ではない。それゆえ，差止判決と同程度の救済を実現する別

の行政手続・裁判手続はなく，補充性要件も充足されると考えられる。

■3　当事者訴訟

　この事案での真の争点は，Xの所有地が河川区域にあたるかという点にある。そこで端的にこの点を訴訟の対象とすることが考えられる。低水地の河川区域該当性については，河川管理者の指定等が介在しないから，処分性のある行為がない。そこで，当事者訴訟（確認訴訟）を利用することが考えられる。

　確認の利益を検討する第1の要素は，対象選択の適否である。端的に「河川区域でないことの確認」とすることも考えられるものの，現在の権利・義務関係の確認が可能であれば，その方が紛争の解決にとって有効性が高い。そこで，河川法上適法に工作物を設置できる地位を確認することが考えられる。この点を確認すれば，紛争は抜本的に解決できるため，対象選択として適切である。

　確認の利益を検討する第2の要素は，即時確定の利益である。即時確定の利益は，確認対象とされた権利・地位に対する不利益が生じる現実の危険がある場合に認められる。差止訴訟における重大な損害（重大性）要件と重なるところがあるものの，必ずしも判断を一致させなければならないわけではない。この事例の場合には，Xは一度代執行されており，再び同じような工作物を設置すれば同様に代執行される現実の危険があると考えられる。

　確認の利益を検討する第3の要素は，方法選択の適否である。民事訴訟においても，確認訴訟は既判力しか伴っていない点で救済の実効性が（他の訴訟類型に比べて）低く，それゆえ他の方法が利用できない場合にのみ認められるものとされる（確認訴訟の補充性）。当事者訴訟においてもこれと同様に，抗告訴訟が利用できる場合や，当事者訴訟の中でも給付訴訟が利用できる場合には，その利用が優先され，こうした方法がとられない場合に確認の利益が認められる。この事例の場合には，除却命令の差止訴訟との関係が問題となる。しかし，河川法102条は，河川法26条の許可を得ずに工作物を設置した場合に刑事罰の制裁を予定している。この刑事罰の不利益は，除却命令の差止訴訟によってはカバーできないものであるから，確認訴訟の補充性が認められ，確認の利益があると考えられる。

■4　差止訴訟と当事者訴訟の関係

　この事例のように，処分により課された義務が執行されるしくみと並行して刑事罰が予定されていれば，差止訴訟による救済が及ばない不利益が想定できるので，当事者訴訟としての確認訴訟の確認の利益（特に方法選択の適否）が認められやすい。もう少し一般的に考えると，差止訴訟で原告が求めているのは不利益な処分がなされないようにすることであり，当事者訴訟（確認訴訟）では処分の前提となっている権利・義務や法的地位の存否（とりわけ義務の不存在）を争点としているから，両者は争点を異にし，同じ紛争事例で両方の訴訟類型を併用できると考えられる。

　もっとも，最高裁のこれまでの判例は，これほど併用を緩やかには認めていないように見える。判百Ⅱ200/Ⅱ59/判22-1/CB15-6 君が代訴訟2月判決（最一小判2012(平成24)・2・9民集66巻2号183頁）では，入学式・卒業式等における起立・斉唱義務の存否と，義務違反を理由とする懲戒処分の差止訴訟との関係について，懲戒処分に結実する不利益に関する起立・斉唱義務の存否の問題は抗告訴訟の系統の問題であるのに対して，懲戒処分以外の不利益（昇給等の不利益）については，起立・斉唱義務の存否を当事者訴訟としての確認訴訟で争いうると判断した。このように，処分に結実する不利益を当事者訴訟としての確認訴訟の利用対象から外す考え方を徹底すると，確認の利益を行政過程の早期段階で認めることが難しくなり，当事者訴訟の活用を明示した2004年改正法の趣旨に反することになる。その後最高裁は，判百Ⅰ43/Ⅰ178/判8-2/CB1-8 医薬品ネット販売事件判決（最二小判2013(平成25)・1・11民集67巻1号1頁）で，当事者訴訟としての確認訴訟の確認の利益を緩やかに認めた下級審の判断を維持したため，差止訴訟と当事者訴訟の関係をどう考えればよいかが，学説上しばしば論じられるようになった。

　君が代訴訟が取り扱った公務員法の分野は，上級行政機関と下級行政機関としての関係を規律する内容が行政内部法としての性格を持ち，懲戒処分に至るまでは訴訟によって解決できる対象が存在しないという特色がある。君が代訴訟最高裁判決が示した処分に結実する不利益はそのような性格を持つものであり，公務員個人としての身分・処遇の問題に関する不利益を除けば，抗告訴訟の系統で争わせる必要があったと考えられる。しかし，そのような性格を持たない他の分野における行政過程では，処分に結実する不利益を全

て抗告訴訟の系統で争わせ，当事者訴訟では争わせないとする扱いをする必要はない。そこで，紛争の争点や処分の蓋然性を考慮しながら，方法選択の適否を判断することが適切であろう。

ステップアップ

　この事例で考えられる訴訟類型としては，ほかに「除却命令をする義務がないことの確認訴訟」がある。行政事件訴訟法は，抗告訴訟を定義した上で，取消訴訟以下の訴訟類型を具体的に法定しているものの，法定されていない抗告訴訟を排除する趣旨ではないと考えられており，こうした訴訟を法定外（無名）抗告訴訟と呼ぶ。義務付け訴訟・差止訴訟が法定化された現時点において考えられる法定外抗告訴訟の類型のひとつが，こうした「処分義務確認訴訟」である。これは，確認訴訟の形式ではあるものの，紛争の主題が処分と関係していることから，当事者訴訟ではなく抗告訴訟に分類される。

　こうした法定外抗告訴訟について，最高裁は，これを実質的には差止訴訟と見た上で，差止訴訟で要求されている訴訟要件を法定外抗告訴訟についても要求する姿勢を示している。君が代訴訟2月判決では，補充性が必要であると判断しており，法定の抗告訴訟である差止訴訟が適法に提起できるのであれば，法定外抗告訴訟としての処分義務不存在確認訴訟は提起できないとした。また，判百II201 防衛出動命令訴訟で最高裁（最一小判2012(平成24)・2·9民集66巻2号183頁）は，差止訴訟と同様に処分の蓋然性が必要であるとした。この結果，差止訴訟と機能的に類似する法定外抗告訴訟を提起する可能性は，かなり小さくなったと考えられる。

⑩ ── 仮の権利救済

　事業者Xは，使い捨てカイロの「しつカイロ」という名称の商品を供給
し，広告等で当該商品が発熱と同時に水蒸気を出すことで，加湿の効果があ
ることを謳っていた。しかし，消費者庁が調べたところ，そうした効果は見
られなかったとして，景表法7条に基づき，当該表示が優良誤認表示であっ
て景表法に違反することを一般消費者に対して周知徹底することを命じる措
置命令を行った。これに対してXは，自社の売り上げのうち6割をこの商
品が占めており，措置命令に関する先行報道や本件措置命令を受けた結果，
ほとんど全ての取引がキャンセルされ，別の案件で得られるはずだった融資
も得られなくなったとして，措置命令の取消訴訟を提起した。
　さらに仮の救済を申し立てるとして，どの救済手段を用いるか，またその
要件を充足するかどうか検討して下さい。

【資料≫参照条文】

○不当景品類及び不当表示防止法（抄）

第7条　内閣総理大臣は，第4条の規定による制限若しくは禁止又は第5条の規
　　定に違反する行為があるときは，当該事業者に対し，その行為の差止め若しく
　　はその行為が再び行われることを防止するために必要な事項又はこれらの実施
　　に関連する公示その他必要な事項を命ずることができる。その命令は，当該違
　　反行為が既になくなっている場合においても，次に掲げる者に対し，すること
　　ができる。

　　一～四　（略）

基礎知識の確認

　訴訟の提起から判決の確定までは，時間がかかる。しかし，日本の行政事件訴訟法では，取消訴訟を提起してもそれだけでは処分の執行は止まらない。そして，時間が経過したことにより処分の効力が消滅すると，取消訴訟の（狭義の）訴えの利益が失われ，原告敗訴（却下）となってしまう。しかも，行政事件訴訟法は，処分関連の訴訟に関して，民事保全法に基づく仮処分を包括的に排除している（行政事件訴訟法44条）。そこで，取消訴訟の提起だけでなく，処分の執行を仮に停止し，現状を維持する仮の権利救済手段が必要となる。

　執行停止は，取消訴訟が適法に提起されている（訴訟要件が充足している）ことを前提に（積極要件・手続的要件），重大な損害を避けるために緊急の必要がある場合に認められる（積極要件・実体的要件）。ただし，公共の福祉に重大な影響を及ぼすおそれがあるときや，本案について理由がないとみえるときはすることができない（消極要件）。執行停止には3種類あり，処分の効力の停止，処分の執行の停止，手続の続行の停止のいずれかを選択して申し立てることになる。処分の効力の停止は，取消判決が出たのと同様の状態になることから，処分の効力を否定しないままその執行手続（行政代執行等）を停止することや，次の処分に進む手続を停止することで対応可能ならば，その方法が選ばれなければならない。

　2004年の行政事件訴訟法改正によって，義務付け訴訟と差止訴訟が法定化された。これらの訴訟類型に対応する仮の権利救済として，仮の義務付け・仮の差止めが設けられている。これらは，義務付け訴訟あるいは差止訴訟の適法な提起を前提に用いられる点では，執行停止と同様である。他方で，実体的要件のうち積極要件の「重大な損害」が「償うことのできない損害」になっており，また執行停止では消極要件となっている「本案について理由がないとみえる」が積極要件の「本案について理由があるとみえる」になっている。積極要件については申立人側に疎明責任があるとされているから，仮の権利救済の手続において，申立人側が処分の違法性を疎明し，裁判所がこの点についてもある程度踏み込んだ判断を示すことが求められている。

Milestone

- **■1**　仮の権利救済の方法にはどのようなものがありますか。
- **■2**　執行停止の手続的要件はどのようなもので，この事案ではそれを充足しますか。
- **■3**　執行停止の実体的要件はどのようなもので，この事案ではそれを充足しますか。
- **■4**　執行停止の消極要件の充足の可能性はありますか。

考え方

■1　仮の権利救済

　行政上の仮の権利救済である執行停止・仮の義務付け・仮の差止めは，民事上の仮の権利救済である民事保全法の手続と同様に暫定的な性格を持ち，裁判所は判決ではなく決定で判断を下し，当事者は証明ではなく疎明すればよい。これに対して，両者の違いとしては，民事保全法の手続は保全訴訟と本体の訴訟が独立していて，保全訴訟のみ利用できるのに対して，行政上の仮の権利救済は必ず本案訴訟とセットで用いなければならず，本案訴訟と同じ裁判所が決定する点がある。また，民事保全法では，金銭によって（金銭を支払ったり担保を立てたりする方法で）解決する方法が予定されているのに対して，行政法上の仮の権利救済にはこのような方法は全くなく，処分の執行が止まることによる公益上の不利益と，処分の執行がなされることで生じる名宛人の不利益とを比較衡量する考え方が基本である。この事例で問題となっている独占禁止法の領域では，2013 年の法改正までは執行免除制度があり，保証金を供託すれば執行が停止されていた。しかし，行政審判制度が廃止されて一般的な取消訴訟が用いられるようになってからは，仮の権利救済についても一般的な制度である執行停止が用いられるようになった。

　行政上の仮の権利救済は，本案訴訟との関係で，対応するものが一対一で決まっている。取消訴訟に対しては執行停止，義務付け訴訟に対しては仮の義務付け（申請型義務付け訴訟でも仮の義務付けのみが利用される），差止訴訟に対しては仮の差止めが用いられる。この事案では，取消訴訟が提起されてい

るため，仮の権利救済としては執行停止が用いられる。

　執行停止を申し立てる場合にはさらに，どのような内容の執行停止を求めるかを明示する必要がある。この事案では，措置命令の後に行政上の執行手段や別の処分が予定されているわけではないため，効力の停止を求めることになる。

■2　執行停止の手続的要件

　執行停止の要件を定める行政事件訴訟法 25 条 2 項は，「処分の取消しの訴えの提起があった場合において」との規定を置いている。これは，取消訴訟と執行停止という組み合わせの指定であるとともに，ここでいう「訴えの提起」は単に訴訟が提起されただけではなく，適法に係属していること＝訴訟要件が充足されていることも意味するものと考えられている。

　この事案では，措置命令は周知措置の実施を義務付けるものであって処分性があり，その名宛人であるから原告適格も認められ，処分の効力が存続しているので（狭義の）訴えの利益も認められる。

■3　執行停止の実体的要件

　執行停止が認められるためには，実体的な要件である重大な損害・緊急の必要があることが疎明されなければならない。ここで，重大な損害の内容は必ずしも定式化されておらず，解釈指針を示す行政事件訴訟法 25 条 3 項が挙げている考慮事項である損害の性質・内容・程度や処分の性質等を手がかりに判断することになる。そもそも執行停止は，処分の執行を停止することによって守られる申立人の私益と，処分の執行を続行することで得られる公益とを比較衡量し，前者が重いと判断される場合に認められる構造を持っている。それゆえ，執行停止における「重大な損害」は，金銭賠償によって回復可能な利益も含みうるという点以外には明確な輪郭がなく，衡量の場としての意味をもつに過ぎない。

　この事案では，措置命令の内容である周知措置は，違反行為の自認を含んでいるため，取引関係者等が持つ信用が毀損されるおそれがある。また，申立人の事業がこの製品によって支えられており，周知措置がとられると事業継続ができなくなるおそれがある。このような，社会的信用や事業継続の利益は，重大な損害が比較的認められやすいものと言える。

■4　執行停止の消極要件

　執行停止を妨げる消極要件としては，本案について理由がないと見えることと，公共の福祉に重大な影響を与えることがあり，いずれも行政側に疎明責任がある。

　このうち，本案について理由がないと見えることは，本案訴訟である取消訴訟の審理を行うまでもなく，原告に勝訴の見込みがないことを意味しており，逆に審理してみなければ分からない要素があれば，この要件が充足されることはない。この事案でも，審理してみなければ分からない要素はあるので，この要件は充足されないと考えられる。

　また，公共の福祉に重大な影響を与えるかという点については，典型的には国民の生命・健康・安全等に重大な不利益が生じうる事案かが問題となる。この事案では，消費者の安全確保の利益が存在しており，執行停止がなされることで，安全情報としてのこの商品の危険性が消費者に伝わらなくなるとすれば，この要件を充足する可能性がある。もっとも，措置命令という処分の効力は，周知措置の実施義務を相手方事業者に課すものであって，消費者庁が情報提供として周知することを妨げる意味を持っていない。このことからすると，取引先等以外の第三者との関係で，執行停止が認められることにより大きな悪影響が生じることは考えにくい。

ステップアップ

　執行停止の要件としての「重大な損害」は，考慮事項を明示する規定が2004年の法改正で導入された結果，公益と私益の比較衡量の場として位置づけられることになった。そのため，処分の性質や第三者に与える影響も，この「重大な損害」の中で考慮されるとする理解が一般化した。もっとも，このように考えると，公共の福祉への重大な影響という消極要件との役割分担が不明確になり，疎明責任の範囲にも影響を与えることになる。そこで，少なくとも申立人が疎明すべき内容の中には，第三者に与える悪影響がないことまでは求めるべきでないと思われる。

11 ── 国家賠償法 1 条の責任

事 例

　Y市は，民間資金等の活用による公共施設等の整備等の促進に関する法律
(PFI法) に基づいて Y 市立総合図書館の整備を行うこととし，同法 8 条に
基づき公募を行ったところ，全国規模の書籍販売業者である A 社と，地元
の大手書店である X 社がこれに応じた。X 社は，同法 10 条に基づき公募前
から技術提案を行い，Y 市の PFI 事業の準備段階から協力を行っていた。
しかし，A 社と X 社の見積もりを比較すると，A 社の価格がやや安く，ま
た X 社よりも全国的な知名度があることから，Y 市は A 社と契約を締結す
ることにした。これに対して X 社は，A 社の見積もりが安いのは X 社のよ
うに以前から技術提案等を行っておらずそのコストが反映されていないため
であり，また全国的な知名度の有無で判断することは，同法 11 条 2 項の評
価基準に反するとして，公募までに要した費用を賠償するよう，Y 市に求め
たいと考えている。

　この請求は認められますか。

【資料≫参照条文】

○民間資金等の活用による公共施設等の整備等の促進に関する法律（抄）

(目的)

第1条　この法律は，民間の資金，経営能力及び技術的能力を活用した公共施設
　　等の整備等の促進を図るための措置を講ずること等により，効率的かつ効果的
　　に社会資本を整備するとともに，国民に対する低廉かつ良好なサービスの提供
　　を確保し，もって国民経済の健全な発展に寄与することを目的とする。

(民間事業者の選定等)

第8条　公共施設等の管理者等は，前条の規定により特定事業を選定したときは，
　　当該特定事業を実施する民間事業者を公募の方法等により選定するものとする。

2　前項の規定により選定された民間事業者は，本来同項の公共施設等の管理者

等が行う事業のうち，事業契約において当該民間事業者が行うこととされた公共施設等の整備等（第16条の規定により公共施設等運営権が設定された場合にあっては，当該公共施設等運営権に係る公共施設等の運営等）を行うことができる。

（技術提案）

第10条　公共施設等の管理者等は，第8条第1項の規定による民間事業者の選定に先立って，その募集に応じようとする者に対し，特定事業に関する技術又は工夫についての提案（以下この条において「技術提案」という。）を求めるよう努めなければならない。

2　公共施設等の管理者等は，技術提案がされたときは，これについて適切な審査及び評価を行うものとする。

3　（略）

（客観的な評価）

第11条　公共施設等の管理者等は，第7条の特定事業の選定及び第8条第1項の民間事業者の選定を行うに当たっては，客観的な評価（当該特定事業の効果及び効率性に関する評価を含む。）を行い，その結果を公表しなければならない。

2　公共施設等の管理者等は，第8条第1項の民間事業者の選定を行うに当たっては，民間事業者の有する技術及び経営資源，その創意工夫等が十分に発揮され，低廉かつ良好なサービスが国民に対して提供されるよう，原則として価格及び国民に提供されるサービスの質その他の条件により評価を行うものとする。

（地方公共団体の議会の議決）

第12条　地方公共団体は，事業契約でその種類及び金額について政令で定める基準に該当するものを締結する場合には，あらかじめ，議会の議決を経なければならない。

（選定事業の実施）

第14条　選定事業は，基本方針及び実施方針に基づき，事業契約（第16条の規定により公共施設等運営権が設定された場合にあっては，当該公共施設等運営権に係る公共施設等運営権実施契約（第22条第1項に規定する公共施設等運営権実施契約をいう。）。次項において同じ。）に従って実施されるものとする。

2　選定事業者が国又は地方公共団体の出資又は拠出に係る法人（当該法人の出資又は拠出に係る法人を含む。）である場合には，当該選定事業者の責任が不明確とならないよう特に留意して，事業契約において公共施設等の管理者等との責任分担が明記されなければならない。

基礎知識の確認

　行政救済法の2つの柱は，行政活動の是正を求める行政争訟と，被害の金銭填補を求める国家補償である。国家補償はさらに，違法な行政活動によって生じた損害の賠償を求める国家賠償と，適法な行政活動によって生じた被害を公平負担の観点から金銭填補するよう求める損失補償に分けられる。国家賠償に関しては，国家賠償法が通則的な規定を置いており，その責任は，ここで扱う同法1条が定めている公権力の行使に関する責任と，2条が定めている営造物の設置・管理の瑕疵に関する責任の2種類がある。

　第二次世界大戦以前には，行政裁判所が損害要償に関する訴えを扱わず，また通常裁判所である大審院でも官吏の権力的な国家活動に対する賠償請求を認めていなかった。しかし戦後，日本国憲法17条が国家賠償制度の設定を予定し，これを受けて国家賠償法が制定された。国家賠償法1条の責任は，公権力の行使に関する賠償責任を新たに設けたものと理解されている。それゆえ，同法1条1項の「公権力の行使」は，行政訴訟で言えば処分性がある行為のような，権力的な国家活動を意味すると考えられてきた。もっとも，国家賠償法1条に対応する民事上の責任である民法715条（使用者責任）の規定と比較すると，国家賠償法の方が救済面で有利であり，また国・公共団体を被告とすれば，賠償を支払うことができない事態は想定できない。そこで，学説・判例は，国家賠償法1条1項の公権力の行使を幅広く捉えるようになり，行政機関以外の国家機関の行為までもその対象とするようになった。

　国家賠償法1条の責任を成立させるために最も重要な要件が「違法性」と「故意・過失」である。国家賠償法1条1項は，条文上この2つを書き分けており，また民法709条では用いられていない「違法」の用語が使われている。これは，民法の不法行為法の歴史的な発展の一時期の理論を前提にしたものであり，現在では違法性と故意・過失を区別しない見解や，違法性でなく権利・利益侵害の語を用いる見解が，民事法学では有力になっている。これに対して，行政法学においては，行政活動が法令に従ってなされていないことを違法性，公務員の主観的な事情を故意・過失と区別する見解（公権力発動［処分］要件欠如説）と，両者を区別せずまとめて公務員が通常尽くすべき注意義務違反を違法性と表現する見解（職務行為基準説・職務義務違反論）があり，後者の立場では違法性とは別に故意・過失を論じることはない。

Milestone

- ■1　国家賠償法の「公権力の行使」はどのような行為を意味しますか。
- ■2　国家賠償訴訟の被告は誰になりますか。
- ■3　違法性，故意・過失は認められますか。
- ■4　損害，因果関係は認められますか。

考え方

■1　国家賠償法1条1項の「公権力の行使」該当性

　国家賠償法1条1項の「公権力の行使」については，純粋私経済作用と国家賠償法2条の責任（営造物の設置・管理の瑕疵に関する責任）を除く全ての国家作用のことであるとする広義説が判例・通説である（国家賠償法2条の責任を差し引かない立場もある）。ここで，純粋私経済作用とは，国・公共団体の活動の中で，民間の私人でも行っているような経済活動，例えば物品の購入や売買契約などのことであり，この作用に関しては国家賠償法1条1項ではなく，民法715条が適用される。

　この事案で問題になっているのは，PFI法に基づく契約である。一般的な物品購入や契約の締結は，純粋私経済作用に該当するものであり，国家賠償法1条1項にいう公権力の行使にはあたらないとされる。これに対してPFI法に基づく契約は，単なる物品購入とは異なり，公共施設の建設のための費用の調達，設計，工事から場合によっては施設の管理までを包括的に民間事業者に任せるものであり，行政側から細かな指示があるわけではなく，民間事業者側の工夫の余地が広い。この点が，すでに建設されている公共施設の運営・管理のみを民間事業者に委ねる指定管理者との違いである。そこで，PFI法に基づく契約の締結（PFI法14条・16条）は，一般私人が締結する契約と同様の性格を持つ純粋私経済作用とは言えず，国家賠償法1条1項の公権力の行使に該当すると考えられる。

■2　「公務員」と「国又は公共団体」

　国家賠償法1条の責任の判断は，加害行為を特定し，それが公権力の行使

に該当することを確認すると，その行為を行った者が公務員，その公務員が所属する組織が国・公共団体となる。

この事案では，PFI 法に基づく契約の締結（不締結）が加害行為であるから，その契約の締結を行わないと判断した公共施設の管理者等（Y 市長）が「公務員」であり，それが所属する Y 市が「公共団体」となって，国家賠償請求の被告となる。

■3　違法性と故意・過失

国家賠償法 1 条の責任は，公権力の行使に関する広義説が一般化した結果，多種多様な行為が対象に含まれることとなった。そこで，違法性と故意・過失の関係について，行為の性格に応じて判断方法を類型化する考え方が有力に説かれている。学校事故のように，教員が公務員であることに伴う特別な行為規範が存在しない（私立学校の教員と同じように事故の結果を回避するように行動すべきであるという行為規範しかない）場合には，違法性と故意・過失を明確に分けることなく，注意義務違反＝過失の有無に判断を一元化することが多い。これに対して，行政行為（処分）のように，行政機関固有の行為規範が存在する場合には，処分要件が欠如していることを違法性とし，そのことに関して公務員の注意義務違反を過失と考える公権力発動要件欠如説の立場に立った最高裁判決が存在する。

この立場で考えると，この事案で違法性は，PFI 法 11 条 2 項の評価基準に照らすと，価格の多寡は考慮要素ではあるものの，それだけで決まるものではないこと，また全国的な知名度はこの中に含まれていないことから，Y 市長による選定は PFI 法に反するものであると主張することになる。加えて，X は以前から PFI 事業の提案に関わっており，信頼保護の観点から Y 市長による選定が違法であると主張することも考えられる。そして，過失は，こうした結果を予見できたにもかかわらず，それを回避せずに A を事業者に選定したことと考えられる。

これに対して，行為類型ごとに違法性・過失を分けず，一括して「職務上通常尽くすべき注意義務を尽くさなかったこと」を国家賠償法における違法性と考える立場が職務行為基準説であり，最高裁判例においては，立法・司法などの作用からこの理解が広がり，現在では一般的な行政活動でも用いられている。この判断方法は，注意義務違反＝過失の問題も違法性の中で併せ

て判断されるため，「違法だが過失はない」という判断が示されることがない（過失が独立して認定されることがない）点に特色がある。

　この立場で考えると，この事案においては，PFI法11条2項の評価基準によれば知名度だけでは判断ができないはずであることや，Xが準備段階から協力していることが十分に考慮されずに選定がなされていることに着目し，こうした事情から，Y市長が職務上通常尽くすべき注意義務を尽くすことなく漫然とAを事業者として選定したことが，国家賠償法上違法の評価を受けると主張することになる。

■ 4　損害と因果関係

　損害・因果関係については，民法の不法行為法と異なる国家賠償法独自の内容はあまりない。この事案では，XがPFI事業の関係で事前に協力していた準備費用が損害にあたり，その損害とY市長による事業者としての不選定との因果関係も認められる。

ステップアップ

　公権力発動要件欠如説と職務行為基準説は，国家賠償法の制度理解の違い（法治主義担保機能を重視するか被害者救済機能を重視するか）に由来するものではある。しかし，事例問題における書き方のレベルでは，違法性・過失の書き分けをするかしないかにとどまっており，具体的に主張されている事情にそれほど大きな違いがあるわけではない。また，公権力発動要件欠如説であっても，国家賠償責任の成立には故意・過失が必要である点は変わらないので，結果として救済される可能性との関係ではどちらの説をとっても大きな違いはないように見える。

　もっとも，職務行為基準説における「違法性」＝「通常尽くすべき注意義務違反」にはさまざまな要素が入りうるし，その中でどの要素に力点を置いて裁判所が判断するかによって，救済されるかどうかの結果に影響を与えることは考えられる。これに対して，公権力発動要件欠如説では，違法性が肯定されれば過失も認められることが多く（例外的に，公務員が法令違反を回避できなかった事情があれば過失が否定される），法令違反の活動が認定されれば救済される可能性が高いとも言える。

国家賠償法2条の責任

事 例

　Y市立の小学校で，6年3組の理科の授業中，児童Xが屋上の天窓を突き破って転落し，重症を負う事故が発生した。当時は屋上で太陽の動きを観察する授業を行っており，教師Aは天窓付近には近づかないよう指導していたが，天窓の付近には手すりや柵がなかった。また天窓の点検は2年前に目視で行われていたが，設置してからはすでに20年が経過していた。

　損害賠償を求める訴訟を検討しているXの両親は，訴訟においてどのような主張をすればよいですか。

基礎知識の確認

　国家賠償法は，公務員の公権力の行使に関する責任と，公の営造物の設置・管理に関する責任の２種類の責任を規定している。このうち後者は，第二次世界大戦前においても，民法717条（工作物責任）の適用の形式で賠償請求の可能性があり，国家賠償法２条の制定は，このことを確認することに加え，設置管理者と費用負担者が異なる場合に，両方に賠償請求ができる（国家賠償法３条１項）ことを明確化する狙いに基づいていた。その意味で，戦前にできなかった賠償請求を可能にした１条の責任とは異なっている。

　国家賠償法２条の責任が成立する重要な要件は，「公の営造物」と「瑕疵」である。公の営造物は，現在の言葉で言えば公共施設に該当する。国家賠償法２条１項が例示するように，道路のような人が作り出したもの（人工公物）のみならず，河川のような自然のもの（自然公物）も含まれる。それゆえ，民法の工作物責任が想定する「工作物」よりも幅広い対象が含まれる。瑕疵は，通常有すべき安全性を欠いていることを意味しており，民法でこの概念が議論されるときとほぼ同様の内容である。人工公物の場合の「瑕疵」の有無の判断にあたっては，その物の客観的な安全性を出発点として，設置管理者の損害回避義務が尽くされていたかという要素も考慮される。これに対して，河川のような自然公物の場合には，人間ができる対策に限界があることから，未改修部分については改修計画が合理的なものであるかが，既改修部分については改修計画で想定された計画高水流量の範囲内であるかどうかが考慮されて，瑕疵の有無が判断される（単純に客観的安全性の有無で判断されるわけではない）。

　国家賠償法２条の責任が成立する場面において重要な点は，その多くで，国家賠償法１条の責任（特に権限不行使・不作為の違法）も成立することである。２条で問題にしている設置・管理作用の不作為であれば，国家賠償法１条の「公権力の行使」に関する広義説（＝全ての国家作用から純粋私経済作用と国家賠償法２条の責任を引いたもの）の理解を前提とすると，２条の責任が優先的に成立し，その限りで１条の適用は問題にならない。ただし，設置・管理以外の不作為，例えば公共施設に関する法令とは別に存在する行政上の規制法令に基づく権限の不行使は，広義説の立場をとるとしても同時に追及することが可能になる。

Milestone

■1　国家賠償法2条1項の「公の営造物」はどのような意味ですか。
■2　国家賠償法2条1項の「瑕疵」はどのような意味ですか。
■3　国家賠償法1条の責任で構成する可能性はありますか。
■4　安全配慮義務違反で構成する可能性はありますか。

考え方

■1　国家賠償法2条1項の「公の営造物」該当性

　国家賠償法2条1項の責任の対象となる「公の営造物」は，国・地方公共団体のような行政主体が設置あるいは管理する施設を意味しており，その所有権等の権原が誰にあるかにかかわらず，また管理権限が法令上規定されているかにかかわらず，その施設が「公の用に供されている」ことが重要である。道路であれば，一般市民の利用のために開放される供用開始決定（公用開始決定）と呼ばれる行政行為（処分）の後には，公の用に供されていると考えることができる。人工公物の場合には，公用開始決定が明確な形で存在することが多いのに対して，河川等の自然公物の場合には，そうした決定が存在しないことがほとんどであり，この場合には，現実に当該河川等を管理しているかどうかが重要になる。

　この事案では，Y市立の小学校の天窓が問題であり，この天窓はY市が設置・管理し，教育行政という公の用に供されているから，公の営造物と言える。

■2　国家賠償法2条1項の「瑕疵」該当性

　国家賠償法2条1項の責任が成立する上で，最も重要な点は，瑕疵の存在である。最高裁判例（夢野台高校事件［最三小判1978(昭和53)・7・4民集32巻5号809頁］，判Ⅱ176/CB19-10 キツネ飛び出し事件［最三小判2010(平成22)・3・2判時2076号44頁］）によると，瑕疵の判断基準は

　国家賠償法2条1項にいう営造物の設置又は管理の瑕疵とは，営造物が

> 通常有すべき安全性を欠いていることをいい，当該営造物の使用に関連
> して事故が発生し，被害が生じた場合において，当該営造物の設置又は
> 管理に瑕疵があったとみられるかどうかは，その事故当時における当該
> 営造物の構造，用法，場所的環境，利用状況等諸般の事情を総合考慮し
> て具体的個別的に判断すべきである

であり，物の性状等の客観的安全性を前提として，設置管理者の損害回避義
務も考慮に入れて判断がなされる。損害回避義務の検討にあたっては，設置
管理者が事故を予想しえたかという予見可能性との関係で，その物の通常の
用法に従った状況での事故であったのかが考慮されることもある。

　この事案では，転落事故が発生している点で客観的安全性を欠いているこ
とが明らかであり，しかも経年変化も見られている。また，設置管理者の損
害回避措置の観点からは，手すりや柵が用意されておらず，点検も不十分で
あったことから，回避のための対応がとられていたとは言えない。また，天
窓は本来，採光を目的とした施設ではあるものの，屋上に設置されており，
かつ屋上は教育活動の場所として用いられることもあるのだから，好奇心旺
盛な児童にとって「誘惑的存在」であり，そこから下をのぞき込む行動を設
置管理者は予測可能である。そのため，設置・管理に瑕疵があったと言え，
国家賠償法2条の責任が成立すると考えられる。

■3　国家賠償法1条による構成

　この事案では，「天窓の設置管理の瑕疵」に着目して2条の責任が成立す
るほか，1条の責任が成立する可能性もある。

　国家賠償法1条1項の「公権力の行使」を，全ての国家作用のうち純粋私
経済作用と国家賠償法2条の責任を引いたものであると理解すると，公立学
校における教育活動は，そのいずれにも該当しないため，公権力の行使に含
まれると考えられる。そうすると，教育活動にあたっていた教師Aが公務
員であり，教師Aが所属するY市が公共団体となる。

　国家賠償法1条1項にいう「違法」と故意・過失の関係については，複数
の理解（公権力発動要件欠如説・職務行為基準説）が存在するものの，学校事故
のように，国公立学校と私立学校との間で，教職員の行為規範（＝事故を回
避する義務）に差異がない場合には，注意義務違反（過失）の存否によって一

元的に判断される。

　この事案では，天窓の設置後の経年変化が認められ，手すりや柵がなかったことから，転落事故が起きる可能性は予見できたはずである。そして，教師 A が天窓付近に近づかないようにと指導しただけでは，結果回避義務を十分に果たしたとは言えない。それゆえ，教師 A には過失が認められる。さらに，損害との間の因果関係も認められるから，国家賠償法 1 条の責任が成立すると考えられる。

■4　安全配慮義務違反による構成

　国家賠償法は，民法の不法行為法の特別法であり，国家賠償法の規定がない点については民法の規定が適用される（国家賠償法 4 条）。これに対して，債務不履行の構成を用いる安全配慮義務違反での請求が以前から用いられてきた。これは，民法（債権法）の 2017 年改正以前において，不法行為法の時効が 3 年（除斥期間 20 年）であったのに対して，債務不履行の一般的な時効が 10 年であったことを背景としており，請求権の時効による消滅を回避するために，安全配慮義務違反での請求が広く用いられていた。ただし，民法（債権法）改正により，生命・身体に関する不法行為に基づく賠償請求の時効と，債務不履行で構成した場合の時効が同じになったため，安全配慮義務違反での構成を行う必要がある場面は少なくなると考えられる。

　安全配慮義務違反は，特別な社会的接触の関係（例えば学校・職場等）に入っている場合に法律関係の付随義務として信義則上負う義務と整理されている。安全配慮義務違反の主張の具体的内容は，国家賠償法 2 条の責任とよく似ている。つまり，設置された施設に瑕疵があって，生命・健康に重大な危険が生じており，事故当時にその危険が除去されず存在し，損害回避措置がとられていなかったことを主張する必要がある。この事案では，経年変化の存在や点検が不十分であったことから，危険発生の具体的予見可能性が認められ，また教師が指導する以外には特段の損害回避のための措置がとられていなかったことから，結果発生を回避する義務が果たされていなかったと言える。

ステップアップ

　市町村立の学校の教職員は，市町村立学校職員給与負担法に基づいて，給与を学校設置者である市町村ではなく，都道府県が負担している（県費負担教職員制度）。このため，国家賠償法3条1項にいう「公務員の選任若しくは監督」「に当る者と公務員の俸給，給与その他の費用」「を負担する者とが異なるとき」にあたり，市町村立の学校の教職員が国家賠償法1条の公務員にあたるときは，その給与を負担している都道府県に対しても賠償請求ができる。もし賠償請求が認められた場合には，都道府県にも賠償支払の義務が生じうるものの，国家賠償法3条2項の求償規定を使って，都道府県はその分の費用を，学校設置者である市町村に対して請求できる （判百Ⅱ238/Ⅱ177/CB18-14|郡山市事件最高裁判決［最二小判 2009（平成 21）・10・23 民集 63 巻 8 号 1849頁]）。

⓭ 損失補償の根拠と要否

　以下の事例で，条例に基づく規制対象事業所に認定された後，X がそれまでの投資分を市に負担してもらおうとする場合，どのような構成による請求が考えられるか，またその成否を検討して下さい。

　X は，P 県 Y 市の山間地で産業廃棄物処理場の設置を計画し，廃棄物の処理及び清掃に関する法律 15 条 1 項に基づき，P 県知事に申請書を提出した。P 県では許可申請の際に，地元の市町村が同意していることを証する書類の添付を求める行政指導を行っており，X は指導を受けて Y 市の担当課に赴いたところ，Y 市の担当者からは 1 ヶ月待って欲しいと伝えられた。Y 市は庁内での検討を経て A 市長が建設計画への支援を決め，X と公害防止協定を締結した。P 県は，X が協定書を提出したことから，地元市町村の同意が得られていると判断し，法令上の他の要件も充足しているとして，X に対する産業廃棄物処理施設の許可を出した。

　ところが，許可が出されて 3 ヶ月後に行われた市長選挙で，産業廃棄物処理施設の建設に反対する候補者 B が市長に当選した。B 市長は X との公害防止協定を破棄し，水源地自然環境保護条例を定めて産業廃棄物の設置を規制すると議会で表明した。議会内にも B 市長に賛同する議員が多く，同条例は市長選挙から 6 ヶ月後に制定され，即日施行された。この条例に基づいて，X が建設を行っている地域が保護地域に指定され，事前協議を経て，X の施設は規制対象事業所に認定された。この結果，X は施設が完成しても条例上適法に操業することができなくなった。事前協議の際に X は，廃棄物の処理及び清掃に関する法律では適法なのに，市長の交代を契機に制定された条例の規制により営業できなくなるのはおかしいと主張したものの，Y 市の担当者は条例の規定を説明するだけで X の言い分に耳を貸さなかった。

【資料≫参照条文】

○Y市水源地自然環境保護条例（抄）

（目的）

第1条　この条例は，Y市の住民が安心して飲める水を確保するため本市の水道水質の汚濁を防止，その水源の自然環境を保護し，住民の生命，健康を守ることを目的とする。

（定義）

第2条　この条例において，次の各号に掲げる用語の定義は，それぞれ当該各号に定めるところによる。

　一　水源　水道法（以下「法」という。）第3条第8項に規定する取水施設及び貯水施設に関係する地域で，水道の原水の取り入れに係わる区域をいう。

　二　水源保護地域　本市の水道に係わる水源及びその上流地域で，Y市長（以下「市長」という。）が指定する区域をいう。

　三　水源の枯渇　取水施設の水位を著しく低下させることをいう。

　四　対象事業　別表に掲げる事業をいう。

　五　規制対象事業場　対象事業を行う工場，その他の事業場のうち，水道に係わる水質を汚濁させ，若しくは水源の枯渇をもたらし，又はそれらのおそれのある工場，その他の事業場で，第13条第3項の規定により規制対象事業場と認定されたものをいう。

（適用の区域）

第3条　この条例は，Y市全域について適用する。

（責務）

第4条　この条例の目的を達成するため，本市は水源の保護に係わる施策を実施し，次の各号に掲げる該当者は，それぞれに定められた責務を負う。

　一　市長の責務　市長は水源の水質検査を定期的に実施し，水質の保全に努めなければならない。

　二　住民の責務　住民は，本市が実施する水源の保護に係わる施策に協力しなければならない。

（審議会の設置）

第5条　水源の保護を図り，水道事業を円滑に推進するため，地方自治法第138条の4第3項の規定に基づき，Y市水道水源保護審議会（以下「審議会」という。）を設置する。

2　審議会は，本市の水道に係る水源の保護に関する重要な事項について，調査，審議する。

（組織）

第6条　審議会は，委員10人以内をもって組織する。

2　委員は，次の各号に掲げる者のうちから市長が委嘱し，又は任命する。

　一　市議会の議員

　二　学識経験を有する者

　三　関係行政機関の職員

　四　その他市長が必要と認めた者

（水源保護地域の指定）

第11条　市長は，水道の水質を保全するため水源保護地域を指定することができる。

2　市長が，水源保護地域を指定しようとするときは，あらかじめ審議会の意見を聴かなければならない。

3　市長が，第1項の規定により，水源保護地域の指定をしたときは，その旨を直ちに公示するものとする。

4　前2項の規定は，水源保護地域を変更し，又は解除しようとする場合についても準用する。

（規制対象事業場の設置の禁止）

第12条　第11条の規定により，水源保護地域に指定された区域において，何人も規制対象事業場を設置してはならない。

（事前協議及び措置等）

第13条　水源保護地域内において対象事業を行おうとする者（以下「事業者」という。）は，あらかじめ市長に協議するとともに，関係地域の住民に対し，当該対象事業の計画及び内容を周知させるために，説明の開催その他の措置を採らなければならない。

2　市長は，事業者が前項の規定による協議をせず，又は同項の措置を採らず，若しくは採る見込みがないと認めるときは，当該事業者に対し期限を定めて当該協議をし，又は当該措置を採るよう勧告するものとする。

3　市長は，第1項の規定による協議の申し出があった場合において，審議会の意見を聴き，規制対象事業場と認定したときは，事業者に対し，その旨を速やかに通知するものとする。

4　前3項の規定は，対象事業場を行う施設の構造若しくは規模，又は事業の範囲を変更しようとするものについて準用する。

（一時停止命令）

第15条　市長は，事業者が第13条第2項の規定による勧告に従わないときは，当該事業者に対し，期限を定めて対象事業を行う施設の建設及び対象事業の実施の一時停止を命ずることができる。

（報告及び検査）

第16条 市長は，水源保護地域内において，対象事業を行う者に対し，排水処理施設等の状況，汚水等の処理方法を必要に応じ報告を求め，又はその職員或いは市長の指定する者をして施設に立ち入り，公共用水域に排出される汚水及び廃液の検査をさせることができる。

2 前条第1項により立入検査をする職員は，その身分を示す証明書を携帯し，関係人に提示しなければならない。

（改善命令）

第17条 市長は，水源保護地域内の対象事業場の排出口において，排出基準に適合しない排出水を排出しているときは，その者に対し，期限を定めて施設の構造，使用方法，汚水等の処理方法の改善を命じ，その施設の使用若しくは排出水の一時停止を命じることができる。

（指導）

第18条 市長は，水源保護地域内において，対象事業又は特定事業以外の工場，その他施設が排出する排水についても，公共用水域に汚水，廃液を排出する者に対し，必要な指導，助言，改善勧告をすることができる。

（罰則）

第20条 次の各号の一に該当する者は，1年以下の懲役，又は10万円以下の罰金に処する。

一 第12条の規定に違反した者

二 第15条の規定による命令に違反した者

第21条 法人の代表者又は法人若しくは人の代理人，その他の従業員がその法人又は人の業務に関し，前条の違反行為をした場合においては，その行為者を罰するほかその法人又は人に対し同条の罰金刑を科する。

別表（第2条関係）：事業の名称

1 産業廃棄物処理業

2 その他の水質を汚濁させ，若しくは水源の枯渇をもたらすおそれのある事業（別に規則で定める。）

基礎知識の確認

　適法な公権力の行使によって生じた特別の犠牲を，公平負担の観点から金銭塡補することを損失補償という。損失補償は，金銭で解決を図る点で国家賠償に類似するものの，国家賠償と異なり，その原因行為は適法である。それにもかかわらず金銭が支払われるのは，特定の人に甚大な犠牲が生じているからであり，平等・公平負担の観点からその調整がなされる点に特色がある。また，国家賠償法 1 条の「公権力の行使」とは異なり，その対象となる行政活動には何らかの強制・介入的な性格が求められる。

　損失補償の根拠としては，法律に損失補償の規定があればそれが根拠となり，損失補償が必要にもかかわらず法律の規定を欠いている場合には憲法29 条 3 項が根拠となるとするのが判例・通説の理解である（請求権発生説）。この立場の重点は，損失補償が必要なほどの財産権規制がなされているのに補償規定がないことを理由に，当該法律を違憲無効とすることはないという点にある。過去の最高裁判例において，憲法 29 条 3 項を根拠に損失補償を認めた実例がないのは，このことと関係している。

　損失補償の要否の基準としては，「特別（の）犠牲」の有無が通常挙げられる。具体的には，規制の対象が一般的か特定的か（特定的であれば補償が必要），規制の目的が生命・安全の保護等の消極目的か福利向上を目指す積極目的か（積極目的であれば補償が必要），規制の強度が財産権に対する内在的制約にとどまるものか（財産権を強度に制約するものであれば補償が必要），現状の土地利用を固定するにとどまるものか（現状の土地利用をさらに制約するものであれば補償が必要）等の複数の基準があり，何を重視するかによって結論が変わりうる。それゆえ，損失補償の事例問題においては，結論よりも結論を導く理由付けが説得的で一貫したものかという点が重要である。

Milestone

■1　国家賠償と損失補償はどのような相互関係にありますか。
■2　損失補償の条文上の根拠は，どこに求められますか。
■3　損失補償の要否は，どのように判断されますか。
■4　この事案で，国家賠償法に基づく請求は可能ですか。

考え方

■1　国家賠償と損失補償の関係

　国家賠償は「違法な」行政活動に対する金銭賠償で，損失補償は「適法な」行政活動に対する金銭塡補であるから，両者は全く重ならないようにも見える。しかし，問題となっている加害行為が違法であるとも適法であるとも考えられる場合には，どちらの構成も行える可能性がある。また，国家賠償法1条の責任は，成立要件に過失を含んでいるから，行政活動が仮に違法とされても，過失がなければ賠償責任が成立しない。そこで，こうした違法無過失の場面において，損失補償の構成で救済ができないかが議論されてきた（例：予防接種禍，長期にわたる都市計画制限）。国家賠償と損失補償の総称である「国家補償」という考え方は，単に2つの領域を足し合わせただけではなく，国家起因性のある被害に対して，国家賠償か損失補償か（あるいは双方か）の構成によって救済を実現する場としての意味も持っている。

　この事例では，条例に基づく規制対象事業場の認定が加害行為であり，その法的評価によって，損失補償構成と国家賠償構成の双方が考えられる。規制対象事業場の認定は，条例に基づくものであって，適法なものと考えれば，損失補償の構成が選択される。これに対して，規制対象事業場の認定が違法と考えれば，国家賠償法（1条）の構成が選択されうる。

■2　損失補償の根拠

　損失補償を論じる際には，根拠と要否を必ず提示する必要がある。根拠については，法律（条例を含む）に損失補償を予定する規定があれば，その規定が根拠となる。そのような規定が存在しないにもかかわらず，本来であれば損失補償を要する事案の場合には，憲法29条3項を根拠とする。

　この事案では，条例の中に損失補償の規定がないことから，損失補償が必要であるとすると，その根拠は憲法29条3項に求められる。

■3　損失補償の要否

　損失補償の要否に関する判断基準は，「特別（の）犠牲」の有無である。具体的には，規制対象・規制目的・規制の強度・規制の態様などの複数の基

準が存在しており，それらを総合的に検討することで特別犠牲の有無を判断することになる。

　形式的な基準として，規制対象が一般的か特定的かという観点がある。損失補償は，一部の特定の者の犠牲によって，それ以外の多くの私人の福利が向上する構造が見られる場合に，犠牲を引き受けた者に対して認められる（典型例は，洪水・渇水を防止するためのダムの建設に伴う土地収用である）。この事案では，規制対象となっているのはＸだけであるから，対象の特定性は認められる。

　実質的な基準として，規制の強度が財産権の本質を侵害するものであるかという観点がある。土地収用のように土地所有権を完全に奪ってしまう場合には，財産権の本質を侵害するものと言える。これに対して，土地所有を否定しないものの，その利用のあり方について規制する（例えば建築物の高さを制限する）にとどまる場合には，財産権の本質を侵害したとまでは言えず，損失補償が否定されることが多い。この事案では，施設が完成しても条例上適法に事業を実施することができなくなっているため，財産権に対する侵害の程度は強度と考えられる。

　さらに，規制目的に着目する基準もよく使われる。規制の目的が，生命・健康・安全の保護などの消極目的規制であれば損失補償は不要とされるのに対して，国民の福利向上のような積極目的であれば損失補償が必要である。この事案では，水源の保護目的に着目すれば消極目的規制と考えられる（自然保護に力点を置き，そこに生命・健康保護以上の目的（例えばレクリエーションの場の提供）を読み込むと，積極目的規制と言えなくはない）。そうすると，この観点からは損失補償が不要と考えられる。

　もっとも，この事案では，Ｘは当初，Ａ市長が協力の意向を表明し，ＸとＹ市の間で公害防止協定が締結されていたものの，その後に実施された市長選挙で当選したＢ市長が事業に反対の立場をとって条例を制定し，操業できない状況となったという経緯が見られる。地方公共団体の選挙によって首長が交代し，それに伴って政策が変更されたこと自体は違法ではないものの，過去のＹ市の対応を信頼して施設を建設するために投資を行ったＸの信頼が保護される必要がある。このような信頼保護の観点からすれば，それまでの投資分が補償されるべきとも考えられる。

■4　国家賠償法による請求可能性

　条例に基づく規制対象事業場の認定が違法であるとすると，国家賠償法1条の責任の追及が可能となる。認定を受けると，水源保護地域内での設置が禁止され（条例12条），違反した場合には罰則（条例20条1号）があることから，認定は行政事件訴訟法における処分と考えられ，国家賠償法1条1項の公権力の行使にも該当する。そうすると，認定を行ったB市長が公務員であり，その所属先であるY市が公共団体となる。

　条例に基づく規制対象事業場の認定の違法性主張にあたっては，①条例の規定が適法であることを前提とする主張，②条例の規定が違法であることを前提とする主張の2つに大別される。

　①の条例の規定が適法であることを前提とする主張としては，水源保護地域の指定が違法であるとの主張と，規制対象事業場の認定が違法であるとの主張が考えられる。このうち，水源保護地域の指定が違法であるという主張は，条例上「本市の水道に係わる水源及びその上流地域」（条例2条2号）とされているため，そもそも水源と関係がない地域であれば違法と考えられる。しかし，そうでなければ，条例上それ以外の要件が規定されず，専門家等を含む審議会の意見を聞いて（条例11条2項）指定されていることから，これ以上の違法性主張は難しいかもしれない。また，規制対象事業場の認定については，「対象事業を行う工場，その他の事業場のうち，水道に係わる水質を汚濁させ，若しくは水源の枯渇をもたらし，又はそれらのおそれのある工場，その他の事業場」（条例2条5号）とされており，条例の別表で対象事業として「産業廃棄物処理業」が挙げられている。そうすると，水質汚濁・水源枯渇あるいはそれらのおそれがないのに認定されたことが認められれば，認定が違法と評価されることになる。

　②の条例の規定が違法であることを前提とする主張（⇨Ⅰ　論点別演習［行政過程論］❷）としては，条例の規定が廃掃法に違反するとする主張と，条例の制定や規制対象事業場の認定が信頼保護原則に反するとの主張が考えられる。法律と条例の関係については，判百Ⅰ40/Ⅰ18/判2-1/CB1-2徳島市公安条例事件判決（最大判1975(昭和50)・9・10刑集29巻8号489頁）が示した判断基準である

> 条例が国の法令に違反するかどうかは，両者の対象事項と規定文言を対
> 比するのみでなく，それぞれの趣旨，目的，内容及び効果を比較し，両
> 者の間に矛盾抵触があるかどうかによってこれを決しなければならない。

を前提として判断することになる。そして，この事案での条例は，廃掃法の
規制を上回る規制を行おうとするいわゆる上乗せ条例であるため，

> 特定事項についてこれを規律する国の法令と条例とが併存する場合でも，
> 後者が前者とは別の目的に基づく規律を意図するものであり，その適用
> によって前者の規定の意図する目的と効果をなんら阻害することがない
> ときや，両者が同一の目的に出たものであっても，国の法令が必ずしも
> その規定によって全国的に一律に同一内容の規制を施す趣旨ではなく，
> それぞれの普通地方公共団体において，その地方の実情に応じて，別段
> の規制を施すことを容認する趣旨であると解されるときは，国の法令と
> 条例との間にはなんらの矛盾抵触はなく，条例が国の法令に違反する問
> 題は生じえない

とする判断基準が用いられる。もし，条例の目的が水道水源の保護であり，
廃掃法の公衆衛生維持目的とは異なると評価されれば，条例は適法と考えら
れる。これに対して，水道水源の保護を標榜しているとしても，その実質は
産業廃棄物処理施設の規制にある（条例別表）と考えると，法律と目的が重
なり合っていることになる。この場合にはさらに，廃掃法が全国一律同一内
容の規制をする趣旨かが問題となる。公衆衛生の事情は地域によって異なる
から，廃掃法は地域独自の規制を許容していると考えれば，条例は適法と考
えられる。これに対して，廃掃法は産業廃棄物処理に関する規制権限を都道
府県に割り当てており，市町村単位での規制水準の変更を予定していないと
考えれば，条例は違法と考えられる。
　上記の判断において仮に条例が適法であるとしても，条例の制定経緯から
考えて，規制対象事業場の認定が信頼保護原則に反して違法と考える余地も
ある。この事案では，前市長であるＡの協力姿勢を信頼して事業を進めて
きたＸに対して，選挙後に市長となったＢが非協力の方針を表明して条例
を制定している。条例の制定そのものが違法でないとしても，Ｘの信頼が保
護されるように移行措置等を考慮することなく，Ｘの経済的な利益を著しく

侵害する規制対象事業場の認定は，信頼保護原則の観点から違法と評価することも考えられる。

ステップアップ

　信頼保護原則の考え方は，行政上の法の一般原則のひとつであり，この原則に違反したことを理由に行政活動が違法であると評価するためには，①公的見解の表示，②表示を信頼した私人側の行動，③損害の発生，④公的見解を信頼したことについて私人の側に帰責性がない，の少なくとも4つの要素が必要とされる。もっとも，信頼保護と法律による行政の原理とのバッティングが存在しない場合には，④の要素は不要とされ，その分，信頼保護原則による私人の救済の余地が拡張される。

　信頼保護原則はこのほか，損失補償の要否の判断の際に，補助的な考慮要素として用いられることがある。損失補償の要否は，規制対象・規制目的・規制態様等から判断されることが一般的である。もっとも，信頼保護原則に反する事情が存在する場合には，一般的な判断要素では損失補償が不要と解される場合でも，損失補償を要するものと考える余地が生じる。

II

総合演習

1 警察法

事 例

Y 県知事は，新型コロナウイルスの流行を抑制するため，遊興施設の事業者に対して施設の使用制限を要請し，要請に応じない事業者 X に対して新型インフルエンザ等対策特別措置法 45 条 5 項の規定に基づく公表を検討しており，さらに同条 3 項の命令を行おうとしている。

この場合に，X が事業上の不利益を避けるために提起しうる訴訟類型と，その訴訟要件を充足するか説明して下さい。

【資料≫参照条文】

○新型インフルエンザ等対策特別措置法（抄）

（目的）

第 1 条　この法律は，国民の大部分が現在その免疫を獲得していないこと等から，新型インフルエンザ等が全国的かつ急速にまん延し，かつ，これにかかった場合の病状の程度が重篤となるおそれがあり，また，国民生活及び国民経済に重大な影響を及ぼすおそれがあることに鑑み，新型インフルエンザ等対策の実施に関する計画，新型インフルエンザ等の発生時における措置，新型インフルエンザ等まん延防止等重点措置，新型インフルエンザ等緊急事態措置その他新型インフルエンザ等に関する事項について特別の措置を定めることにより，感染症の予防及び感染症の患者に対する医療に関する法律（平成 10 年法律第 114 号。以下「感染症法」という。）その他新型インフルエンザ等の発生の予防及びまん延の防止に関する法律と相まって，新型インフルエンザ等に対する対策の強化を図り，もって新型インフルエンザ等の発生時において国民の生命及び健康を保護し，並びに国民生活及び国民経済に及ぼす影響が最小となるようにすることを目的とする。

（感染を防止するための協力要請等）

第 45 条　特定都道府県知事は，新型インフルエンザ等緊急事態において，新型インフルエンザ等のまん延を防止し，国民の生命及び健康を保護し，並びに国

民生活及び国民経済の混乱を回避するため必要があると認めるときは，当該特定都道府県の住民に対し，新型インフルエンザ等の潜伏期間及び治癒までの期間並びに発生の状況を考慮して当該特定都道府県知事が定める期間及び区域において，生活の維持に必要な場合を除きみだりに当該者の居宅又はこれに相当する場所から外出しないことその他の新型インフルエンザ等の感染の防止に必要な協力を要請することができる。

2　特定都道府県知事は，新型インフルエンザ等緊急事態において，新型インフルエンザ等のまん延を防止し，国民の生命及び健康を保護し，並びに国民生活及び国民経済の混乱を回避するため必要があると認めるときは，新型インフルエンザ等の潜伏期間及び治癒までの期間並びに発生の状況を考慮して当該特定都道府県知事が定める期間において，学校，社会福祉施設（通所又は短期間の入所により利用されるものに限る。），興行場（興行場法（昭和23年法律第137号）第1条第1項に規定する興行場をいう。）その他の政令で定める多数の者が利用する施設を管理する者又は当該施設を使用して催物を開催する者（次項及び第72条第2項において「施設管理者等」という。）に対し，当該施設の使用の制限若しくは停止又は催物の開催の制限若しくは停止その他政令で定める措置を講ずるよう要請することができる。

3　施設管理者等が正当な理由がないのに前項の規定による要請に応じないときは，特定都道府県知事は，新型インフルエンザ等のまん延を防止し，国民の生命及び健康を保護し，並びに国民生活及び国民経済の混乱を回避するため特に必要があると認めるときに限り，当該施設管理者等に対し，当該要請に係る措置を講ずべきことを命ずることができる。

4　特定都道府県知事は，第1項若しくは第2項の規定による要請又は前項の規定による命令を行う必要があるか否かを判断するに当たっては，あらかじめ，感染症に関する専門的な知識を有する者その他の学識経験者の意見を聴かなければならない。

5　特定都道府県知事は，第2項の規定による要請又は第3項の規定による命令をしたときは，その旨を公表することができる。

第79条　第45条第3項の規定による命令に違反した場合には，当該違反行為をした者は，30万円以下の過料に処する。

基礎知識の確認

　警察法は，伝統的な行政法各論の一分野であり，現在の行政法総論が形成される際に最も大きな役割を果たした。そこでいう警察法は，行政組織である「警察」の活動に関する法ではなく，公共の安全・秩序維持を目的とする内務行政活動全般に関する行政法を扱う分野として理解されていた。また，とりわけ第二次世界大戦前のこの分野においては，法律の定めが極めて限定的で，法律の定めを必要とせずに活動できる領域が広かった（旧憲法9条は法律の委任が不要な独立命令のひとつとして警察命令を規定していた）。こうしたことを背景として，法律の規定が不十分でも国民の権利・自由を保護できるように学説が発展させてきたのが，警察権の限界論であった。

　警察消極目的の原則は，警察活動が安全・秩序維持目的に限定されるべきとの考え方であり，警察の活動を幅広い目的に拡張させないことが意図されていた（旧憲法9条が明示的に認めていた福利目的の勅令制定権を制約する解釈論として提示する研究者もいた）。警察公共の原則は，法律の根拠なしに警察権を公共の安全・秩序維持と関わりのない個人の私生活への介入に用いてはならないとする考え方であり，ここから派生して，警察は民事の権利義務関係に介入してはならないとする民事不介入の原則も説かれていた。警察責任の原則は，警察権の発動の相手方は，公共の安全・秩序維持に対して障害を引き起こしている責任がある者で，その者の故意・過失は問わないとする考え方である。警察比例の原則は，国民の権利・自由に対する介入は，目的を達成するのに必要な最低限度にとどめなければならないとする考え方である。

　とりわけ戦後に入ると，それまで内務行政として行政組織としての警察が担っていた活動が他の省庁の所掌事務になり，行政組織としての警察が扱う事務分野は縮小した。また，少なくとも戦前と比べると，この領域における法律の規定は増加・明確化し，旧憲法が認めていた独立命令も日本国憲法下では否定された。このような制度の変化を背景として，警察権の限界論の持つ意味は小さくなってきている。もっとも，警察比例の原則は，その後，行政法上の法の一般原則に拡張され，さらには憲法上の原則としての意味も持つようになってきている。また，警察責任の原則は，規制立法の正当化根拠として，あるいは損失補償の要否の基準として，狭義の警察法の分野を越えて使われることも珍しくない。

Milestone

■1　新型インフルエンザ等対策特別措置法45条が定める感染予防措置の特色はどのような点にありますか。

■2　公表・命令を防ぐための訴訟類型として，どのようなものが考えられますか。

■3　公表を防ぐ訴訟の訴訟要件は充足されますか。

■4　命令を防ぐ訴訟の訴訟要件は充足されますか。

考え方

■1　感染予防措置の行政過程

　伝染病の予防は，伝統的な行政上の任務のひとつであり，参照領域（行政法各論）としては警察法の問題であった。現在では，伝染病に対する治療に関する給付行政の部分は社会保障法の領域と理解しうるものの，この事例で問題となっている行動制限については，警察法の問題と考えられる（なお，警察組織の活動という意味で警察法という言葉を使うとすると，行動制限の担当部局は警察ではないので，そこには含まれないことになる）。

　感染症を予防するための法制度は，感染症の予防及び感染症の患者に対する医療に関する法律（以下「感染症法」という）が基本的な枠組を設定しており，新型インフルエンザ等対策特別措置法（以下「特措法」という）が新型インフルエンザ等に限定して強力な予防・まん延防止のための措置を規定している。感染症は，一類感染症から五類感染症までと新型インフルエンザ等感染症・指定感染症・新感染症に分類され，何がこれにあたるかは感染症法6条2項以下で明示されている（指定感染症については同条8項でその指定が政令に委任されている）。感染症法は，患者の発見，隔離・治療，消毒その他の措置の3本の柱からなっている。患者の発見については，医師に届出義務を課したり（感染症法12条），検疫所長との連携を規定したり（同法15条の2）することで，早期発見を図っている。患者が発見されれば，就業制限（同法18条）をかけたり，指定医療機関に入院させたり（同法19条）して，治療・隔離を行う。さらに，まん延を防止するために消毒（同法27条），建物に関す

る措置（同法32条），交通の制限・遮断（同法33条）等が予定されており，これらの措置は必要最小限度でなければならない（同法34条）とされている。この規定は，警察比例原則を実定化したものと考えられる。

これに対して特措法は，「国民の大部分が現在その免疫を獲得していないこと等から，新型インフルエンザ等が全国的かつ急速にまん延し，かつ，これにかかった場合の病状の程度が重篤となるおそれがあり，また，国民生活及び国民経済に重大な影響を及ぼすおそれがあることに鑑み」（同法1条）制定されたものであり，感染症法よりも予防・まん延防止の措置を強化している点に特徴がある。同法は2009年に流行した新型インフルエンザへの対応の反省から2012年に制定された法律で，2020年に流行が始まった新型コロナウイルス感染症に対して本格的に使われ，さまざまな問題が露呈したことから，翌年に比較的大規模な改正がなされた。この事案で用いられている45条も改正されており，改正前までは「命令」ではなく「指示」という言葉が使われ，指示違反に対する罰則はなく，指示がなされた場合には必ず公表しなければならないとされていた。しかし，指示に従わない事業者が一定程度存在し，また指示違反を公表するとその事業者が営業していることが広く知られてかえって顧客が集まってしまう問題が生じたことから，違反者に罰則（過料）を科すこととし，義務的な公表ではなく公表「できる」と変更された。

特措法に基づくまん延防止のための措置は，政府対策本部長（内閣総理大臣）が新型インフルエンザ等緊急事態宣言（特措法32条）を発出するかどうかでそのメニューが異なっている。宣言を出すことによって，より強度な行動制限や医療施設等の確保が可能になる。この事案で問題となっている特措法45条の措置は，この緊急事態宣言が出されていることを前提としている。具体的には，特定都道府県知事（緊急事態宣言が出されている区域内の市町村の属する都道府県の知事）が，まん延防止等のために学校・社会福祉施設・興行場その他政令で定める多数の者が利用する施設の管理者等に施設の使用制限を要請し（特措法45条2項），これに応じない場合にはまん延防止等の観点から特に必要があると認めるときに限り命令する（同条3項）こととなっている。そして，要請・命令の際には，感染症に関する専門家等の意見を聞かなければならず（同条4項），要請・命令をしたときはその旨を公表することができる（同条5項）とされている。ここで，施設の管理者等は，自らが感染

症を流入させたりまん延させたりする行動を積極的にとっているわけではない。しかし，施設が利用可能な状態であることにより，そこに多くの人が立ち入り，それが感染症をまん延させる原因となりうる。そこで，管理者等に対する規制は，警察責任の原則を背景とするものと考えられる。

■2　訴訟類型の選択

　この事例でＸが事業上の不利益を受ける可能性がある行政活動は，要請が行われたことの公表がなされることと，要請違反を前提に命令がなされることである。公表がなされると，Ｘがまん延防止の措置に協力していないとの誤ったイメージが社会に広がり，Ｘの社会的信用・評価が低下するおそれがある。また，命令が出されると，事業を継続することができなくなり，命令を無視して事業を継続すると罰則（過料）が科されることになる。

　この2つの行政活動のうち，命令には処分性が認められるので，処分の差止訴訟を提起することが考えられる。これに対して，公表は一般的には事実行為と考えられ，処分ではないから，公表の前提となっている要請に従う義務がないことの確認訴訟を当事者訴訟の形で提起することが考えられる。

■3　公表に対する法的対応

　公表は特措法45条5項に基づく措置であり，また公表そのものは処分性がない事実行為であるから，公表の前提となっている要請に従う義務を対象とする公法上の当事者訴訟（確認訴訟）の提起が考えられる。

　当事者訴訟としての確認訴訟の確認の利益は，対象選択の適否・即時確定の利益・方法選択の適否の3つを検討して判断する必要がある。対象選択の適否との関係では，確認することによって紛争を実効的・抜本的に解決できる確認対象の選択がなされているかが問題となる。この事案では，要請に従う義務がないことを確認すれば，要請したことを前提とする公表もできなくなるため，対象選択として適切と考えられる。即時確定の利益は，確認対象となっている原告の地位に関して現実の危険が生じている場合に認められる。この事案では，すでに要請がなされていることから，いつ公表されてもおかしくない状況にあり，公表がなされることでＸの社会的信用・評価が低下するおそれがあるから，即時確定の利益はあると考えられる。方法選択の適否は，確認訴訟よりも実効的に権利救済が可能な他の方法があるかを問題に

している。この事案では，公表に処分性がないので，抗告訴訟を利用することはできず，また命令の差止訴訟を提起して差止判決が仮に得られたとしても，要請がなされている状態が継続することで，公表される危険は除去されないことから，対象選択の適否の観点からも適切と考えられる。

■4　命令の差止訴訟

特措法45条3項に基づく命令の差止訴訟の訴訟要件が充足されるかを検討する。命令は，違反した場合に罰則（過料）が予定されていることも手がかりとすると，施設管理者等に施設の使用を制限する義務を課すものであるから，処分と考えられる。そして，施設管理者等はこの処分の名宛人であるから，当然に原告適格が認められ，処分の発令前であるから，狭義の訴えの利益も認められる。すでに要請がなされており，命令が差し迫っていると考えられるので，処分の蓋然性も認められる。

差止訴訟の訴訟要件としては，さらに，重大な損害（重大性）と補充性がある。差止訴訟における「重大な損害」は，処分の取消訴訟を提起して執行停止の申立てをしたのでは間に合わない損害を意味する。この事案では，命令がなされた後に，それを公表することができる規定（同条5項）があり，命令がなされた時点で直ちに公表がなされるとXが命令の対象となったことが広く周知されることでXの社会的信用・評価が低下するおそれがあり，このような損害は事後的に救済できるものではないと考えられる。

差止訴訟における「補充性」は，差止判決と同程度の救済を実現する行政手続・裁判手続が存在するかどうかを意味している。差止訴訟の場合には，差止めの対象となる処分に先行する処分が存在していれば，先行処分の取消訴訟を提起することで，差止判決と少なくとも同等程度の救済を実現することができる。この事案では，命令に先行する要請が存在するものの，要請は処分ではないことから，その取消訴訟を提起することはできない。そこで，補充性についても問題なく認められると思われる。

ステップアップ

特措法45条2項の要請がなされたことを公表する措置が，相手方の事業者の名誉・評判を落とすことで要請への不服従の制裁を意図した行為である

とすると，これを人の収容・物の留置・代執行と同列の権力的事実行為とみて，処分性を肯定する可能性がある。この場合には，要請の公表を予防するための訴訟が当事者訴訟ではなく処分の差止訴訟となる。もっとも，この場合でも要請そのものが処分ではない点は変わらないため，命令の差止訴訟における補充性の議論は，要請違反の公表を事実行為と捉える前述の場合と同様と考えられる。

2 ── 公物法

事 例

　Y市は，水道施設の大規模な更新に伴う巨額の財政負担を回避する目的で，2018年の水道法改正によって導入された水道施設運営権（コンセッション方式）の設定による水道事業の民間委託を行うこととした。Y市は，民間資金等の活用による公共施設等の整備等の促進に関する法律（以下「PFI法」という）8条1項により，選定事業者として株式会社Xを選び，Xに対して公共施設等運営権（PFI法16条）を設定した。

　Y市はその後，近隣の市町村と広域合併し，広域で水道事業を効率化するために，Xに対する公共施設等運営権を取消し（PFI法29条1項2号），新たに海外資本の影響下にある株式会社Aに公共施設等運営権を設定した。これに対してXは，それまでに水道設備投資した費用や，公共施設等運営権実施契約に基づく契約期間（25年間）の終了までに見込まれた収益の塡補を求めたいと考えている。

　Xは，Y市に対してどのような請求をすることが考えられますか。また，その請求は認められますか。

【資料≫参照条文】

○水道法（抄）

（この法律の目的）

第1条　この法律は，水道の布設及び管理を適正かつ合理的ならしめるとともに，水道の基盤を強化することによって，清浄にして豊富低廉な水の供給を図り，もって公衆衛生の向上と生活環境の改善とに寄与することを目的とする。

（事業の認可及び経営主体）

第6条　水道事業を経営しようとする者は，厚生労働大臣の認可を受けなければならない。

2　水道事業は，原則として市町村が経営するものとし，市町村以外の者は，給

水しようとする区域をその区域に含む市町村の同意を得た場合に限り，水道事業を経営することができるものとする。

（事業の休止及び廃止）

第11条　水道事業者は，給水を開始した後においては，厚生労働省令で定めるところにより，厚生労働大臣の許可を受けなければ，その水道事業の全部又は一部を休止し，又は廃止してはならない。ただし，その水道事業の全部を他の水道事業を行う水道事業者に譲り渡すことにより，その水道事業の全部を廃止することとなるときは，この限りでない。

2～3　（略）

（供給規程）

第14条　水道事業者は，料金，給水装置工事の費用の負担区分その他の供給条件について，供給規程を定めなければならない。

2　前項の供給規程は，次に掲げる要件に適合するものでなければならない。

　　一　料金が，能率的な経営の下における適正な原価に照らし，健全な経営を確保することができる公正妥当なものであること。

　　二　料金が，定率又は定額をもって明確に定められていること。

　　三　（略）

　　四　特定の者に対して不当な差別的取扱いをするものでないこと。

　　五　（略）

3～7　（略）

（水道施設運営権の設定の許可）

第24条の4　地方公共団体である水道事業者は，民間資金等の活用による公共施設等の整備等の促進に関する法律（平成11年法律第117号。以下「民間資金法」という。）第19条第1項の規定により水道施設運営等事業（水道施設の全部又は一部の運営等（民間資金法第2条第6項に規定する運営等をいう。）であって，当該水道施設の利用に係る料金（以下「利用料金」という。）を当該運営等を行う者が自らの収入として収受する事業をいう。以下同じ。）に係る民間資金法第2条第7項に規定する公共施設等運営権（以下「水道施設運営権」という。）を設定しようとするときは，あらかじめ，厚生労働大臣の許可を受けなければならない。この場合において，当該水道事業者は，第11条第1項の規定にかかわらず，同項の許可（水道事業の休止に係るものに限る。）を受けることを要しない。

2　水道施設運営等事業は，地方公共団体である水道事業者が，民間資金法第19条第1項の規定により水道施設運営権を設定した場合に限り，実施することができるものとする。

3　水道施設運営権を有する者（以下「水道施設運営権者」という。）が水道施設

運営等事業を実施する場合には，第6条第1項の規定にかかわらず，水道事業経営の認可を受けることを要しない。

（許可基準）

第24条の6　第24条の4第1項前段の許可は，その申請が次の各号のいずれにも適合していると認められるときでなければ，与えてはならない。

　一　当該水道施設運営等事業の計画が確実かつ合理的であること。

　二　当該水道施設運営等事業の対象となる水道施設の利用料金が，選定事業者を水道施設運営権者とみなして第24条の8第1項の規定により読み替えられた第14条第2項（第1号，第2号及び第4号に係る部分に限る。以下この号において同じ。）の規定を適用するとしたならば同項に掲げる要件に適合すること。

　三　当該水道施設運営等事業の実施により水道の基盤の強化が見込まれること。

2　前項各号に規定する基準を適用するについて必要な技術的細目は，厚生労働省令で定める。

（水道施設運営権の取消し等の要求）

第24条の12　厚生労働大臣は，水道施設運営権者がこの法律又はこの法律に基づく命令の規定に違反した場合には，民間資金法第29条第1項第1号（トに係る部分に限る。）に掲げる場合に該当するとして，水道施設運営権を設定した地方公共団体である水道事業者に対して，同項の規定による処分をなすべきことを求めることができる。

○PFI法（抄）

（目的）

第1条　この法律は，民間の資金，経営能力及び技術的能力を活用した公共施設等の整備等の促進を図るための措置を講ずること等により，効率的かつ効果的に社会資本を整備するとともに，国民に対する低廉かつ良好なサービスの提供を確保し，もって国民経済の健全な発展に寄与することを目的とする。

（公共施設等運営権の設定）

第16条　公共施設等の管理者等は，選定事業者に公共施設等運営権を設定することができる。

（公共施設等運営権実施契約）

第22条　公共施設等運営権者は，公共施設等運営事業を開始する前に，実施方針に従い，内閣府令で定めるところにより，公共施設等の管理者等と，次に掲げる事項をその内容に含む契約（以下「公共施設等運営権実施契約」という。）を締結しなければならない。

　　一　公共施設等の運営等の方法

　　二　公共施設等運営事業の継続が困難となった場合における措置に関する事項

　　三　公共施設等の利用に係る約款を定める場合には，その決定手続及び公表方法

　　四～五　（略）

2～3　（略）

（公共施設等運営権の取消し等）

第29条　公共施設等の管理者等は，次の各号に掲げる場合のいずれかに該当するときは，公共施設等運営権を取り消し，又はその行使の停止を命ずることができる。

　　一　公共施設等運営権者が次のいずれかに該当するとき。

　　　イ　偽りその他不正の方法により公共施設等運営権者となったとき。

　　　ロ～ヘ　（略）

　　　ト　公共施設等運営事業に関する法令の規定に違反したとき。

　　二　公共施設等を他の公共の用途に供することその他の理由に基づく公益上やむを得ない必要が生じたとき。

2～4　（略）

（公共施設等運営権者に対する補償）

第30条　公共施設等の管理者等は，前条第1項（第2号に係る部分に限る。以下この条において同じ。）の規定による公共施設等運営権の取消し若しくはその行使の停止又は前条第4項の規定による公共施設等運営権の消滅（公共施設等の管理者等の責めに帰すべき事由がある場合に限る。）によって損失を受けた公共施設等運営権者又は公共施設等運営権者であった者（以下この条において単に「公共施設等運営権者」という。）に対して，通常生ずべき損失を補償しなければならない。

2～8　（略）

基礎知識の確認

　行政主体が直接に公の用に供する有体物は公物とされ，道路・公園・河川等がその代表である。この公物に関するさまざまなルールを扱っているのが，公物法である。公物には，行政主体が自らの用に供する公用物（例：庁舎）と，一般市民の公共空間として供用する公共用物（例：道路・河川）とが含まれており，公用物は行政組織法の一部を，公共用物は行政作用法の一領域を形成している。さらに，公物法は財産管理に関するルールも扱っており，その多くは民事法（物権法）の規定に依存している。それゆえ，公物法は行政組織法として行政法総論の枠内で扱われることもあれば，行政作用法のひとつとして行政法各論（参照領域）として論じられることもある。

　公の用に供していることが，公物法の適用領域を考える上では決定的な要素であり，その所有権や管理者が行政主体であるか，私的主体であるかは，二次的な問題である。もちろん，典型的には，公物の整備にあたっては，行政主体が税金（一般財源）によって費用を調達し，所有権等の権原を取得し，建築業者等の私人と請負契約を締結して公共施設を建設し，完成後は公用（供用）開始決定を経て行政主体が管理する過程をたどる。しかし，最近では公共施設の管理を民間主体に委ねる場面が増加しており，例えば地方自治法が規定する指定管理者制度は，地方公共団体が設置した公の施設（例：図書館・体育館・市民会館等）について，その管理を株式会社等の民間主体に委ねている。さらに，公物整備の費用調達の段階から民間主体に委ねるスキームが PFI であり（⇨Ⅰ　論点別演習［行政救済論］ ⓫），とりわけ公共施設等運営権は，公共施設の運営権を物権として法定し，これを担保に公共施設の整備を担当する民間主体が費用調達できるようにするものである。地方自治法の指定管理者が，すでに行政主体によって設置された公共施設について比較的短期間の運営を民間主体に委ねるのに対して，PFI はかなり長期間にわたって民間主体に管理を委ねることが多い。

Milestone

■1　PFI 法に基づく公共施設の運営にはどのような特色がありますか。

■2　損失補償を要求する場合，その根拠はどこに求められますか。

■**3**　損失補償の要否及び補償の範囲はどのように考えられますか。

■**4**　国家賠償構成の可能性はありますか。

考え方

■1　PFI 法による公共施設の運営

　PFI 法は 1999 年に，イギリスの法制度を参考にして立法化された。それまでの公共施設の建設は，国・地方公共団体等の行政主体が中心となって費用調達・所有権等の取得・工事等を行っており，民間主体はその一部分（例えば工事の部分）だけを請負契約等の形で関与するにとどまっていた。これに対して PFI は，公共施設の建設費の調達も，設計や工事も，さらには建設後の運営に至るまで包括して民間主体に委ねるスキームであり，行政主体に手持ちの整備資金がなくても用いることができる。行政主体と民間との役割・リスク分担は行政契約によってなされており，いわゆる第三セクター（地方公共団体が一定の割合を出資している法人）と異なり，経営破綻しても行政側は契約に基づくリスクのみを負えばよい点が異なる。

　PFI 法は 2011 年に改正され，新たに公共施設等運営権による方式（いわゆるコンセッション方式）が導入された。これは，公共施設等の所有権とは別に運営権を行政行為（処分）によって設定し，これを物権とみなす（PFI 法 24 条）こととして，運営権を担保に費用調達を行ったり，運営権を移転したりすることを可能とするものである（ただし移転のためには公共施設等の管理者等の許可が必要とされる（同法 26 条 2 項））。そして，利用料金を自らの収入とする（PFI 法 23 条 1 項）とし，関連する事業も手掛けることで，施設の維持・管理・運営を包括的に独立採算で実施することができる（このようなスキームを使って国管理空港が「民営化」されている）。

　公共施設等運営権は物権と同等に扱われているものの，公共施設等の管理者等は，一定の要件に該当する場合に，取消し・行使の停止命令を出すことができる（PFI 法 29 条）。ただし，公益上やむを得ない理由での取消しの場合に限って，取消しによる損失を補償する規定が置かれている（同法 30 条）。

■2 損失補償の根拠

　この事案では，Y市が広域で水道事業を効率化するために，Xに対する公共施設等運営権を取り消している（PFI法29条1項2号）。この取消しによって生じた経済的な不利益を填補するため，Xとしては，2つの手段を考えることができる。1つは，取消しが適法であることを前提とする損失補償の請求である。もう1つは，取消しが違法であることを前提とする国家賠償の請求である。

　損失補償を請求する場合に，まず問題となるのはその根拠である。これについては，法律に損失補償の根拠規定があればそれにより，根拠規定がないのに損失補償が必要な状況であれば憲法29条3項が根拠となる。この事案では，PFI法30条1項が損失補償の規定を置いており，その要件は29条1項2号の規定による公共施設等運営権の取消しである。

■3 損失補償の要否・内容

　法律が損失補償の根拠規定を置いていることは，根拠規定が憲法29条3項ではないということや，請求の方法が指定されている（この例では協議→（不調の場合）公共施設等の管理者側の見積額による支払→訴訟（形式的当事者訴訟））ことを意味するにとどまっており，根拠規定があれば損失補償の要否についての検討を行わなくてよいわけではない。

　損失補償を要する「特別（の）犠牲」に関しては，規制対象・規制目的・規制の強度・規制の態様などの複数の基準が存在しており，それらを総合的に検討することでその有無を判断することになる。形式的な基準として，対象が一般的か特定的かという観点がある。この事案では対象者はXだけであるから，特定的であり，損失補償が必要との判断に傾く。実質的な基準としては，財産権に対する本質的な制約かが問題となる。この事案では，行政行為の撤回に伴う損失補償の要否が問題となっており，もとの行政行為によって与えられた権利の性格からみて，撤回がそれに内在する制約と言えるかが問題となる。例えば，公共施設の一部を民間事業者に目的外使用許可の形で利用させており，許可に期間の定めがない場合には，その部分が本来の公の用に供すべき必要が生じた段階で撤回されるとの内在的な制約を伴った形で許可されていると考えられる。これに対して，公共施設等運営権は，公共

施設について一定期間の経営を約束することで，資金調達を容易にするしくみであり，運営権の設定がなされている期間は基本的に撤回を予定していないと考えることができる。そうすると，この事案における撤回は，公共施設等運営権に内在する制約に基づくものとは言えず，通常は損失補償が必要と考えられる。

　損失補償の内容として，PFI法30条1項は「通常生ずべき損失を補償しなければならない」と規定している。法律に置かれている損失補償規定の多くはこのような表現をとっており，この表現の一部分をとって通損補償規定と呼ばれている。何が通常生ずべき損失なのかは，法律の規定からは判然としない。一般的には，公共施設等運営権の取得のために実際に要した費用（積極的実損）は少なくとも補償の対象となり，さらにこの事案では，運営権が継続することを見込んで投資した費用のうち回収が終わっていない部分についても補償が必要と考えられる。ただし，運営権が存続していれば今後得られたであろう利益（逸失利益）まで損失補償の対象に含まれると考えるのは，確定的な損失とまでは言えないので，難しいと思われる。

■4　国家賠償構成の可能性

　公共施設等運営権の取消しが違法であるとすれば，国家賠償法1条の責任を追及することも考えられる。運営権の取消しは行政行為の撤回であって処分性は明らかだから，国家賠償法1条1項の公権力の行使に該当する。そこで，取消しを行った公共施設の管理者等（Y市長）が公務員であり，その帰属先であるY市が公共団体となる。また，この取消しは公共施設の管理者等の職務として行われているので，職務行為関連性も認められる。

　国家賠償法1条1項の違法については，取消しがPFI法29条1項2号の要件に適合していないとする主張が中心となる。同号は「公益上やむを得ない必要」がある場合としており，具体的にどのような場合かを明確に提示していない。また，公共施設の運営に関しては，利用者の利益の保護や運営主体である地方公共団体の財政状況等のさまざまな要素を考慮しなければならないことから，この規定は公共施設等の管理者等に裁量を認めたものと解される。そして，公共施設等の管理者等の判断の基礎とされた重要な事実の基礎を欠くか，事実に対する評価が明らかに合理性を欠くこと，あるいは判断過程において考慮すべき事情を考慮しないこと等によりその内容が社会通念

に照らして著しく妥当性を欠くものと認められる場合には，裁量権の逸脱・濫用として国家賠償法上も違法となると考えられる。

　この事案では，水道法の規定に基づく水道施設運営権としても公共施設等運営権が設定されており（水道法 24 条の 4 第 2 項），その許可基準として，事業計画の確実・合理性，利用料金の適切性，水道基盤強化の見込み（同法 24 条の 6 第 1 項）が規定されている。また，水道法の規定に違反する場合には，厚生労働大臣が水道施設運営権を設定した地方公共団体に対して取消しを求めうる（同法 24 条の 12）。この事案における取消しは，広域で水道事業を効率化するためとされているから，水道基盤強化の見込みはあると考えられるものの，新たな運営権者は海外資本の影響下にあって，事業計画の確実性や水道法の目的である「清浄にして豊富低廉な水の供給」（同法 1 条）との関係では疑念が残る。公共施設等の管理者等である Y 市長は，こうした考慮事項を十分に考慮せずに公共施設等運営権を取り消しており，このような判断は違法と考えられる。

　さらに，過失も認められるとすれば，国家賠償構成も成立しうる。この場合には，公共施設等運営権の取消しと因果関係が認められる範囲内の損害が賠償の対象となることから，場合によっては逸失利益相当部分の賠償が認められる可能性もある。

ステップアップ

　PFI 法 29 条の公共施設等運営権の取消しに関する規定は，講学上の職権取消しと撤回の双方を含んでいる。同条 1 項 1 号イの「偽りその他不正の方法により公共施設等運営権者となったとき」は，運営権設定の段階ですでに違法の状態と考えられることから，この規定にいう取消しは，講学上の職権取消しにあたる。これに対して，同項 1 号トの「公共施設等運営事業に関する法令の規定に違反したとき」や，同項 2 号の「公共施設等を他の公共の用途に供することその他の理由に基づく公益上やむを得ない必要が生じたとき」は，運営権設定後の事情の変化を想定した規定であり，設定時には適法であったと考えられることから，講学上の撤回にあたる。

3 — 租税法

事 例

　Y市長は，X所有のショッピングセンターの建物について，2016年度の価格を2億円と決定し，固定資産課税台帳に登録された。Xは，登録価格について固定資産評価基準の定める補正率の適用の誤りがあるとして，2016年4月に審査の申出を行った。Y市固定資産評価審査委員会は，2018年3月に，Xの審査の申出を棄却する決定を行った。そこでXは，この決定のうち5000万円を超える部分の取消しを求めて取消訴訟を提起した。

(1) 固定資産税の課税方法や賦課方法について，所得税法と比較して説明して下さい。

(2) 固定資産評価基準の法的性格を説明して下さい。

(3) Xが取消訴訟の途中で，固定資産評価審査委員会で主張していない内容の違法主張を行った場合，この主張は排斥されますか。

【資料≫参照条文】

○地方税法（抄）

（固定資産税に関する用語の意義）

第341条　固定資産税について，次の各号に掲げる用語の意義は，それぞれ当該各号に定めるところによる。

　一　固定資産　土地，家屋及び償却資産を総称する。

　二～四　（略）

　五　価格　適正な時価をいう。

　六～八　（略）

　九　固定資産課税台帳　土地課税台帳，土地補充課税台帳，家屋課税台帳，家屋補充課税台帳及び償却資産課税台帳を総称する。

　十　土地課税台帳　登記簿に登記されている土地について第381条第1項に規定する事項を登録した帳簿をいう。

　　十一〜十四　（略）

（土地又は家屋に対して課する固定資産税の課税標準）

第349条　基準年度に係る賦課期日に所在する土地又は家屋（以下「基準年度の
　　土地又は家屋」という。）に対して課する基準年度の固定資産税の課税標準は，
　　当該土地又は家屋の基準年度に係る賦課期日における価格（以下「基準年度の
　　価格」という。）で土地課税台帳若しくは土地補充課税台帳（以下「土地課税
　　台帳等」という。）又は家屋課税台帳若しくは家屋補充課税台帳（以下「家屋
　　課税台帳等」という。）に登録されたものとする。

2〜6　（略）

（固定資産税の税率）

第350条　固定資産税の標準税率は，100分の1.4とする。

2　（略）

（固定資産税の免税点）

第351条　市町村は，同一の者について当該市町村の区域内におけるその者の所
　　有に係る土地，家屋又は償却資産に対して課する固定資産税の課税標準となる
　　べき額が土地にあっては30万円，家屋にあっては20万円，償却資産にあって
　　は150万円に満たない場合においては，固定資産税を課することができない。
　　ただし，財政上その他特別の必要がある場合においては，当該市町村の条例の
　　定めるところによって，その額がそれぞれ30万円，20万円又は150万円に満
　　たないときであっても，固定資産税を課することができる。

（固定資産税の徴収の方法等）

第364条　固定資産税の徴収については，普通徴収の方法によらなければならな
　　い。

2　固定資産税を徴収しようとする場合において納税者に交付する納税通知書に
　　記載すべき課税標準額は，土地，家屋及び償却資産の価額並びにこれらの合計
　　額とする。

3　市町村は，土地又は家屋に対して課する固定資産税を徴収しようとする場合
　　には，総務省令で定めるところにより，次の各号に掲げる固定資産税の区分に
　　応じ，当該各号に定める事項を記載した文書（以下「課税明細書」という。）
　　を当該納税者に交付しなければならない。

　　一　土地に対して課する固定資産税　当該土地について土地課税台帳等に登録
　　　　された所在，地番，地目，地積及び当該年度の固定資産税に係る価格

　　二　家屋に対して課する固定資産税　当該家屋について家屋課税台帳等に登録
　　　　された所在，家屋番号，種類，構造，床面積及び当該年度の固定資産税に係
　　　　る価格

4〜10　（略）

（固定資産課税台帳等の備付け）

第380条　市町村は，固定資産の状況及び固定資産税の課税標準である固定資産の価格を明らかにするため，固定資産課税台帳を備えなければならない。

2〜3　（略）

（固定資産課税台帳の登録事項）

第381条　市町村長は，土地課税台帳に，総務省令で定めるところにより，登記簿に登記されている土地について不動産登記法第27条第3号及び第34条第1項各号に掲げる登記事項，所有権，質権及び100年より長い存続期間の定めのある地上権の登記名義人の住所及び氏名又は名称並びに当該土地の基準年度の価格又は比準価格（……）を登録しなければならない。

2〜9　（略）

（固定資産税に係る総務大臣の任務）

第388条　総務大臣は，固定資産の評価の基準並びに評価の実施の方法及び手続（以下「固定資産評価基準」という。）を定め，これを告示しなければならない。この場合において，固定資産評価基準には，その細目に関する事項について道府県知事が定めなければならない旨を定めることができる。

2〜4　（略）

（固定資産評価審査委員会の設置，選任等）

第423条　固定資産課税台帳に登録された価格に関する不服を審査決定するために，市町村に，固定資産評価審査委員会を設置する。

2　固定資産評価審査委員会の委員の定数は3人以上とし，当該市町村の条例で定める。

3　固定資産評価審査委員会の委員は，当該市町村の住民，市町村税の納税義務がある者又は固定資産の評価について学識経験を有する者のうちから，当該市町村の議会の同意を得て，市町村長が選任する。

4〜9　（略）

（固定資産課税台帳に登録された価格に関する審査の申出）

第432条　固定資産税の納税者は，その納付すべき当該年度の固定資産税に係る固定資産について固定資産課税台帳に登録された価格（……）について不服がある場合においては，第411条第2項の規定による公示の日から納税通知書の交付を受けた日後3月を経過する日まで若しくは第419条第3項の規定による公示の日から同日後3月を経過する日（……）までの間において，又は第417条第1項の通知を受けた日から3月以内に，文書をもって，固定資産評価審査委員会に審査の申出をすることができる。ただし，当該固定資産のうち第411条第3項の規定によって土地課税台帳等又は家屋課税台帳等に登録されたものとみなされる土地又は家屋の価格については，当該土地又は家屋について第

349条第2項第1号に掲げる事情があるため同条同項ただし書，第3項ただし書又は第5項ただし書の規定の適用を受けるべきものであることを申し立てる場合を除いては，審査の申出をすることができない。

2　（略）

3　固定資産税の賦課についての審査請求においては，第1項の規定により審査を申し出ることができる事項についての不服を当該固定資産税の賦課についての不服の理由とすることができない。

（固定資産評価審査委員会の審査の決定の手続）

第433条　固定資産評価審査委員会は，前条第1項の審査の申出を受けた場合においては，直ちにその必要と認める調査その他事実審査を行い，その申出を受けた日から30日以内に審査の決定をしなければならない。

2　不服の審理は，書面による。ただし，審査を申し出た者の求めがあった場合には，固定資産評価審査委員会は，当該審査を申し出た者に口頭で意見を述べる機会を与えなければならない。

3　固定資産評価審査委員会は，審査のために必要がある場合においては，職権に基づいて，又は関係人の請求によって審査を申し出た者及びその者の固定資産の評価に必要な資料を所持する者に対し，相当の期間を定めて，審査に関し必要な資料の提出を求めることができる。

4〜5　（略）

6　固定資産評価審査委員会は，審査のために必要がある場合においては，第2項の規定にかかわらず，審査を申し出た者及び市町村長の出席を求めて，公開による口頭審理を行うことができる。

7　前項の口頭審理を行う場合には，固定資産評価審査委員会は，固定資産評価員その他の関係者の出席及び証言を求めることができる。

8　第6項の口頭審理の指揮は，審査長が行う。

9　固定資産評価審査委員会は，当該市町村の条例の定めるところによって，審査の議事及び決定に関する記録を作成しなければならない。

10　固定資産評価審査委員会は，前項の記録を保存し，その定めるところによって，これを関係者の閲覧に供しなければならない。

11〜12　（略）

（争訟の方式）

第434条　固定資産税の納税者は，固定資産評価審査委員会の決定に不服があるときは，その取消しの訴えを提起することができる。

2　第432条第1項の規定により固定資産評価審査委員会に審査を申し出ることができる事項について不服がある固定資産税の納税者は，同項及び前項の規定によることによってのみ争うことができる。

基礎知識の確認

　租税法（財政法）は，警察法と並んで，伝統的な行政法各論の一分野であった。行政作用に対する法的統制に関心を持つ行政法学は，租税の賦課・徴収の手続を中心とする法理論を構築してきた。現在の行政法総論でも，行政行為の代表例として課税処分が登場したり，行政上の義務履行強制のところで行政上の強制徴収（国税滞納処分）が扱われたりしている。しかし，第一次世界大戦と第二次世界大戦の間の戦間期においてドイツでは，租税法関係を民事法関係と類似する債権・債務関係と考える債務関係説が有力化し，日本でもこの影響を受けて，課税要件を中心とする租税実体法に着目する租税法の体系化が進んだ。この結果，現在の租税法においては，課税要件を中心とする内容が教えられており，行政法学の問題関心とは必ずしも一致しなくなっている。

　もっとも，そのことは，行政法学の参照領域としての租税法の価値を低下させるものではない。課税要件をはじめとする租税の内容面での分析は，課税手続・徴収手続を検討する上でも重要な要素であり，また課税要件論は法律による行政の原理・行政裁量をめぐる行政法学の議論にも重要な示唆を与えてくれる。さらに，個別の租税実体法の中には，特別な手続が設定されることで，行政法総論の興味深い議論素材を提供してくれるものがある。ここで取り上げている固定資産税は，まさにその例である。

Milestone

- ■1　地方税法はどのような性格の法律ですか。
- ■2　固定資産税はどのような内容・性格の税ですか。
- ■3　固定資産評価基準はどのような法的性格の基準ですか。
- ■4　固定資産評価審査委員会における審査にはどのような特色がありますか。

考え方

■1　地方税法の法的性格

　税金は，その徴収主体に応じて，国税と地方税に分けられる。国税は国が徴収する税であり，所得税・法人税・相続税等がある。地方税は地方団体（道府県・市町村：地方公共団体のうち都は，道府県の規定が準用されるのに加え，都の特別区については市町村の規定が準用される（地方税法1条））が徴収する税であり，住民税・事業税・自動車税等がある。

　憲法84条は，課税要件に関して法律の定めを要求する租税法律主義を定めている。この規定を受けて，国税については，法律で（例：所得税法・法人税法・相続税法）各税の課税要件・内容等が規定されている。これに対して地方税については，地方税法が地方税の種類等の大枠を定めており，課税要件については各地方公共団体の条例で定めることが求められている（地方税法3条1項）。

　地方税法2条は「地方団体は，この法律の定めるところによって，地方税を賦課徴収することができる」と定めている。この規定は，地方団体に対して課税権を創設した規定とも読みうるものの，憲法が地方自治を保障し，その内容として「財産を管理し，事務を処理し，及び行政を執行する」（憲法94条）ことを定めているから，憲法は地方公共団体に対して課税権を保障していると考えられる。他方で，各地方公共団体が独自に課税権を行使すると，居住地によって国民の税負担が著しく異なったり，国内における流通等を妨げたりする可能性があることから，租税法律主義の要請として，地方税の賦課徴収についての大枠を定めたのが地方税法であると考えられる（神奈川県臨時特例企業税事件［最一小判2013(平成25)・3・21民集67巻3号375頁]）。この事案で問題となっている固定資産税については，地方税法341条以下が定めを置き，各市町村等が定める税条例（例：京都市市税条例38条以下）が具体的な課税要件・課税根拠を規定している。

■2　所得税と固定資産税

　次に，所得税と比較しながら，固定資産税の特色を確認する。課税の対象となる課税物件は，所得税については所得（新たに取得する経済的価値全般）

である。所得税法は包括的所得概念を採用し，一時的・偶発的なものも所得に含めることで，公平負担や再分配の機能を重視している。所得税法は，所得を10種類に分類し，原則としてそれらを合算した上で税率を掛ける方式（総合所得税）を採用している。

これに対して固定資産税の課税物件は固定資産であり，具体的には土地・家屋・償却資産である。固定資産税の計算方法の特色として，台帳課税主義がある。これは，固定資産課税台帳に登録された価格を基準として賦課する方式で，固定資産の評価を固定資産評価員が行い，市町村長が登録する。評価は原則として3年に1回であり，評価を行った基準年度の価格が第2年度・第3年度に引き継がれる（ただし新たな事情があれば評価替えがなされる）。この登録価格について不服がある場合には，固定資産評価審査委員会に審査の申出ができる。

所得税の税率は，所得が高いほど税率が上昇する累進課税であり，総合課税方式をとると税額が増えることになる。利子所得等の分離課税がなされるものは，累進課税を緩める意味を持つ。これに対して固定資産税は，市町村の条例で定める税率であり，原則として一律である。ただし，固定資産が一定額以上でないと免税される免税点がある。

所得税の徴収方法は，申告納税が原則であり，納税者の申告によって税額が確定する。源泉徴収の方式も広く用いられており，この場合には自動確定方式がとられている。これに対して固定資産税は普通徴収（国税で言えば賦課課税）方式がとられており，行政行為である賦課決定に基づいて納税義務が確定する。

■3　固定資産評価基準

固定資産税は税率が一定なので，税額を決定するのはもっぱら賦課期日における固定資産価格として固定資産課税台帳に登録された金額である。この価格は，「適正な時価」（地方税法341条5号）とされており，客観的な交換価値を意味するものとされている。そして，地域的な不均衡をなくすために，総務大臣が固定資産評価基準を告示することとされている（同法388条1項）。評価基準では，土地については基本的に売買実例価額を用いて評価することが規定されている。この評価基準は，地方税法の委任に基づくもので，行政法学の用語でいう法規命令にあたると考えるのが自然である（後述の最高裁

判決を踏まえ，行政規則に近いものとして扱う学説もある）。

　固定資産評価基準に基づいて算定され，決定された価格が，時価を超えている場合には，評価基準の内容が地方税法の委任の趣旨（とりわけ価格を「適正な時価」と定めている同法341条5号）に違反しており，時価を超えている部分については違法・無効と考えられる。また，固定資産評価基準の内容に合理性がない場合にも，地方税法の委任の趣旨に違反すると考えられるため，これに基づく価格の決定が違法となる。他方で，（合理的な内容を持つ）固定資産評価基準に基づいて算定された額と比べて決定された価格が高い場合には，仮にそれが時価よりも安い金額であったとしても，決定が固定資産評価基準に基づかずなされている点で違法である（最二小判2009（平成21）・6・5判時2069号6頁，最二小判2013（平成25）・7・12民集67巻6号1255頁）。

■4　固定資産評価審査委員会の手続

　固定資産税に関する行政上の不服申立てには，固定資産課税台帳に登録された価格に関する不服についてなされる固定資産評価審査委員会への審査の申出と，固定資産税の賦課決定に関する不服についてなされる市町村長等への審査請求の2種類がある。そして，固定資産課税台帳の登録価格に関する不服は，固定資産税賦課決定に対する不服の理由から排除されている（地方税法432条3項）。これは，登録価格に関する紛争を早期段階で解決するために設けられたしくみであり，固定資産税賦課決定に関する審査請求は，減免に関する不服が中心となっている。もっとも，こうした手続を経由せずに国家賠償請求によって違法な納税額に相当する額の賠償を求めることは排除されない（判百Ⅱ227/Ⅱ162/CB2-9 最一小判2010（平成22）・6・3民集64巻4号1010頁）。

　固定資産評価審査委員会は，固定資産課税台帳に登録された価格に関する不服審査に対応するため，市町村に設置される組織で，市町村条例で定める3人以上の委員から構成される（地方税法423条）。委員会は合議体として事件を取り扱い，議決を行う（同法428条）。委員会での審理は書面審理主義を原則とし，申出者からの求めがあれば口頭意見陳述の機会を与えなければならない（同法433条2項：ただし1999年の法改正前までは公開口頭審理を原則としていた）。

　固定資産評価審査委員会の決定に不服がある場合には，納税者はその取消

訴訟を提起できる。固定資産課税台帳に登録された価格に関する不服については，このルートによる争い方しかなく，裁決主義が採用されている（地方税法434条2項）。そこで，この取消訴訟と固定資産評価審査委員会における審理との関係が問題となりうる。固定資産評価審査委員会の手続は，かつてのように公開口頭審理を原則としておらず，また職権による資料収集が認められ（同法433条3項），さらには実質的証拠法則を認める規定がない。そこで，この事例のように，Xが取消訴訟の途中で，固定資産評価審査委員会で主張していない内容の違法主張を行うことは許されると考える（最三小判2019(令和元)・7・16民集73巻3号211頁）。

ステップアップ

　行政事件訴訟法10条2項は原処分主義を採用しており，この事案のように，個別の法律（ここでは地方税法434条）の規定があれば，原処分に対する取消訴訟が排除され，裁決に対する取消訴訟のみが許容される。このとき，裁決に対する取消訴訟の中で，原告側は原処分の違法も併せて主張することができる。

　裁決主義のその他の立法例では，行政不服審査の際に公開の口頭審理による事実認定を基調とする行政審判手続が採用されていることがあり，このときには行政不服審査における事実認定の内容が後続の取消訴訟における手続の前提とされ（実質的証拠法則），訴訟段階で新たな主張・証拠を提出することが禁止される（新証拠提出制限）ことがある。ただし，こうした取扱いは裁決主義から当然に生じるものではなく，このことを予定する法律の規定がなければ認められない。

4 — 環境法

事 例

産業廃棄物処理業者 A は，Y 県内の P 国定公園の第 2 種特別地域内の敷地も含む合計 8ha の自己所有の土地に産業廃棄物処理施設（焼却施設）を建設することを計画し，Y 県知事に対して自然公園法 20 条 3 項に基づく許可を申請した。またこれと並行して A は Y 県環境影響評価条例に基づく環境影響評価を行った上で，廃棄物処理法 15 条 1 項に基づく許可を申請した。これに対して，本件予定地の隣接地（Y 県環境影響評価条例 17 条 1 項に基づく関係地域）に居住する X1 と，環境影響評価条例に基づき方法書及び準備書に対して意見書を提出した県外に住む生物学者 X2 が，自然公園法の許可と廃棄物処理法の許可の処分差止訴訟を提起した。X らは，処理施設が建設されれば，自然豊かな P 国定公園の風致・景観が失われ，近隣に騒音・悪臭・粉じんなどの被害が生じるとし，また環境影響評価の際に X2 が提出した意見書の中で指摘された P 国定公園の生物学的にみた稀少性が全く考慮されずに評価書が作成されたのは違法であって，違法な環境影響評価手続を前提になされようとしている許可処分も違法となると主張している。

(1) X1・X2 に自然公園法の許可処分の差止訴訟の原告適格が認められるか，検討して下さい。

(2) 本件訴訟係属中に Y 県知事が不許可処分を出し，A が自然公園法 64 条の規定に従って Y 県知事に損失補償を請求した場合，その請求は認められますか。

【資料≫参照条文】
○自然公園法（抄）

（目的）

第 1 条　この法律は，優れた自然の風景地を保護するとともに，その利用の増進

を図ることにより，国民の保健，休養及び教化に資するとともに，生物の多様性の確保に寄与することを目的とする。

（定義）

第2条　この法律において，次の各号に掲げる用語の意義は，それぞれ当該各号に定めるところによる。

一　自然公園　国立公園，国定公園及び都道府県立自然公園をいう。

二　国立公園　我が国の風景を代表するに足りる傑出した自然の風景地（海域の景観地を含む。次章第6節及び第74条を除き，以下同じ。）であって，環境大臣が第5条第1項の規定により指定するものをいう。

三　国定公園　国立公園に準ずる優れた自然の風景地であって，環境大臣が第5条第2項の規定により指定するものをいう。

四～七　（略）

（財産権の尊重及び他の公益との調整）

第4条　この法律の適用に当たっては，自然環境保全法（……）第3条で定めるところによるほか，関係者の所有権，鉱業権その他の財産権を尊重するとともに，国土の開発その他の公益との調整に留意しなければならない。

（指定）

第5条　国立公園は，環境大臣が，関係都道府県及び中央環境審議会（以下「審議会」という。）の意見を聴き，区域を定めて指定する。

2　国定公園は，環境大臣が，関係都道府県の申出により，審議会の意見を聴き，区域を定めて指定する。

3～4　（略）

（特別地域）

第20条　環境大臣は国立公園について，都道府県知事は国定公園について，当該公園の風致を維持するため，公園計画に基づいて，その区域（海域を除く。）内に，特別地域を指定することができる。

2　（略）

3　特別地域（特別保護地区を除く。以下この条において同じ。）内においては，次の各号に掲げる行為は，国立公園にあっては環境大臣の，国定公園にあっては都道府県知事の許可を受けなければ，してはならない。ただし，非常災害のために必要な応急措置として行う行為又は第3号に掲げる行為で森林の整備及び保全を図るために行うものは，この限りでない。

一　工作物を新築し，改築し，又は増築すること。

二～十八　（略）

4　環境大臣又は都道府県知事は，前項各号に掲げる行為で環境省令で定める基準に適合しないものについては，同項の許可をしてはならない。

5～9 （略）

（損失の補償）

第64条 国は国立公園について，都道府県は国定公園について，第20条第3項，第21条第3項若しくは第22条第3項の許可を得ることができないため，第32条の規定により許可に条件を付されたため，又は第33条第2項の規定による処分を受けたため損失を受けた者に対して，通常生ずべき損失を補償する。

2 前項の規定による補償を受けようとする者は，国に係る当該補償については環境大臣に，都道府県に係る当該補償については都道府県知事にこれを請求しなければならない。

3 環境大臣又は都道府県知事は，前項の規定による請求を受けたときは，補償すべき金額を決定し，当該請求者にこれを通知しなければならない。

4～5 （略）

○自然公園法施行規則（抄）

（特別地域，特別保護地区及び海域公園地区内の行為の許可基準）

第11条 法第20条第3項第1号，第21条第3項第1号及び第22条第3項第1号に掲げる行為（……）に係る法第20条第4項，第21条第4項及び第22条第4項の環境省令で定める基準（以下この条において「許可基準」という。）は，次のとおりとする。ただし，既存の建築物の改築，既存の建築物の建替え若しくは災害により滅失した建築物の復旧のための新築（申請に係る建築物の規模が既存の建築物の規模を超えないもの又は既存の建築物が有していた機能を維持するためやむを得ず必要最小限の規模の拡大を行うものに限る。）又は学術研究その他公益上必要であり，かつ，申請に係る場所以外の場所においてはその目的を達成することができないと認められる建築物の新築，改築若しくは増築（以下「既存建築物の改築等」という。）であって，第1号，第5号及び第6号に掲げる基準に適合するものについては，この限りでない。

一 （略）

二 次に掲げる地域（以下「特別保護地区等」という。）内において行われるものでないこと。

　イ 特別保護地区，第一種特別地域又は海域公園地区

　ロ 第二種特別地域又は第三種特別地域のうち，植生の復元が困難な地域等（次に掲げる地域であって，その全部若しくは一部について文化財保護法（……）第109条第1項の規定による史跡名勝天然記念物の指定若しくは同法第110条第1項の規定による史跡名勝天然記念物の仮指定（以下「史跡名勝天然記念物の指定等」という。）がされていること又は学術調査の

結果等により，特別保護地区又は第1種特別地域に準ずる取扱いが現に行われ，又は行われることが必要であると認められるものをいう。以下同じ。）であるもの

(1)　高山帯，亜高山帯，風衝地，湿原等植生の復元が困難な地域

(2)　野生動植物の生息地又は生育地として重要な地域

(3)　地形若しくは地質が特異である地域又は特異な自然の現象が生じている地域

(4)　優れた天然林又は学術的価値を有する人工林の地域

三　当該建築物が主要な展望地から展望する場合の著しい妨げにならないものであること。

四　当該建築物が山稜線を分断する等眺望の対象に著しい支障を及ぼすものでないこと。

五　当該建築物の屋根及び壁面の色彩並びに形態がその周辺の風致又は景観と著しく不調和でないこと。

六　当該建築物の撤去に関する計画が定められており，かつ，当該建築物を撤去した後に跡地の整理を適切に行うこととされているものであること。

2～13　（略）

14　法第20条第3項第1号，第21条第3項第1号及び第22条第3項第1号に掲げる行為（前各項の規定の適用を受ける工作物の新築，改築又は増築以外の工作物の新築，改築又は増築に限る。）に係る許可基準は，前項各号の規定の例によるほか，次のとおりとする。

一　廃棄物の処理及び清掃に関する法律（昭和45年法律第137号）第8条第1項に規定する一般廃棄物の最終処分場又は同法第15条第1項に規定する産業廃棄物の最終処分場を設置するものでないこと。

二　（略）

15～37　（略）

38　法第20条第3項各号，第21条第3項各号及び第22条第3項各号に掲げる行為に係る許可基準は，前各項に規定する基準のほか，次のとおりとする。

一　申請に係る地域の自然的，社会経済的条件から判断して，当該行為による風致又は景観の維持上の支障を軽減するため必要な措置が講じられていると認められるものであること。

二　申請に係る場所又はその周辺の風致又は景観の維持に著しい支障を及ぼす特別な事由があると認められるものでないこと。

三　（略）

○廃棄物の処理及び清掃に関する法律（抄）

（目的）

第1条　この法律は，廃棄物の排出を抑制し，及び廃棄物の適正な分別，保管，収集，運搬，再生，処分等の処理をし，並びに生活環境を清潔にすることにより，生活環境の保全及び公衆衛生の向上を図ることを目的とする。

（許可の基準等）

第15条の2　都道府県知事は，前条第1項の許可の申請が次の各号のいずれにも適合していると認めるときでなければ，同項の許可をしてはならない。

一　その産業廃棄物処理施設の設置に関する計画が環境省令で定める技術上の基準に適合していること。

二　その産業廃棄物処理施設の設置に関する計画及び維持管理に関する計画が当該産業廃棄物処理施設に係る周辺地域の生活環境の保全及び環境省令で定める周辺の施設について適正な配慮がなされたものであること。

三　申請者の能力がその産業廃棄物処理施設の設置に関する計画及び維持管理に関する計画に従って当該産業廃棄物処理施設の設置及び維持管理を的確に，かつ，継続して行うに足りるものとして環境省令で定める基準に適合するものであること。

四　申請者が第14条第5項第2号イからへまでのいずれにも該当しないこと。

2　（略）

3　都道府県知事は，前条第1項の許可（同条第4項に規定する産業廃棄物処理施設に係るものに限る。）をする場合においては，あらかじめ，第1項第2号に掲げる事項について，生活環境の保全に関し環境省令で定める事項について専門的知識を有する者の意見を聴かなければならない。

4　前条第1項の許可には，生活環境の保全上必要な条件を付することができる。

5　（略）

○Y県環境影響評価条例（抄）

（目的）

第1条　この条例は，大規模な土地の形状の変更，工作物の新設等の環境に及ぼす影響が著しいものとなるおそれがある事業を行う事業者がその事業の実施に当たってあらかじめ行う環境影響評価及びその事業の実施以後に行う事後調査（以下「環境影響評価等」という。）が適正かつ円滑に行われるための手続その他所要の事項を定めることにより，歴史と文化の香り高い健全で恵み豊かな環境の保全及び安らぎと潤いのある快適で住みよい環境の創造（以下「環境の保全及び創造」という。）について適正な配慮がなされることを確保し，もって

現在及び将来の県民の健康で文化的な生活の確保に寄与することを目的とする。

（定義）

第2条　この条例において，次の各号に掲げる用語の意義は，当該各号に定めるところによる。

(1)　環境影響評価　事業（特定の目的のために行われる一連の土地の形状の変更（これと併せて行うしゅんせつを含む。以下同じ。）並びに工作物の新設及び増改築をいう。以下同じ。）の実施が環境に及ぼす影響（当該事業の実施後の土地又は工作物において行われることが予定されている事業活動その他の人の活動が当該事業の目的に含まれる場合には，これらの活動に伴って生じる影響を含む。以下単に「環境影響」という。）について環境の構成要素に係る項目ごとに調査，予測及び評価（以下「調査等」という。）を行うとともに，これらを行う過程においてその事業に係る環境の保全及び創造のための措置を検討し，この措置が講じられた場合における環境影響を総合的に評価することをいう。

(2)　第1種事業　別表に掲げる事業であって，規模（形状が変更される部分の土地の面積，新設される工作物の大きさその他の数値で表される事業の規模をいう。次項において同じ。）が大きく，環境影響の程度が著しいものとなるおそれがあるものとして規則で定めるもの（環境影響評価法（平成9年法律第81号。以下「法」という。）第2条第3項に規定する第2種事業で法第4条第3項に規定する措置がとられていないもの及び法第2条第4項に規定する対象事業（以下「法対象事業等」という。）を除く。）をいう。

(3) ～ (6)　（略）

（方法書の作成等）

第9条　事業者は，対象事業に係る環境影響評価を行う方法について，技術指針に基づき，次に掲げる事項（配慮書を作成していない場合においては，第6号から第9号までに掲げる事項を除く。）を記載した環境影響評価方法書（以下「方法書」という。）及びこれを要約した書類（以下「方法書要約書」という。）を作成し，規則で定めるところにより，知事及び当該方法書に係る調査地域（環境影響評価を実施しようとする地域として規則で定める地域をいう。以下同じ。）を所管する市町村長（以下「調査地域市町村長」という。）に提出しなければならない。

(1) ～ (6)　（略）

（方法書の公告及び縦覧等）

第10条　知事は，前条の規定による方法書及び方法書要約書の提出があったときは，規則で定めるところにより，速やかに，方法書の提出を受けた旨その他規則で定める事項を公告し，方法書及び方法書要約書の写しを公告の日から起算して1月間縦覧に供するものとする。

2　事業者は，前項に規定する縦覧期間中，規則で定めるところにより，方法書及び方法書要約書をインターネットの利用その他の方法により公表しなければならない。

（方法書についての意見書の提出等）

第11条　第10条第1項の規定による公告があったときは，方法書の内容について環境の保全及び創造の見地からの意見を有する者は，規則で定めるところにより，同項に規定する縦覧期間満了の日の翌日から起算して2週間を経過する日までに，当該意見の内容を記載した意見書を知事に提出することができる。

2　知事は，前項の規定による意見書の提出があったときは，同項に規定する提出期限後速やかに，当該意見書の写しを事業者及び調査地域市町村長に送付するものとする。

（関係地域の決定等）

第17条　事業者は，前条第1項の規定により準備書及び準備書要約書を提出したときは，提出の日から起算して1月を経過する日までに，対象事業の環境影響の内容及び程度を考慮して，環境影響を受ける範囲であると認められる地域（以下「関係地域」という。）を，知事と協議の上，決定しなければならない。

2　事業者は，前項の規定により関係地域を決定したときは，速やかに，知事に関係地域を通知するとともに，関係地域を所管する市町村長（以下「関係市町村長」という。）に関係地域を通知し，準備書及び準備書要約書を送付しなければならない。

（準備書の公告及び縦覧等）

第18条　知事は，前条第2項の規定により通知を受けたときは，規則で定めるところにより，速やかに，準備書の提出を受けた旨及び関係地域その他規則で定める事項を公告し，準備書及び準備書要約書の写しを公告の日から起算して1月間縦覧に供するものとする。

2　（略）

（準備書についての意見書の提出）

第20条　第18条第1項の規定による公告があったときは，準備書の内容について環境の保全及び創造の見地からの意見を有する者は，規則で定めるところにより，同項に規定する縦覧期間満了の日の翌日から起算して2週間を経過する日までに，当該意見の内容を記載した意見書を知事に提出することができる。

2　知事は，前項の規定による意見書の提出があったときは，同項に規定する提出期限後速やかに，当該意見書の写しを事業者及び関係市町村長に送付するものとする。

（評価書の内容についての措置要請）

第26条　知事は，第24条の規定による評価書の提出があった場合において，環

　境の保全及び創造について特に必要があると認めるときは，事業者に対し，必要な措置を講じるよう求めることができる。

2　知事は，前項の措置を講じるよう求めた場合は，その旨を関係市町村長及び許認可権者に通知するものとする。

（許認可の際の評価書の内容の配慮）

第27条　知事は，自らが許認可権者である場合には，当該許認可等に際して，評価書の内容及び前条第1項の措置を講じるよう求めた場合のその内容に配慮するものとする。

2　知事は，知事以外の者が許認可権者である場合には，第25条第1項の規定による公告の日までに，当該許認可権者に対し，評価書の写しを送付するとともに，当該許認可等に際して，評価書の内容に配慮するよう要請するものとする。

○Y県環境影響評価条例施行規則（抄）

（第1種事業）

第2条　条例第2条第2号に規定する規則で定める事業は，別表の左欄に掲げる事業の種類ごとにそれぞれ同表の右欄に掲げる要件に該当する一の事業とする。ただし，当該事業が同表の1の項，3の項から6の項まで又は8の項から17の項までの中欄に掲げる要件（6の項の（1）及び（2）を除く。）のいずれかに該当し，かつ，公有水面の埋立て又は干拓（同表の7の項の中欄に掲げる要件に該当するもの及び同項の右欄に掲げる要件に該当することを理由として条例第8条第3項第1号の措置がとられたものに限る。以下「対象公有水面埋立て等」という。）を伴うものであるときは，対象公有水面埋立て等である部分を除くものとする。

別表（抄）

事業の種類

　廃棄物の処理及び清掃に関する法律（昭和45年法律第137号）第8条第1項に規定する一般廃棄物処理施設及び同法第15条第1項に規定する産業廃棄物処理施設の設置並びにその構造及び規模の変更の事業（14の項に掲げる事業に含まれるものを除く。）

第1種事業の要件

　廃棄物の処理及び清掃に関する法律第8条第1項に規定する一般廃棄物処理施設又は同法第15条第1項に規定する産業廃棄物処理施設の設置の事業（埋立処分等の用に供される場所（以下「埋立処分場所」という。）の面積が5ヘクタール以上であるものに限る。）

基礎知識の確認

　行政法の問題として環境法の事例が扱われる場面の多くは，廃棄物の処理及び清掃に関する法律と関係している。ここでは，それとは異なる環境法の問題として，自然環境保護に関連する自然公園法と環境影響評価制度を取り上げる。

　貴重な自然を保護するためには，一定のエリアを指定して開発等の行為を禁止・規制することが効果的である。そのようなしくみを持っている代表的な法律が，自然公園法である。都市部にある都市公園（営造物公園）と異なり，自然公園は土地所有権を国や地方公共団体に移すことなく，民間所有のままで行為規制を課すことで成立している（地域指定制公園）。その規制が一定の限度を超えると，所有者の土地所有権に対する強度の制約となることから，自然公園法には損失補償の規定が置かれている。これは，開発等の行為の許可申請に対して不許可となった場合に，通常生ずべき損失を補償するもので，不許可補償と呼ばれている。

　環境影響評価（環境アセスメント）制度は，公共工事や一定の施設等の設置の許認可の際に，それによる自然環境への影響を調査し，悪影響が最小となるような措置をとる（場合によっては工事等をやめる）ことで，自然環境の保護や環境への悪影響を避ける制度である。国の法律としては，環境影響評価法が一定以上の規模の工事・施設等の許認可に先立って評価を要求しており，廃棄物の処理及び清掃に関する法律ではその簡略版の生活環境影響評価の結果を廃棄物処理施設の許可申請の書類に含ませることを求めている。このほか，多くの都道府県・政令指定都市は環境影響評価条例を定めており，国の環境影響評価法が対象としていない規模等に適用されている。環境影響評価法は，その対象となる許認可について，それらの根拠となっている法令に環境影響を評価する要件が書かれていなくても，環境影響評価の結果を考慮して許認可を与えるか判断しなければならないとする横断条項（環境影響評価法33条2項）を置いている。この規定を用いることで，許認可等の法令の中に環境利益を保護法益とする規定が含まれていない場合でも，環境影響評価法を要件に読み込むことで（環境影響評価条例の場合には関係法令として位置づけることで），環境利益を保護法益とする原告適格を基礎付ける可能性が開かれることになる。

Milestone

■1　自然公園法の許可処分により想定される不利益にはどのようなものがありますか。
■2　景観利益の観点から原告適格は基礎付けられますか。
■3　生活環境利益の観点から原告適格は基礎付けられますか。
■4　不許可補償が認められるのはどのような場合ですか。

考え方

■1　許可処分による不利益

　自然公園法は，傑出した自然の風景地である国立公園，優れた自然の風景地である国定公園，都道府県立自然公園の3種類の公園制度を予定し，指定した地域における行為規制を行うことで自然の保護を図っている。国立公園及び国定公園はさらに，細かなゾーニングを予定しており，具体的には，特別地域（特別保護地区，第1種特別地域，第2種特別地域，第3種特別地域），普通地域のほか，特定の行為や時期の規制を目的とする規制区域（例：乗入れ規制区域）等も設定される。この事案では，国定公園内の第2種特別地域となっており，工作物等の設置には許可が必要とされている。この許可は，工作物等を設置しようとする者にとっては授益的であるのに対して，自然が保護されていることにより利益を得ている者にとってはその利益を毀損するものである。

　差止訴訟の原告適格も，取消訴訟の原告適格と同様に

> 「法律上の利益を有する者」とは，当該処分により自己の権利若しくは法律上保護された利益を侵害され又は必然的に侵害されるおそれのある者をいうのであり，当該処分を定めた行政法規が，不特定多数者の具体的利益を専ら一般的公益の中に吸収解消させるにとどめず，それが帰属する個々人の個別的利益としてもこれを保護すべきものとする趣旨を含むと解される場合には，かかる利益も右にいう法律上保護された利益に当たり，当該処分によりこれを侵害され又は必然的に侵害されるおそれ

> のある者は，当該処分の取消訴訟における原告適格を有するものというべきである。

という判断基準が使われ，また行政事件訴訟法9条2項も準用される（行政事件訴訟法37条の4第4項）。

　この事案では，①自然豊かなP国定公園の風致・景観が失われる（景観利益），②近隣に騒音・悪臭・粉じんなどの被害が生じる（生活環境利益），③P国定公園の生物学的にみて稀少な生態系が失われるおそれ，の3つの不利益が考えられる。もっとも③は，X1やX2の個人の利益というよりも，広く国民一般の，あるいは将来世代も含めた利益であって，現在の判例理論を前提とすると，個々人の個別的利益とは考えにくい利益である。そこで以下では，景観利益と生活環境利益について，それぞれ原告適格を基礎付けうるかを検討する。

■2　景観利益と原告適格

　風致・景観に関する利益については，処分の根拠規定である自然公園法20条3項及び処分要件の規定である同条4項の委任に基づく自然公園法施行規則11条1項3〜5号，同条37項1・2号が規定を置いており，これらの規定からすると，景観の保護が公益として保護されていると考えられる。

　景観利益がさらに個々人の個別的利益としても保護されていると言えるかについては，これまでのところ行政事件訴訟における第三者の原告適格に関して判断を示した最高裁判決がない。しかし，民事訴訟に関しては，国立マンション事件の最高裁判決が「良好な景観に近接する地域内に居住し，その恵沢を日常的に享受している者は，良好な景観が有する客観的な価値の侵害に対して密接な利害関係を有するものというべきであり，これらの者が有する良好な景観の恵沢を享受する利益（以下「景観利益」という。）は，法律上保護に値する」との判断を示している。この民事訴訟における判示が直接的に第三者の原告適格における個別保護性の充足を導き出すわけではないものの，景観利益については，一度失われるとその回復が困難であることや，一定地域の良好な景観を維持するためにはその地域の住民（土地所有者等）が共通の規制を遵守し合うことが必要であること（互換的利害関係・犠牲共同体）からすると，そのような利益の性質から，公益としてのみならず，個々人の個

別的利益としても保護されていると考えることができる。それゆえ，景観利益を日常的に享受している者は，許可の差止訴訟の原告適格を有すると考えられる。

　そして，X1 は予定地の隣接地に居住し，景観の恵沢を日常的に享受していると言えるので原告適格があるのに対して，X2 は遠隔地に居住していることから，原告適格は認められない。

■3　生活環境利益と原告適格

　生活環境に関する利益については，処分の根拠規定である自然公園法 20条 3 項及び処分要件の規定である同条 4 項の委任に基づく自然公園法施行規則 11 条 14 項が規定を置いており，廃棄物の処理及び清掃に関する法律の最終処分場の設置はできないこととされている。そこで，関係法令として廃棄物の処理及び清掃に関する法律を考えることができ，同法 15 条の 2 第 1 項2 号では，生活環境の保全が求められている。また，Y 県環境影響評価条例2 条 2 号及び同施行規則 2 条・別表で，面積 5 ha 以上の産業廃棄物処理施設が環境影響評価の対象に含まれている。同条例の目的は，「健全で恵み豊かな環境の保全」（同条例 1 条）であるから，同条例も関係法令に含めて考えることができる。こうした規定からすると，生活環境利益は公益として保護されていると考えられる。

　さらに，騒音・悪臭・粉じんによる生活環境への被害は，廃棄物処理施設に接近すればするほど強度になり，また著しい影響を受ければ生命・健康に悪影響を及ぼすことから，こうした利益の性格からして，公益としてのみならず，個々人の個別的利益としても保護されていると考えられる。

　廃棄物処理施設の周辺で，著しい影響を受けるおそれが具体的に認められる地域の手がかりとして，Y 県環境影響評価条例 17 条 1 項の関係地域を用いることができる。関係地域は，条例に基づき，環境影響を受ける範囲であると認められる地域として事業者が決定するものであるから，少なくともその地域に居住する者は，騒音等の著しい影響を受ける可能性があると考えることができる。X1 はこの関係地域に居住していることから，原告適格が認められる。これに対して，X2 は関係地域に居住していないから，原告適格は認められない。

■4　不許可補償

　自然公園法 64 条は，不許可の場合に通常生ずべき損失を補償する旨を規定している（不許可補償）。そこで，損失補償の根拠としては，（憲法 29 条 3 項ではなく）自然公園法 64 条 1 項となる。

　もっとも，通常生ずべき損失を補償する規定が法律にあれば，不許可と同時に補償がなされるわけではない。損失補償が認められるためには，規制の対象・強度・目的等の観点から，特別の犠牲が生じていることが必要である。

　この事案では，不許可となっているのはさしあたり A のみであり，その意味で対象は特定的に見える。もっとも，同様の許可申請を同一の地域内で他の者が行ったとしても，この地域が優れた景勝地であって，開発が予定されていない土地であるとすると，同様に不許可となるものと考えられる。そうすると，現在の土地利用の状況を固定する内容の規制は，この土地に内在する制約であって，損失補償すべき特別の犠牲とは言えないと考えられる。

ステップアップ

　原告適格に関する（1）の設問では，景観利益も生活環境利益も，法令のしくみではなく利益の性格から個別保護性を充足するという方向性で説明した。もっとも，廃棄物の処理及び清掃に関する法律の産業廃棄物処理施設の許可に際しては，公告縦覧・意見書提出手続が定められ，また Y 県環境影響評価条例においても同条例 11 条・20 条に意見書提出手続があることから，行政手続参加権を手がかりに原告適格を認める余地があるようにも見える。

　しかし，これらの意見書提出権は，対象者の地理的な限定がない。また，Y 県環境影響評価条例に基づく意見書提出は，環境影響に関する情報収集を目的とする手続であり，権利・利益防御的な性格が弱い。こうしたことから，行政手続参加権を手がかりに個別保護性を充足すると考えるのは困難であろう。

索　引

著者略歴

1977 年　福岡に生まれる

2000 年　九州大学法学部卒業

2005 年　九州大学大学院法学府公法・社会法学専攻博士後期課程
　　　　　修了（博士（法学））
　　　　　同大学院法学研究院講師，同助教授（准教授）
　　　　　京都大学大学院法学研究科准教授を経て

現　在　京都大学大学院法学研究科教授

主要著書

『自主規制の公法学的研究』（有斐閣・2007 年）

『例解 行政法』（東京大学出版会・2013 年）

『演習 行政法』（東京大学出版会・2014 年）

『公共制度設計の基礎理論』（弘文堂・2014 年）

『行政法学と主要参照領域』（東京大学出版会・2015 年）

『グラフィック行政法入門』（新世社・2017 年）

『判例で学ぶ法学 行政法』（新世社・2020 年）

『公共紛争解決の基礎理論』（弘文堂・2021 年）

『現代実定法入門 人と法と社会をつなぐ［第 3 版］』（弘文堂・
2023 年）

ファーストステップ　演習 行政法

2023 年 4 月 19 日　初　版

［検印廃止］

著　者　　原田大樹
　　　　　はら　だ　ひろ　き

発行所　一般財団法人　東京大学出版会

代表者　吉見俊哉
153-0041　東京都目黒区駒場 4-5-29
電話 03-6407-1069　Fax 03-6407-1991
振替 00160-6-59964

印刷所　大日本法令印刷株式会社
製本所　牧製本印刷株式会社
